Carsten Sauerland

Besteuerung europäischer Konzerne

GABLER EDITION WISSENSCHAFT

Carsten Sauerland

Besteuerung europäischer Konzerne

Eine Analyse alternativer Modelle der Konzernbesteuerung

Deutscher Universitäts-Verlag

Bibliografische Information Der Deutschen Nationalbibliothek
Die Deutsche Nationalbibliothek verzeichnet diese Publikation in der Deutschen Nationalbibliografie; detaillierte bibliografische Daten sind im Internet über <http://dnb.d-nb.de> abrufbar.

Dissertation Universität Mannheim, 2007

1. Auflage August 2007

Lektorat: Frauke Schindler / Nicole Schweitzer

Der Deutsche Universitäts-Verlag ist ein Unternehmen von Springer Science+Business Media.
www.duv.de

Umschlaggestaltung: Regine Zimmer, Dipl.-Designerin, Frankfurt/Main
Gedruckt auf säurefreiem und chlorfrei gebleichtem Papier
Printed in Germany

ISBN 978-3-8350-0881-6

Vorwort

Die vorliegende Arbeit entstand von November 2004 bis Februar 2007 während meiner Zeit als externer Doktorand am Lehrstuhl für Allgemeine Betriebswirtschaftslehre und Betriebswirtschaftliche Steuerlehre von Prof. Dr. Ulrich Schreiber. Sie wurde im Mai 2007 von der Fakultät für Betriebswirtschaftslehre der Universität Mannheim als Dissertation angenommen. Entscheidend für das Erreichen dieses Ziels waren nachfolgend genannte Personen, die mich auf meinem Weg begleiteten.

An erster Stelle möchte ich meinem Doktorvater, Herrn Prof. Dr. Ulrich Schreiber, danken, der die Entstehung meiner Dissertation aktiv begleitete. Durch die wertvollen Hinweise, fruchtbaren Diskussionen und einem wirklich außergewöhnlichen Freiraum konnte ich besonders profitieren.

Weiter danke ich Herrn Prof. Dr. Christoph Spengel für die rasche Erstellung des Zweitgutachtens und für die fachlichen Diskussionen, die meine Arbeit zusätzlich bereicherten.

Die Dissertation wurde mit der Unterstützung eines Promotionsstipendiums der Landesgraduiertenförderung aus dem Ministerium für Wissenschaft, Forschung und Kunst Baden-Württemberg angefertigt. In diesem Zusammenhang möchte ich für die Unterstützung durch Prof. Dr. Dr. h.c. mult. Otto H. Jacobs, Prof. Dr. Ulrich Schreiber und Prof. Dr. Christoph Spengel, sowie Frau Birgit Schmidt von der Universitätsverwaltung bedanken.

Danksagen möchte ich darüber hinaus meinen Kollegen der beiden Steuerlehrstühle unserer Fakultät und am Zentrum für Europäische Wirtschaftsforschung. Dabei möchte ich insbesondere die Kollegen Manuel Brühl, Michael Overesch und Carsten Wendt hervorheben.

Mein größter Dank für ihre herzliche Unterstützung gebührt schließlich meinen lieben Eltern, denen meine Arbeit gewidmet sei.

Stand der Arbeit ist der 31. Januar 2007.

Carsten Sauerland

Inhaltsübersicht

Inhaltsverzeichnis

Abkürzungsverzeichnis

A .... Österreich
a.A. .... andere(r) Ansicht
Abl. EG .... Amtsblatt der EG
Abs. .... Absatz
AER .... American Economic Review
a.F. .... alte Fassung
AfA .... Absetzung für Abnutzung
AG .... Aktiengesellschaft / Die Aktiengesellschaft (Zeitschrift)
AHK .... (historische) Anschaffungs- und Herstellungskosten
AktG .... Aktiengesetz
Anm. .... Anmerkung
Anm. d. Verf. .... Anmerkung des Verfassers
AO .... Abgabenordnung
Art. .... Artikel
ASS .... angelsächsische Staaten
AStG .... Außensteuergesetz
Aufw. .... Aufwendungen
ausl. .... ausländisch

BA .... Beteiligungsaufwendungen
BB .... BetriebsBerater
Bd. .... Band
ber. (d.) .... berichtigt (durch)
BewG .... Bewertungsgesetz
BFuP .... Betriebswirtschaftliche Forschung und Praxis
BGBl. .... Bundesgesetzblatt
BIFD .... Bulletin for International Fiscal Documentation
BIP .... Bruttoinlandsprodukt
BM .... Binnenmarkt
BMF .... Bundesministerium der Finanzen
BStBl .... Bundessteuerblatt
BT-Drs. .... Bundestags-Drucksache
bzw. .... beziehungsweise

ca. .... circa
CCCTB .... Common Consolidated Corporate Tax Base
CCTB .... Common Consolidated Tax Base
CES .... Center for Economic Studies
CFC .... controlled foreign companies
c.p. .... ceteris paribus

DAX .... Deutscher Aktienindex
DB .... Der Betrieb
DBA .... Doppelbesteuerungsabkommen
DBW .... Die Betriebswirtschaft

D.C. .... District of Colombia
ders. .... derselbe
DivEx .... Dividend Exemption
d.h. .... das heißt
DK................................ Dänemark
DS .... Drittstaaten
DStR.............................. Deutsches Steuerrecht
DStZ .... Deutsche Steuerzeitung

E .... Entwurf
ebd. .... ebenda
EBIT.............................. earnings before interest and taxes
EC .... European Community
ECTR .... EC Tax Review
EFTA............................. European Free Trade Association
EG .... Europäische Gemeinschaft
EGV .... Vertrag über die Europäische Gemeinschaft (EG-Vertrag)
EK .... Eigenkapital
endg. .... endgültig
ESB .... Einzelsteuerbilanz
EStG .... Einkommensteuergesetz
ET................................. IBFD European Taxation
et al. .... et alii
ETH.............................. European Tax Handbook
EU .... Europäische Union
EUCIT........................... European Union Company Income Tax
EuGH .... Europäischer Gerichtshof
EuGHE.......................... Entscheidung des Europäischen Gerichtshofs
Eurostat .... Statischtisches Amt der Europäischen Gemeinschaften
EUV .... Vertrag über die Europäische Union (EU-Vertrag)
e.V. .... eingetragener Verein
EWG .... Europäische Wirtschaftsgemeinschaft
EWR............................. Europäisches Wirtschafts- & Steuerrecht Abkommen über den Europäischen Wirtschaftsraum

F .... Steuerplanungsstrategie Funktionsverlagerung
f. .... und die folgende
FA .... FinanzArchiv / Formula Apportionment
FAZ .... Frankfurter Allgemeine Zeitung
FG .... Finanzgericht
FK .... Fremdkapital
FN .... Fußnote
FR................................. Finanz-Rundschau
FRL .... Fusionsrichtlinie
FS .... IFS Fiscal Studies
FTC .... foreign tax credit

G .... Steuerplanungsstrategie Gestaltung des Konsolidierungskreises
GE .... Geldeinheiten
GewStG.............................. Gewerbesteuergesetz
GG.................................... Grundgesetz
GK.................................... Gesamtkapital
GKKB .... Gemeinsame konsolidierte Körperschaftsteuer-Bemessungsgrundlage
GmbH................................ Gesellschaft mit beschränkter Haftung
GmbHR............................. GmbH-Rundschau
GuV.................................. Gewinn und Verlustrechnung

HB .... Handelsblatt
Hrsg. .... Herausgeber
HST .... Home State Taxation
HWWA .... Hamburgisches Welt-Wirtschafts-Archiv

IAS .... International Accounting Standards
IBFD .... International Bureau of Fiscal Documentation
ICT .... information and communication technologies
IFA .... International Fiscal Association
ifo .... Institut für Wirtschaftsforschung
IFRS .... International Financial Reporting Standards
IFS................................... Institute for Fiscal Studies
i.G.d. .... im Gegensatz dazu
i.G.z. .... im Gegensatz zu(r)
i.H.v. .... in Höhe von
inl. .... inländisch
insb. .... insbesondere
IRC.................................. Internal Revenue Code
i.S.d. .... im Sinne des
IStR .... Internationales Steuerrecht
ITPF .... International Tax and Public Finance
i.V.m. .... in Verbindung mit
i.V.z. .... im Vergleich zu
IWB................................. Internationale Wirtschafts-Briefe

Jr. .... Junior

KES .... kontinentaleuropäische Staaten
KMU .... Kleine und mittlere Unternehmen
KOM .... Kommission der Europäischen Gemeinschaften
kons. .... konsolidiert
KSt .... Körperschaftsteuer
KStG .... Körperschaftsteuergesetz

l.f. .... lex ferenda

lfd. .... laufend(e)
lit. .... litera
l.l. .... lex lata
l.p. .... lex prior
lt. .... laut

MA .... Musterabkommen
Mio. .... Million(en)
mod. .... modifiziert
Modell A .... Modell Österreich
Modell ASS .... Modell angelsächsischer Staaten
Modell Mod. CCTB ...... Modell modifizierte Common Consolidated Tax Base
Modell CCTB .... Modell Common Consolidated Tax Base
Modell DivEx .... Modell Dividend Exemption
Modell DK .... Modell Dänemark
Modell KES .... Modell kontinentaleuropäischer Staaten
MPI .... Max-Planck-Institut für Geistiges Eigentum, Wettbewerbsrecht und Steuerrecht
MS .... Mischsystem
MTRL .... Mutter-Tochter-Richtlinie

NAFTA .... North American Free Trade Agreement/ Area
n.F. .... Neue Fassung
N.F. .... Neue Folge
NFTC .... National Foreign Trade Council
No. .... number
Nr. .... Nummer
NTJ .... National Tax Journal

od. .... oder
OECD .... Organization for Economic Cooperation and Development
OEP .... Oxford Economic Papers
O.V. .... Ohne Verfasser

PIStB .... Praxis Internationale Steuerberatung

QJE .... The Quarterly Journal of Economics
QP .... Quellenprinzip
QS .... Quellenstaat

R&D .... research & development
Rn. .... Randnummer
Rs. .... Rechtssache
Rz. .... Randziffer

S .... Steuerplanungsstrategie Sitzverlegung
s.a. .... siehe auch

SA	Separate Entity Accounting
SBR	Schmalenbach Business Review
SCHTB	Single Compulsory Harmonised Tax Base
SE	Societas Europaea
SEStEG	Gesetz über steuerliche Begleitmaßnahmen zur Einführung der Europäischen Gesellschaft und zur Änderung weiterer steuerlicher Vorschriften
SFAS	Statements of Financial Accounting Standards
SG	subgroup
sog.	sogenannte(n)
StÄndG	Steueränderungsgesetz
StuW	Steuer und Wirtschaft
SVR	Sachverständigenrat zur Begutachtung der gesamtwirtschaftlichen Entwicklung
SWI	Steuer und Wirtschaft International
TAXUD	Generaldirektion Steuern und Zollunion der EU-Kommission
TF	Tax Foundation
TG	Tochtergesellschaft
Tz.	Textziffer
u.	und
u.a.	unter anderem
UK	United Kingdom
UmwG	Umwandlungsgesetz
UmwStG	Umwandlungssteuergesetz
UNCTAD	United Nations Conference on Trade and Development
US	United States
USA	United States of America
US-GAAP(s)	US-Generally Accepted Accounting Principles
V	Steuerplanungsstrategie Verlagerung von Buchgewinnen
v.	vom
VA	Verlustausgleich
vGA	verdeckte Gewinnausschüttung
vgl.	vergleiche
Vol.	volume
vs.	versus
WD	Wirtschaftsdienst
WG	working group
WiSt	Wirtschaftswissenschaftliches Studium
wp	working paper
WP	(reines) Wohnsitzprinzip
(WP)	ökonomische Wirkung wie reines Wohnsitzprinzip
WPg	Die Wirtschaftsprüfung

WS .... Wohnsitzstaat

z.B. .... zum Beispiel
ZEW .... Zentrum für Europäische Wirtschaftsforschung
ZfbF .... Zeitschrift für betriebswirtschaftliche Forschung
Ziff. .... Ziffer
zit. .... zitiert
ZLRL .... Zins- und Lizenzrichtlinie

Symbolverzeichnis

G^* .... Vorsteuergewinn
M .... Muttergesellschaft
n .... letzte Periode des Investitionszeitraums
p .... reale Rendite der Investition der Unternehmung (brutto)
r .... Realzins (brutto)
s_A .... Körperschaftsteuersatz im Ausland
s_I .... Körperschaftsteuersatz im Inland
s_H .... Körperschaftsteuersatz im Hochsteuerland
s_N .... Körperschaftsteuersatz im Niedrigsteuerland
T_H .... Tochtergesellschaft im hoch besteuernden Ausland
T_N .... Tochtergesellschaft im niedrig besteuernden Ausland

Abbildungsverzeichnis

Abbildungen im Textteil

Abbildungen im Anhang

Tabellenverzeichnis

Tabellen im Textteil

Tabellen im Anhang

Einleitender Teil: Problemstellung, Zielsetzung und Aufbau der Arbeit

1. Problemstellung

Der Konzern ist die bedeutendste Organisationsform für grenzüberschreitend operierende Unternehmen. Die große Bedeutung von Konzernen wird durch folgende Zahlen belegt. Fast zwei Drittel des Welthandels wird Schätzungen zufolge über global agierende Konzerne abgewickelt.[1] Die Zahl der internationalen Konzerne hat sich in den letzten vier Dekaden des letzten Jahrtausends etwa um den Faktor neun erhöht.[2] In den letzten zwei Dekaden hat sich der Anteil ausländischer Tochtergesellschaften am weltweiten BIP von fünf auf zehn Prozent verdoppelt. Die Umsätze dieser Gesellschaften sind in der letzten Dekade doppelt so schnell gewachsen wie Exporte.[3] Eine Vielzahl großer DAX-Konzerne erwirtschaftet mehr als die Hälfte ihres Konzernumsatzes im Ausland.[4]

Die internationale Konzernbesteuerung in der Europäischen Union ist mit zwei großen Problemen behaftet, die anlässlich der vermutlich weiter zunehmenden Bedeutung internationaler Konzerne als dringlich zu beurteilen sind.

Während Konzerne weltweit keine geographischen Grenzen zu kennen scheinen, ist die Besteuerung durch politische Staatsgrenzen beschränkt – auch schon innerhalb der EU. Die Sitzstaaten besteuern die auf ihrem Territorium ansässigen Konzerngesellschaften. In der EU gibt es 27 mögliche Sitzstaaten und damit ein Steuergefälle, welches aus 27 verschiedenen Gewinnermittlungsvorschriften und bis zu 27 verschiedenen Körperschaftsteuersätzen resultiert. Es ist nicht anzunehmen, dass i.G.z. den Gewinnermittlungsvorschriften die Körperschaftsteuersätze vereinheitlicht werden.

Darüber hinaus weisen die Sitzstaaten in den seltensten Fällen ein echtes Konzernbesteuerungsrecht auf. Die wirtschaftliche Einheit des Konzerns findet nur in mangelhafter Weise Berücksichtigung.

---

1 Vgl. EU-Kommission, SEC(2001)1681, S. 23.
2 Vgl. UNCTAD, Investment, 2000, S. 8. 1960 gab es 7.000 internationale Konzerne. 1990 waren es schon 40.000. In der letzten Dekade wurden 63.000 internationale Konzerne gezählt.
3 Vgl. Anhang, Tabelle A.1.
4 Vgl. Perlitz, Management, 2004, S. 12f.

Beide Probleme haben dieselbe Ursache, nämlich die Besteuerung der einzelnen Konzerngesellschaft als Folge der Anknüpfung an ihre zivilrechtliche Selbständigkeit. Die einzelne Konzerngesellschaft und nicht der Konzern als Ganzes ist Steuersubjekt. Dies gilt regelmäßig schon auf nationaler Ebene und definitiv auf internationaler Ebene, weil die Mitgliedstaaten an ihrer Steuersouveränität im Bereich der direkten Steuern festhalten.

Die Folge beider Probleme sind einerseits die Verzerrung der betriebwirtschaftlichen Entscheidungen der Konzerne und andererseits der Anreiz zur Steuerplanung. Die weiterführenden, negativen Folgen sind zahlreich. Dazu gehören die Störung der Maximierung der Produktion, Wohlfahrtseinbußen, Gefährdung des Aufkommens der Hochsteuerländer und hohe Steuererhebungskosten.

2. Zielsetzung und Aufbau

Zielsetzung der Arbeit ist die Ableitung und Konkretisierung alternativer Modelle für die Besteuerung von EU-Konzernen. Die alternativen Modelle der Konzernbesteuerung sollen dem Gedanken des Binnenmarktes gerecht werden und die genannten Probleme beseitigen oder entschärfen.

Dazu ist die Arbeit wie folgt aufgebaut. Der Erste von drei Teilen behandelt theoretisch alternative Modelle der internationalen Konzernbesteuerung. Im zweiten bzw. dritten Teil geht es um die praktische Implementierung der alternativen Modelle im Binnenmarkt bzw. im Verhältnis zu Drittstaaten.

Der erste Teil, Modelle der internationalen Konzernbesteuerung, ist in sieben Abschnitte unterteilt. Im ersten Abschnitt werden zunächst die Begriffe Konzern und Konzernbesteuerung definiert. In den beiden folgenden Abschnitten werden die beiden Determinanten der Konzernbesteuerung, nämlich die Prinzipien der internationalen Kapitaleinkommensbesteuerung sowie Erfolgsallokation und Erfolgsermittlung, beleuchtet. Im vierten Abschnitt werden die Modelle der Konzernbesteuerung aus den möglichen Kombinationen der beiden Determinanten entwickelt und in Grundzügen dargestellt. Im fünften Abschnitt werden die Anforderungen an die Modelle, Steuerneutralität und Nebenbedingungen, formuliert. Schließlich wird im sechsten Abschnitt analysiert, welche Modelle der Steuerneutralität genügen. Im letzten Abschnitt des ersten – wie auch der beiden folgenden Teile – werden die Hauptaussagen jeweils zu einem Ergebnis zusammengefasst.

Der zweite Teil, Konzernbesteuerung innerhalb des Binnenmarkts, besteht aus sieben Abschnitten. Im ersten Abschnitt werden die Rahmenbedingungen für die Unternehmensbesteuerung im Binnenmarkt erläutert. Im zweiten Abschnitt wird festgelegt, welche Modelle unter Berücksichtigung der Rahmenbedingungen für den Binnenmarkt die Konzernbesteuerung de lege ferenda darstellen. Im dritten Abschnitt wird das Modell DK als die eine Alternative der Konzernbesteuerung de lege ferenda inhaltlich und technisch konkretisiert, bevor schließlich im vierten Abschnitt die praktische Implementierbarkeit des Modells anhand der Nebenbedingungen analysiert wird. Im fünften und sechsten Abschnitt wird diese Vorgehensweise für die andere Alternative, das Modell Mod. CCTB, wiederholt.

Der dritte Teil, Konzernbesteuerung im Verhältnis zu Drittstaaten, ist in der ersten Hälfte spiegelbildlich zum zweiten Teil aufgebaut. Die Ausführungen beziehen sich auf die Konzernbesteuerung jenseits der Binnenmarktgrenze. Jedoch stellt das Modell DK das einzige Modell der Konzernbesteuerung de lege ferenda dar. In der zweiten Hälfte wird eine Alternative zur Konzernbesteuerung de lege ferenda gesucht (fünfter Abschnitt), die anschließend ebenfalls konkretisiert und anhand der Nebenbedingungen analysiert wird (sechster und siebter Abschnitt).

Im Schlussteil werden zunächst die Ergebnisse eines jeden Teils nochmals kurz zusammengefasst. Die Arbeit schließt mit einem Ausblick.

Erster Teil: Modelle der internationalen Konzernbesteuerung

1. Zu den Begriffen Konzern und Konzernbesteuerung

Ein **Konzern** ist eine Verbindung von rechtlich selbständigen Unternehmen, die eine wirtschaftliche Einheit bilden.[5] Der kleinste denkbare Konzern besteht aus zwei Konzerngesellschaften, einer Muttergesellschaft und einer Tochtergesellschaft.

Der **internationale Konzern** ist ein Konzern, bei dem sich die Sitze der Konzerngesellschaften in unterschiedlichen Staaten befinden.[6] Internationale Konzerne etablierten sich in den sechziger und siebziger Jahren des zwanzigsten Jahrhunderts, indem Direktinvestitionen vorgenommen wurden. Vorher zeichnete sich die internationale Geschäftstätigkeit durch Direktgeschäfte aus.[7] Die ausländischen Direktinvestitionen werden überwiegend in Form von Kapitalgesellschaften abgewickelt,[8] genauso wie die Muttergesellschaften in der Regel das Rechtskleid einer Kapitalgesellschaft tragen.[9] Daher werden Betriebsstätten nur am Rande behandelt.

Der **EU-Konzern** ist ein internationaler Konzern, dessen Muttergesellschaft in der EU ansässig ist. Der EU-Konzern ist Kern der Untersuchung. Er unterhält eine Tochtergesellschaft in einem anderen EU-Staat und eine Tochtergesellschaft in einem Drittstatt.

Teilkonzerne und sogenannte Sandwich-Konzerne werden nur am Rande betrachtet. Unter einem **Teilkonzern** versteht man eine übergeordnete Konzerngesellschaft samt untergeordneten Konzerngesellschaften, wobei die übergeordnete Gesellschaft nicht die Konzernspitze darstellt, sondern ihrerseits untergeordnete Gesellschaft ist.[10]

5 Vgl. Salzberger, WiSt 1996, S. 59; Spengel, Gewinnabgrenzung, 2005, S. 57. Für eine weiterführende Erklärung des Begriffs Konzern vgl. Theisen, Konzern, 2000, S. 1-26.

6 Vgl. Spengel, Gewinnabgrenzung, 2005, S. 57; SVR/MPI/ZEW, Unternehmensbesteuerung, 2006, S. 151.

7 Vgl. Herzig, WPg 1998, S. 280. Unter ausländischen Direktinvestitionen versteht man die Gründung von Niederlassungen im Ausland, etwa durch Begründung einer Betriebsstätte oder durch Gründung einer oder Beteiligung an einer Kapitalgesellschaft (Tochtergesellschaft). Der Begriff Direktgeschäfte umschreibt grenzüberschreitende Geschäftstätigkeit im Wege von Importen und Exporten. Vgl. Oestreicher, Besteuerung, 2005, S. 61.

8 Vgl. Schreiber, Steuerwettbewerb, 1998, S. 106; ders., Kapitaleinkommensbesteuerung, 2005, S. 10.

9 Vgl. Herzig, WPg 1998, S. 281.

10 Vgl. Kessler/Daller, IStR-Länderbericht 15/2006, S. 2. Beispielsweise durch eine Übernahme seitens einer Gesellschaft aus einem Drittstaat wird ein europäischer Konzern zum Teilkonzern.

Sandwich-Konzerne sind Konzerne, bei denen beispielsweise die Muttergesellschaft und eine Enkelgesellschaft im Binnenmarkt ansässig sind, die Tochtergesellschaft jedoch in einem Drittstaat ansässig ist.[11]

Die **Konzernbesteuerung** wird häufig – geprägt durch die angelsächsische Literatur – als Gruppenbesteuerung (*group taxation*) bezeichnet, genauso wie der Konzern häufig auch als Unternehmensgruppe (*corporate group*) tituliert wird.[12]

Die Muttergesellschaft stellt der Tochtergesellschaft Eigenkapital, Fremdkapital und Dienstleistungen oder Wirtschaftsgüter zur Verfügung. Dadurch erzielt die Muttergesellschaft **Kapitaleinkommen**, nämlich in Form von Zinsen aus der Kapitalisierung mit Fremdkapital, in Form von Nutzungsentgelten für geleistete Dienste bzw. überlassene Wirtschaftsgüter und in Form von Dividenden, die aus dem Anspruch auf den Residualgewinn der Tochtergesellschaft aufgrund der Kapitalisierung mit Eigenkapital resultieren.

Die relevanten Bereiche der internationalen Konzernbesteuerung sind folglich die Besteuerung der genannten Kapitaleinkommen. Ein weiterer relevanter Bereich ist die Besteuerung des Residualgewinns, der bei der Tochtergesellschaft thesauriert wird.

---

[11] Ein Sandwich-Konzern entsteht, wenn eine europäische Gesellschaft einen Konzern aus einem Drittstaat übernimmt, welcher Tochtergesellschaften im Binnenmarkt unterhält. Vgl. Stefaner/Weninger, SWI 2004, S. 446.

[12] Vgl. Endres, Intertax, 2003, S. 349.

2. Prinzipien der internationalen Kapitaleinkommensbesteuerung

2.1 Vorbemerkung

Die internationale Kapitaleinkommensbesteuerung kann nach dem Wohnsitzprinzip oder dem Quellenprinzip erfolgen.[13] Im Rahmen dieser Arbeit werden Wohnsitzprinzip und Quellenprinzip unter dem Begriff **Prinzipien der internationalen Kapitaleinkommensbesteuerung** subsumiert. Alternativ lassen sich die beiden Prinzipien auch unter dem Begriff Zuordnung der Besteuerungsrechte subsumieren.[14]

Von der Zuordnung der Besteuerungsrechte hängt zum einen die Steuerbelastung des internationalen Konzerns und zum anderen die Höhe des Steueraufkommens der Fisci der Staaten ab, in denen die Konzerngesellschaften ihren Sitz haben.[15]

2.2 Kapitaleinkommensbesteuerung im Allgemeinen

2.2.1 Wohnsitzprinzip und Quellenprinzip

Im Rahmen der internationalen Besteuerung gibt es persönliche und sachliche Anknüpfungspunkte. Bei den persönlichen Anknüpfungspunkten wird von den meisten Staaten[16] zwischen zwei Prinzipien unterschieden. Bei Anwendung des **Wohnsitzprinzips** (*residence principle*) ist eine natürliche bzw. juristische Person in dem Staat steuerpflichtig, in dem sie ihren gewöhnlichen Aufenthalt bzw. Sitz[17] hat. Bei Anwendung des **Quellenprinzips** (*source principle*) ist eine natürliche bzw. juristische Person in dem Staat steuerpflichtig, aus dem ihr Einkommen stammt. Entsprechend wird bei den sachlichen Anknüpfungspunkten zwischen zwei Prinzipien unterschieden. Nach dem **Welteinkommensprinzip** (*worldwide principle*) richtet sich die Veranla-

---

[13] Die Frage, welchem Prinzip der Vorzug zu geben ist, beschäftigt Betriebswirte, Finanzwissenschaftler und Juristen. Vgl. Homburg, Kapitaleinkommensbesteuerung, 2005, S. 14-27; Lang, Kapitaleinkommensbesteuerung, 2005, S. 28-43; Musgrave, Analysis, 1963; Schindel/Atchabahian, IFA 90a, 2005, S. 21-99; Vogel, Intertax, 1988, S. 216-229 (Teil I), S. 310-320 (Teil II) u. S. 393-402 (Teil III); Wiss. Beirat beim BMF, Kapitaleinkommensbesteuerung, 1999.

[14] Vgl. Salzberger, Konzernunternehmung, 1994, S. 60.

[15] Vgl. Salzberger, Konzernunternehmung, 1994, S. 60.

[16] In seltenen Fällen kommt als drittes Prinzip das Nationalitätsprinzip zur Anwendung, wonach natürliche Personen in dem Staat steuerpflichtig sind, dessen Nationalität sie besitzen. Dieses Prinzip wird in den USA oder bei Diplomaten und Konsuln angewendet.

[17] In Deutschland beispielsweise begründen Sitz oder Geschäftsleitung die unbeschränkte Steuerpflicht. Zum Ausscheiden aus der unbeschränkten Steuerpflicht müssen Sitz und Geschäftsleitung verlegt werden (§ 1 Abs. 1 KStG).

gung des persönlich Steuerpflichtigen nach seinem weltweiten Einkommen. Nach dem **Territorialprinzip** (*territoriality principle*) ist die Veranlagung des persönlich Steuerpflichtigen auf das Einkommen begrenzt, das er auf dem Territorium des relevanten Staats erwirtschaftet hat.[18]

In der Besteuerungspraxis[19] erfasst ein Staat das Welteinkommen, wenn er eine steuerpflichtige Person nach dem Wohnsitzprinzip besteuert bzw. das auf seinem Territorium erwirtschaftete Einkommen, wenn er eine steuerpflichtige Person nach dem Quellenprinzip besteuert.[20]

Werden alle Kapitaleinkommen ausschließlich im Sitzstaat des Investors besteuert, herrscht das **reine Wohnsitzprinzip**. Der Quellenstaat verzichtet auf seinen Steueranspruch.[21] Unabhängig vom Ort und Finanzierung der Investition unterliegen alle Kapitaleinkommen dem gleichen, inländischen Steuerniveau. Werden alle Kapitaleinkommen ausschließlich in dem Staat besteuert, wo sie entstehen, herrscht das **reine Quellenprinzip**. Der Wohnsitzstaat verzichtet auf seinen Steueranspruch.[22] Unabhängig von der Finanzierung der Investition unterliegen alle Kapitaleinkommen, die am gleichen Ort erwirtschaftet werden, dem Steuerniveau des Quellenstaats. In der Praxis wird keines der beiden Prinzipien in der Reinform angewendet, wie folgender Abschnitt zeigt.

2.2.2 Nebeneinander von Wohnsitzprinzip und Quellenprinzip

Sowohl das Wohnsitzprinzip als auch das Quellenprinzip sind weitestgehend international akzeptiert.[23] Tatsache ist, dass sich die Staaten nicht nur international (Beispiel 1.1) sondern auch national (Beispiel 1.2) nicht einheitlich auf ein Prinzip bei der

[18] Vgl. Homburg, Steuerlehre, 2005, S. 249f.; Weichenrieder, Direktinvestitionen, 1999, S. 76.
[19] Auch wenn Wohnsitzprinzip und Welteinkommensprinzip bzw. Quellenprinzip und Territorialprinzip in der Praxis eine Einheit bilden, dürfen sie nicht als Synonyme verwendet werden. Theoretisch ist zwischen persönlicher und sachlicher Steuerpflicht zu unterscheiden.
[20] Vgl. Homburg, Steuerlehre, 2005, S. 250f.; Schreiber, Besteuerung, 2005, S. 353.
[21] Vgl. Homburg, Perspektiven, 2000, S. 13; ders., Steuerlehre, 2005, S. 256; Schreiber, Besteuerung, 2005, S. 536.
[22] Vgl. Schreiber, Besteuerung, 2005, S. 539.
[23] Vgl. Schreiber, Besteuerung, 2005, S. 353.

persönlichen Steuerpflicht festlegen. Unbeschränkt Steuerpflichtige[24] werden in Deutschland nach dem Wohnsitzprinzip und dem Welteinkommensprinzip, beschränkt Steuerpflichtige[25] nach dem Quellenprinzip und dem Territorialprinzip besteuert.[26]

Beispiel 1.1: Das Steuersubjekt S aus dem Wohnsitzstaat W erwirtschaftet Kapitaleinkommen im Quellenstaat Q. Bestehen beide Staaten auf ihrem Besteuerungsrecht, ist S gleichzeitig in W mit seinem Welteinkommen unbeschränkt und in Q mit seinem auf dessen Territorium erwirtschafteten Einkommen beschränkt steuerpflichtig.

Beispiel 1.2: Das Steuersubjekt S aus dem Wohnsitzstaat W erwirtschaftet Kapitaleinkommen im Quellenstaat Q. Das Steuersubjekt T, das in Q ansässig ist, erwirtschaftet ebenfalls Kapitaleinkommen in Q. T wird als Steuerinländer nach dem Wohnsitzprinzip und S als Steuerausländer nach dem Quellenprinzip besteuert.

2.2.3 Doppelbesteuerung

Wenn sich alle Staaten der Welt auf eines der beiden Prinzipien einigen würden, gäbe es keine Doppelbesteuerung bei grenzüberschreitenden Sachverhalten.[27] Stellen Wohnsitzstaat und Quellenstaat gleichzeitig – was beim Nebeneinander der Prinzipien der Kapitaleinkommensbesteuerung der Fall ist – einen Steueranspruch an den Steuerpflichtigen, kommt es zur Doppelbesteuerung.[28]

Internationale Doppelbesteuerung liegt vor, wenn dieselben Einkünfte im selben Besteuerungszeitraum gleichzeitig von mindestens zwei Staaten mit einer vergleichbaren Steuer belegt werden. Sind die Steuern von jeweils demselben Steuerpflichtigen zu entrichten, wird von **juristischer Doppelbesteuerung** (Beispiel 2.1) gesprochen. Sind die Steuern von verschiedenen Steuerpflichtigen zu zahlen, liegt **wirtschaftliche Doppelbesteuerung** (Beispiel 2.2) vor. Juristische und wirtschaftliche Doppelbesteuerung können auch gleichzeitig auftreten (Beispiel 2.3). Während also bei juristischer Dop-

---

[24] In Deutschland sind natürliche Personen unbeschränkt steuerpflichtig, sofern sie im Inland ihren Wohnsitz oder gewöhnlichen Aufenthalt haben (§ 1 Abs. 1 Satz 1 EStG). Juristische Personen sind unbeschränkt steuerpflichtig, sofern sie im Inland ihre Geschäftsleitung oder ihren Sitz haben (§ 1 Abs. 1 KStG).

[25] In Deutschland sind natürliche Personen beschränkt steuerpflichtig, sofern sie im Inland weder ihren Wohnsitz noch gewöhnlichen Aufenthalt haben, jedoch inländische Einkünfte erzielen (§ 1 Abs. 4 EStG). Juristische Personen sind beschränkt steuerpflichtig, sofern sie im Inland weder Geschäftsleitung noch Sitz haben, jedoch inländische Einkünfte erzielen (§ 2KStG).

[26] Vgl. Homburg, Steuerlehre, 2005, S. 251; Schaumburg, Steuerrecht, 1998, Rz. 14.2.

[27] Vgl. Homburg, Steuerlehre, 2005, S. 251.

[28] Vgl. Schaumburg, Steuerrecht, 1998, Rz. 14.2.

pelbesteuerung Steuersubjektidentität und Steuerobjektidentität herrscht, reicht zur wirtschaftlichen Doppelbesteuerung Steuerobjektidentität aus.[29]

Beispiel 2.1: Juristische Doppelbesteuerung liegt vor, wenn eine natürliche Person eine Betriebsstätte im Ausland unterhält. Die natürliche Person muss auf die Gewinne im Ausland (beschränkte Steuerpflicht) und Inland (unbeschränkte Steuerpflicht) Einkommensteuer zahlen.

Beispiel 2.2: Wirtschaftliche Doppelbesteuerung liegt vor, wenn die inländische natürliche Person im Ausland eine Kapitalgesellschaft gründet. Die Kapitalgesellschaft muss auf ihre Gewinne Körperschaftsteuer (unbeschränkte Steuerpflicht) zahlen und die natürliche Person muss auf die Gewinne in Form von Dividenden Einkommensteuer (unbeschränkte Steuerpflicht) zahlen.

Beispiel 2.3: Es liegt der gleiche Sachverhalt wie in Beispiel 2 vor, nur dass das Ausland Kapitalertragsteuern erhebt, die die natürliche Person entrichten muss. Nun liegt eine juristische Doppelbesteuerung vor, da die natürliche Person auf die Dividenden Einkommensteuer und Kapitalertragsteuer zahlen muss. Da die Dividenden schon Körperschaftsteuer tragen, führen Einkommensteuer und Kapitalertragsteuer jeweils zu einer wirtschaftlichen Doppelbesteuerung des Gewinns.

2.2.4 Vermeidung der Doppelbesteuerung: Anrechnungsmethode vs. Freistellungsmethode

Zur Vermeidung der internationalen Doppelbesteuerung wenden die Wohnsitzstaaten mit der Anrechnungsmethode und der Freistellungsmethode hauptsächlich[30] zwei Methoden an.[31]

Bei der **Anrechnungsmethode** (*credit method*) setzt der Wohnsitzstaat seine Steuer nach dem Welteinkommen fest. Diese Methode setzt zur Vermeidung der Doppelbesteuerung an der Steuerzahlung an, denn die ausländische Steuer wird auf die inländische Steuer angerechnet. Die Anrechnung der ausländischen Steuer kann unterschiedlich gestaltet werden. Von Gewährung eines gewöhnlichen Anrechnungsguthabens (*ordinary credit*) wird bei **begrenzter Anrechnung** (Teilanrechnung) gesprochen, d.h.

---

[29] Vgl. Jacobs, Unternehmensbesteuerung, 2002, S. 3f.; Scheffler, Besteuerung, 2002, S. 8f.; Scheuchzer, Konzernbesteuerung, 1994, S. 41f.

[30] Daneben existieren noch die Abzugsmethode (*deduction method*), die Pauschalierungsmethode und die Erlassmethode. Bei der Abzugsmethode vermindern die ausländischen Steuern die deutsche Bemessungsgrundlage. Vgl. Jacobs, Unternehmensbesteuerung, 2002, S. 54-56 (Einkommensteuer) u. S. 62 (Körperschaftsteuer). Bei der Pauschalierungsmethode wird das ausländische Einkommen pauschal besteuert. Bei der Erlassmethode wird die inländische Steuer auf ausländisches Einkommen teilweise oder ganz erlassen, wobei letztere Möglichkeit faktisch der Freistellungsmethode gleicht. Vgl. Jacobs, Unternehmensbesteuerung, 2002, S. 59f. (Einkommensteuer) u. S. 62f. (Körperschaftsteuer).

[31] Vgl. Jacobs, Unternehmensbesteuerung, 2002, S. 11.

wenn der Wohnsitzstaat die ausländischen Steuern nur in der Höhe anrechnet, in der inländische Steuern fällig wären, wenn das ausländische Einkommen statt dessen im Inland erzielt worden wäre. Dagegen wird bei **unbegrenzter Anrechnung** (Vollanrechnung) von Gewährung eines vollen Anrechnungsguthabens (*full credit*) gesprochen, d.h. wenn der Wohnsitzstaat die ausländische Steuer vollständig zum Abzug von der inländischen Steuer zulässt und, wenn notwendig, die ausländischen Steuern erstattet.[32]

Bei einer Begrenzung der Anrechnung können Anrechungsüberhänge auftreten. Ein **Anrechnungsüberhang** (*excess credit position*) ist der Betrag der gezahlten ausländischen Steuern, der nicht gegen im Inland fällige Steuern angerechnet werden kann. Dieser entsteht, wenn die im Ausland geleisteten Steuern höher als die anrechenbaren Steuern sind.[33]

Es gibt verschiedene Formen der Begrenzung der Anrechnung. Die üblichen Formen sind *per-country-limitation*, *per-company-limitation* (auch *per-entity-limitation* genannt) oder *per-item-of-income-limitation* (auch *income-basket-limitation* genannt). Sie unterscheiden sich dadurch, ob Anrechnungsüberhänge länderbezogen, unternehmensbezogen oder einkunftsartbezogen ausgeglichen werden können. Bei der *overall-limitation* können Anrechnungsüberhänge aus verschiedenen Ländern weltweit verrechnet werden. Die *per-community-limitation* begrenzt die Verrechnungsmöglichkeit auf Gewinne, die aus der EU stammen.[34]

Die Anrechnungsmethode ist die bevorzugte Methode angelsächsischer Staaten.[35] Sie wurde erstmals 1918 von den USA und Großbritannien als unilaterale Maßnahme ins Einkommensteuerrecht aufgenommen.[36]

Dass der Wohnsitzstaat die Anrechnung begrenzt, ist international üblich.[37] Unbegrenzte Anrechnung findet in der Praxis keine Anwendung.[38] Ansonsten hätte der

[32] Vgl. Lornsen, Doppelbesteuerung, 1987, S. 97; Schaumburg, Steuerrecht, 1998, Rz. 14.27.
[33] Vgl. Grubert, CESifo wp964, 2003, S. 11; Schaumburg, Steuerrecht, 1998, Rz. 14.28.
[34] Vgl. Jacobs, Unternehmensbesteuerung, 2002, S.45f.; Schaumburg, Steuerrecht, 1998, Rz. 14.29.
[35] Zur Verbreitung der Anrechnungsmethode in angelsächsischen und anderen Staaten vgl. Anhang, Tabelle A.2.
[36] Vgl. Homburg, Steuerlehre, 2005, S. 253.
[37] Vgl. Schreiber, FA 57, S. 527.
[38] Vgl. Lornsen, Doppelbesteuerung, 1987, S. 97.

Quellenstaat den Anreiz, sein Aufkommen zu Lasten des Wohnsitzstaates auszudehnen.[39]

Bei der Anrechnung ist zwischen direkter und indirekter Anrechung zu unterscheiden. Gesetzt den Fall, dass eine inländische Kapitalgesellschaft an einer ausländischen Kapitalgesellschaft beteiligt ist, bezieht sich die **direkte Anrechnung** auf Kapitalertragsteuer, die die Muttergesellschaft auf die von der Tochtergesellschaft zufließenden Kapitaleinkommen zu entrichten hat und die **indirekte Anrechnung** auf die Körperschaftsteuer, die die Tochtergesellschaft auf ihre Gewinne zu entrichten hat.

Die direkte Anrechnung der Kapitalertragsteuern auf die inländische Körperschaftsteuer verhindert die juristische Doppelbesteuerung. Kann die Muttergesellschaft zusätzlich noch die Körperschaftsteuer der Tochtergesellschaft auf ihrerseits zu leistende Körperschaftsteuer anrechnen, wird auch die wirtschaftliche Doppelbesteuerung verhindert.[40]

Bei der **Freistellungsmethode** (*credit method*) wird auf die Besteuerung im Wohnsitzstaat der Muttergesellschaft verzichtet. Diese Methode setzt zur Vermeidung der Doppelbesteuerung an der Bemessungsgrundlage an, denn das ausländische Einkommen geht nicht in die Bemessungsgrundlage[41] ein.[42]

Die Freistellungsmethode wird auch als kontinentaleuropäische Methode bezeichnet.[43] Sie wurde erstmals 1869 im Doppelbesteuerungsabkommen zwischen Preußen und Sachsen kodifiziert.[44]

Ist wiederum eine inländische Kapitalgesellschaft an einer ausländischen Kapitalgesellschaft beteiligt, kann die Freistellungsmethode alleine Doppelbesteuerung nicht ausschließen. Muss die Muttergesellschaft im Ausland auf zufließende Dividenden Kapitalertragsteuern zahlen, liegt eine wirtschaftliche Doppelbesteuerung vor.

---

39 Vgl. Schreiber, Besteuerung, 2005, S. 369.

40 Vgl. Fohr, Holdinggesellschaften, 2001, S. 89; Homburg, Steuerlehre, 2005, S. 254f.

41 Auch wenn das ausländische Einkommen aus der Bemessungsgrundlage ausscheidet, kann es eine Wirkung auf die Steuerlast haben. Dies gilt dann, wenn die Befreiung nicht unbeschränkt (*full exemption*) gewährt wird, sondern mit einem Progressionsvorbehalt (*exemption with progression*) versehen wird. Dies ist beispielsweise im Rahmen der deutschen Einkommensteuer der Fall.

42 Vgl. Jacobs, Unternehmensbesteuerung, 2002, S. 12; Schaumburg, Steuerrecht, 1998, Rz. 14.20.

43 Zur Verbreitung der Freistellungsmethode in kontinentaleuropäischen und anderen Staaten vgl. Anhang, Tabelle A.2.

44 Vgl. Homburg, Steuerlehre, 2005, S. 255.

Diese Kapitalertragsteuern wirken sich bei Anwendung der Freistellungsmethode auf die Gesamtsteuerbelastung aus, was bei Anwendung der Anrechnungsmethode grundsätzlich nicht der Fall ist.[45]

2.3 Kapitaleinkommensbesteuerung und Konzerne

Die Berücksichtigung der Methode zur Vermeidung der Doppelbesteuerung reicht nicht aus, um Konzerne danach einzuordnen, nach welchem Prinzip der Kapitaleinkommensbesteuerung sie besteuert werden. Ausschließlich die Anwendung der Anrechnungsmethode führt nicht zum Wohnsitzprinzip, genausowenig wie ausschließlich die Anwendung der Freistellungsmethode zum Quellenprinzip führt.[46] Vielmehr sind fünf Elemente im Rahmen der Kapitaleinkommensbesteuerung zu berücksichtigen.

Die **fünf Elemente des Wohnsitzprinzips** sind: (1+2) die Versteuerung ausländischer Gewinne im Wohnsitzstaat – nach inländischen Vorschriften (Bemessungsgrundlage und Satz), unabhängig von der Gewinnverwendung und unter vollständiger Anrechnung der ausländischen Steuern –,[47] (3) die Gewährung eines grenzüberschreitenden Verlustausgleichs,[48] (4) die Abzugsfähigkeit von Beteiligungsaufwendungen, die im Inland im Zusammenhang mit ausländischen Beteiligungen entstehen[49] und (5) die Besteuerung konzerninterner Zinsen und Nutzungsentgelte im Wohnsitzstaat.[50]

Vice versa sind die **fünf Elemente des Quellenprinzips**: (1+2) die Ausnahme der ausländischen Gewinne – unabhängig von der Gewinnverwendung – und (3) Verluste von der inländischen Bemessungsgrundlage,[51] (4) das Abzugsverbot von Beteiligungsauf-

---

[45] Vgl. Lang, Kapitaleinkommensbesteuerung, 2005, S. 38f.; Scheffler, Besteuerung, 2002, S. 145f.
[46] Vgl. Spengel, Unternehmensbesteuerung, 2003, S. 231.
[47] Vgl. Oestreicher, Konzernbesteuerung, 2005, S. 17; Spengel, Unternehmensbesteuerung, 2003, S. 231f.; ders., Besteuerung, 2006, S. G30.
[48] Vgl. Wiss. Beirat beim BMF, Kapitaleinkommensbesteuerung, 1999, S. 64-66.
[49] Vgl. Wiss. Beirat beim BMF, Kapitaleinkommensbesteuerung, 1999, S. 66-68.
[50] Vgl. Jacobs/Spengel, Aspekte, 1996, S. 117.
[51] Vgl. Schön, IStR 2004, S. 294; a.A. Lehner, Territorialitätsprinzip, 2005, S. 259.

wendungen[52], die im Inland im Zusammenhang mit ausländischen Beteiligungen entstehen[53] und (5) die ausschließliche Besteuerung konzerninterner Zinsen und Nutzungsentgelte im Quellenstaat.[54]

[52] Unter Bezugnahme auf den Terminus Abzugsverbot für Beteiligungsaufwendungen werden im Rahmen dieser Arbeit grundsätzlich nur Finanzierungsaufwendungen verstanden. Das Abzugsverbot gilt nicht für andere Beteiligungsaufwendungen wie etwa Leitungskosten (*headquarters expense*). Diese können nicht vollumfänglich den nachgeordneten Konzerngesellschaften belastet werden. Der Teil, der der Muttergesellschaft zugeordnet wird, ist bei einer strengen Auslegung des Quellenprinzips überhaupt nicht abzugsfähig. Dagegen kann die Abzugsfähigkeit von Finanzierungsaufwendungen regelmäßig im Quellenstaat erreicht werden. Vgl. Herzig, WPg 1998, S. 287; Jacobs, Unternehmensbesteuerung, 2002, S. 913-915; a.A. Grubert, NTJ LIV, S. 814.

[53] Vgl. Maiterth/Wirth, DStR 2004, S. 437; SVR, Jahresgutachten, 2003, S. 318.

[54] Vgl. Jarass/Obermair, Versteuerung, 2004, S. 103f.

3. Erfolgsallokation und Erfolgsermittlung

3.1 Vorbemerkung

Erfolgsallokation wird auch als Gewinnabgrenzung[55] oder Erfolgszuordnung[56] bezeichnet. Die Erfolgsallokation dient zur Abgrenzung der Bemessungsgrundlage zwischen den Staaten und entscheidet damit über den Anteil der beteiligten Staaten am Konzerngewinn.[57]

Unter **Erfolgsermittlung** wird im Rahmen dieser Arbeit der Frage nachgegangen, ob die Staaten bei der Besteuerung von Konzernen eine getrennte Gewinnermittlung (Einzelabrechnung) oder eine gemeinsame Gewinnermittlung (konsolidierte Bemessungsgrundlage) vornehmen. Bei Einzelabrechnung erfolgt die Besteuerung in den Sitzstaaten der Tochtergesellschaften vor der Konsolidierung. Im Sitzstaat wird die Muttergesellschaft auf Grundlage des konsolidierten Ergebnisses besteuert. Dagegen wirkt sich die konsolidierte Bemessungsgrundlage bei allen Konzerngesellschaften aus. Die Besteuerung der Konzerngesellschaften setzt also erst nach der Konsolidierung ein.

Der Begriff Erfolgsermittlung dient zur Abgrenzung gegenüber dem Begriff **Gewinnermittlung**, worunter verstanden wird, nach welchen konkreten Gewinnermittlungsvorschriften die Bemessungsgrundlage auf Ebene der Konzerngesellschaft bestimmt wird.

Abbildung I.3.1: Begriffspaare aus Erfolgsallokation und Erfolgsermittlung

Bezeichnung der Begriffspaare	Erfolgsallokation	Erfolgsermittlung
Separate Entity Accounting:	Verrechnungspreisfindung (bei)	Einzelabrechnung
Formula Apportionment:	Formelhafte Gewinnaufteilung (einer)	konsolidierte(n) Bemessungsgrundlage

Quelle: Eigene Darstellung.

Erfolgsermittlung und Erfolgsallokation sind eng miteinander verbunden. Zwei Begriffspaare (Abbildung I.3.1) bilden grundlegende Alternativen, um den Gewinn einer Konzerngesellschaft zu bestimmen und abzugrenzen, nämlich die Einzelabrechnung in Verbindung mit Verrechnungspreisfindung nach Fremdvergleichsgrundsatz versus die

55 Vgl. Spengel, Gewinnabgrenzung, 2005, S. 57.
56 Vgl. Scheffler, Besteuerung, 2002, S. 14.
57 Vgl. Scheffler, Besteuerung, 2002, S. 14-16.

formelhafte Gewinnaufteilung einer konsolidierten Bemessungsgrundlage.[58] Im Rahmen dieser Arbeit wird auf die beiden Begriffspaare unter ihrer englischen Bezeichnung und verkürzt als **Separate Entity Accounting** und **Formula Apportionment**[59] Bezug genommen.[60]

Das folgende Beispiel verdeutlicht den Zusammenhang von Erfolgsermittlung und Erfolgsallokation der grundlegenden Alternativen.

Beispiel 3: Der Konzern besteht aus einer inländischen Muttergesellschaft M, die für die Herstellung zuständig ist, und einer ausländischen Tochtergesellschaft T, die für den Vertrieb zuständig ist. M liefert T ein Fertigprodukt, dessen volle Herstellungskosten 50 GE betragen, für 55 GE. T verkauft das Fertigprodukt am Markt für 110 GE, wobei ihr Vertriebskosten i.H.v. 50 GE entstanden sind. Die Geschäftstätigkeit des Konzerns beschränkt sich auf diese Transaktion.

(Separate Entity Accounting:) Die involvierten Finanzverwaltungen akzeptieren den Verrechnungspreis i.H.v. 55 GE. Mit Hilfe des Verrechnungspreises können die Gesellschaften ihren Gewinn einzeln ermitteln. Folglich beträgt der Gewinn der M 5 GE, weil den Umsatzerlösen i.H.v. 55 GE Aufwendungen i.H.v. 50 GE gegenüberstehen. Der Gewinn der T beträgt ebenfalls 5 GE, weil den Umsatzerlösen i.H.v. 110 GE Aufwendungen i.H.v. insgesamt 105 GE gegenüberstehen.

(Formula Apportionment:) In der konsolidierten GuV stehen den Selbstkosten i.H.v. 100 GE Umsatzerlöse i.H.v. 110 GE gegenüber, so dass der Konzerngewinn 10 GE beträgt. Aufwendungen und Erträge des konzerninternen Lieferungs- und Leistungsverkehrs gehen im Rahmen der Aufwands- und Ertragskonsolidierung unter. Wenn der Aufteilungsschlüssel für beide Konzerngesellschaften einen Anteil i.H.v. 50% am Konzerngewinn vorsieht, dann beträgt der anteilige Gewinn der M und der T wiederum jeweils 5 GE.

Bei der Alternative Separate Entity Accounting sind Erfolgsallokation und Erfolgsermittlung nicht zu trennen. Durch die Festlegung des Verrechnungspreises wird der Anteil am Konzerngewinn für die liefernde Gesellschaft festgelegt. Dies geschieht, noch bevor ein Produkt am Markt durch die empfangende Gesellschaft verkauft wird und damit der gesamte Konzerngewinn feststeht. Im gleichen Schritt kann nun auch die Erfolgsermittlung abgeschlossen werden, weil den bereits bekannten Aufwendungen nun die korrespondierenden Erträge gegenüberstehen.

---

[58] Vgl. Hellerstein/McLure Jr., ITPF 2004, S. 199; Spengel, Gewinnabgrenzung, 2005, S. 58-60.

[59] Formula Apportionment ist die gebräuchlichste Bezeichnung. Häufig wird auch der Terminus Formulary Apportionment und eher selten der Terminus Formular Apportionment verwendet.

[60] So auch Sørensen, ITPF 2004, S. 91. Diese gebräuchliche Bezeichnung kann verwirren, da Separate Entity Accounting eine Form der Erfolgsallokation und Formula Apportionment eine Form der Erfolgsermittlung ist. Formula Apportionment ist die gebräuchlichste Bezeichnung

Bei der Alternative Formula Apportionment sind Erfolgsallokation und Erfolgsermittlung zu trennen. Im ersten Schritt wird der Konzerngewinn ermittelt. Im zweiten Schritt wird der Konzerngewinn aufgeteilt.

Bei Separate Entity Accounting dienen die Verrechnungspreise nur zur Erfolgsallokation konzerninterner Geschäfte. Echte Marktpreise dienen der Erfolgsallokation bei Geschäften mit dritten Unternehmen. Bei Formula Apportionment gehen alle – konzerninterne wie konzernexterne – Geschäfte in die Konsolidierung ein und werden anschließend durch die Formel abgegrenzt.

3.2 Erfolgsallokation im Konzern

3.2.1 Einordnung der Methoden

Die Methoden der Erfolgsallokation lassen sich in zwei gegensätzliche Gruppen einteilen. Entweder dienen sie der Verrechnungspreisfindung oder der Aufteilung des konsolidierten Konzerngewinns.

Zur Verrechnungspreisfindung dienen die Standardmethoden, die geschäftsfallbezogenen Gewinnmethoden und die Gewinnvergleichsmethode, die zu den globalen Gewinnmethoden gehört (Abbildung I.3.2).

Bei den Standardmethoden und den geschäftsfallbezogenen Gewinnmethoden beruhen die Verrechnungspreise auf dem **Fremdvergleichsgrundsatz** (*dealing at arm's length principle*). Danach bilden die Preise einen Vergleichsmaßstab, die zwischen rechtlich und wirtschaftlich selbständigen, vergleichbaren Unternehmen vereinbart werden.[61] Mit anderen Worten sind Marktpreise als Vergleichsmaßstab geeignet.[62] Daher wird der Fremdvergleichsgrundsatz auch als Marktpreiskonzept bezeichnet.[63] Aufgrund des Bezugs zu einzelnen Transaktionen wird von direkter Bestimmung der Verrechnungspreise gesprochen.[64] Für das Marktpreiskonzept spricht, dass die Konzerngesellschaften getrennte Steuersubjekte sind, die einen rechtsgeschäftlichen Leistungsaustausch

[61] Vgl. Salzberger, Konzernunternehmung, 1994, S. 58; Schneider, DB 2003, S. 53.
[62] Vgl. Schreiber, StuW 2004, S. 218.
[63] Vgl. Schreiber, Besteuerung, 2005, S. 461.
[64] Vgl. Spengel, Gewinnabgrenzung, 2005, S. 58.

eingehen können. Der Erfolgsausweis erfolgt anhand allgemeiner Gewinnermittlungsgrundsätze.[65]

Verrechnungspreise werden regelmäßig direkt, d.h. auf Basis des Fremdvergleichsgrundsatzes, bestimmt. Denkbar ist auch eine indirekte Bestimmung der Verrechnungspreise wie bei der Gewinnvergleichsmethode. Über einen Schlüssel wird der Erfolg eines unabhängigen Vergleichsunternehmens auf die Konzerngesellschaft übertragen.

Abbildung I.3.2: Methoden der Erfolgsallokation

	Ermittlung von Verrechnungspreisen	formelhafte Gewinnaufteilung

Fremdvergleichsgrundsatz	> Standardmethoden
	  > Preisvergleichsmethode
	  > Wiederverkaufspreismethode
	  > Kostenaufschlagsmethode
	> Gewinnmethoden
	  > geschäftsfallbezogene Gewinnmethoden
	    > Nettomargenmethode
	    > Gewinnteilungsmethode	

Schlüsselung	> Gewinnmethoden
	  > globale Gewinnmethoden
	    > Gewinnvergleichsmethode
		> Gewinnmethoden
		  > globale Gewinnmethoden
		    > formelhafte Gewinnaufteilung

Quelle: Eigene Darstellung.

Den Gegenpol zu den Methoden, die zur Verrechnungspreisfindung dienen, bildet als einzige Methode zur Aufteilung eines konsolidierten Konzerngewinns die formelhafte Gewinnaufteilung. Der gesamte Konzerngewinn wird indirekt über einen Schlüssel auf die einzelnen Konzerngesellschaften verteilt.[66] Die rechtliche Selbständigkeit der Konzerngesellschaft wird für steuerliche Zwecke ignoriert.[67]

In der einschlägigen Literatur werden die Methoden der Erfolgsallokation häufig nach direkter (Fremdvergleichsgrundsatz) und indirekter Vorgehensweise (Schlüssel) unter-

[65] Vgl. Schreiber, Besteuerung, 2005, S. 461f.
[66] Vgl. Spengel, Gewinnabgrenzung, 2005, S. 58.
[67] Vgl. Jacobs, Unternehmensbesteuerung, 2002, S. 947.

teilt.[68] Jedoch gilt es zu beachten, dass Verrechnungspreise theoretisch mit der globalen Gewinnvergleichsmethode auch nach der indirekten Methode ermittelt werden können.

Die genannten Methoden werden in den folgenden Abschnitten erklärt.

In der Praxis werden von wichtigen Handelsstaaten mehrheitlich die Standardmethoden und die Gewinnmethoden auf Basis des Fremdvergleichsgrundsatzes angewendet.[69]

3.2.2 Methoden zur Verrechnungspreisfindung

3.2.2.1 Standardmethoden

Die OECD sieht als gleichberechtigte Standardmethoden die Preisvergleichsmethode (*comparable uncontrolled price method*), die Wiederverkaufspreismethode (*resale price method*) und die Kostenaufschlagsmethode (*cost plus method*) vor. Bei der **Preisvergleichsmethode** wird der Verrechnungspreis entweder durch den inneren Preisvergleich, also durch einen Vergleich mit dem Preis, den das Unternehmen selbst bei vergleichbaren Geschäften mit unabhängigen Unternehmen vereinbart oder durch den äußeren Preisvergleich, also durch einen Vergleich mit dem Preis, den dritte Unternehmen bei vergleichbaren Geschäften vereinbaren, ermittelt. Die Methode ist für homogene Güter geeignet, für die Börsenpreise gestellt werden.[70] Bei der **Wiederverkaufspreismethode** wird der Transferpreis ermittelt, indem vom Verkaufspreis des Endprodukts eine Gewinnmarge abgezogen wird, die das Unternehmen gewöhnlich bei vergleichbaren Geschäften erzielt bzw. die den übernommenen Funktionen und Risiken angemessen ist. Diese Methode eignet sich am ehesten für Handelsgeschäfte.[71] Bei der **Kostenaufschlagsmethode** wird der Verrechnungspreis berechnet, indem auf die beim liefernden Unternehmen entstandenen Kosten eine Gewinnmarge aufgeschla-

---

[68] Vgl. Riecker, Körperschaftsbesteuerung, 1997, S. 174f.; Scheffler, CCTB, 2005, S. 306.

[69] Die Aussage bezieht sich auf Deutschland (50%), Großbritannien (57%), Japan (59%), Kanada (89%) und die USA (71%). Die restlichen Anteile entfallen auf andere Methoden und verhandelte Verrechnungspreise. Vgl. Boos/Rehkugler/Tucha, DB 2000, S. 2393.

[70] Vgl. Jacobs, Unternehmensbesteuerung, 2002, S. 926-928; OECD, Transfer Pricing, 2001, Tz. 2.6-2.13; Scheffler, Besteuerung, 2002, S. 326-329; Schröer, Besteuerung, 2004, S. 151f.

[71] Vgl. Jacobs, Unternehmensbesteuerung, 2002, S. 928-931; OECD, Transfer Pricing, 2001, Tz. 2.14-2.31; Scheffler, Besteuerung, 2002, S. 329-330; Schröer, Besteuerung, 2004, S. 152-156.

gen wird, die üblicherweise bei vergleichbaren Produkten erzielt wird bzw. die den übernommen Funktionen und Risiken angemessen ist. Diese Methode wird überwiegend bei halbfertigen Erzeugnissen eingesetzt.[72]

3.2.2.2 Gewinnmethoden

Bei Gewinnen, die aus dem Transfer und der Nutzung von immateriellen Wirtschaftsgütern entstehen, versagen die Standardmethoden. In diesem Fall zieht die OECD die den Standardmethoden nachgeordneten geschäftsfallbezogenen Gewinnmethoden vor, nämlich die **geschäftsfallbezogene Nettomargenmethode** (*transactional net margin method*) und die **geschäftsfallbezogene Gewinnteilungsmethode** (*transactional profit split method*). Bei der Ersten wird der Transferpreis dadurch ermittelt, dass die Nettogewinnspanne des betreffenden Unternehmens mit dritten Unternehmen (innerer Vergleich) oder eines unabhängigen, im gleichen Marktsegment tätigen Vergleichsunternehmens (äußerer Vergleich) über eine Bezugsgröße (z.B. Kapital, Kosten oder Umsatz) auf eine einzelne, kontrollierte Transaktion bezogen wird.[73] Letztere wird auch als Gewinnaufteilungsmethode bzw. Gewinnzerlegungsmethode bezeichnet. Der Verrechnungspreis wird ermittelt, indem der Nettoerfolg einer Transaktion über eine Bezugsgröße zwischen den beteiligten Konzerngesellschaften aufgeteilt wird.[74]

Die **globale Gewinnvergleichsmethode** (*comparable profits method*), auch als globale Betriebsvergleichmethode bezeichnet wird, zählt zu den indirekten Methoden. Zunächst werden Renditekennziffern eines im gleichen Marktsegment tätigen Vergleichsunternehmens ermittelt, etwa Betriebsergebnis zu Betriebskapital. Danach werden die Transferpreise solange korrigiert, bis die Renditekennziffern der Konzerngesellschaften in einem von der Finanzverwaltung gewünschten Intervall liegen.[75] Diese Methode wird von den OECD-Mitgliedstaaten mehrheitlich abgelehnt, da sie als un-

---

[72] Vgl. Jacobs, Unternehmensbesteuerung, 2002, S. 931-934; OECD, Transfer Pricing, 2001, Tz. 2.32-2.48; Scheffler, Besteuerung, 2002, S. 330-332; Schröer, Besteuerung, 2004, S. 156-158.

[73] Vgl. Jacobs, Unternehmensbesteuerung, 2002, S. 938-941; OECD, Transfer Pricing, 2001, Tz. 3.26-3.48; Scheffler, Besteuerung, 2002, S. 335f.; Schröer, Besteuerung, 2004, S. 161f.

[74] Vgl. Jacobs, Unternehmensbesteuerung, 2002, S. 941-946; OECD, Transfer Pricing, 2001, Tz. 3.5-3.25; Scheffler, Besteuerung, 2002, S. 336f.; Schröer, Besteuerung, 2004, S. 162-166.

[75] Vgl. Jacobs, Unternehmensbesteuerung, 2002, S. 946f.; Scheffler, Besteuerung, 2002, S. 338f.; Schröer, Besteuerung, 2004, S. 161.

vereinbar mit dem Fremdvergleichsgrundsatz gilt.[76] Dennoch eignet sich die Methode für Verprobungszwecke.[77] In den USA, wo Gewinnmethoden zunehmend favorisiert werden,[78] wird sie gegenüber den Standardmethoden und den geschäftsfallbezogenen Gewinnmethoden als gleichberechtigt anerkannt.[79]

3.2.3 Methode zur formelhaften Gewinnaufteilung

Die **globale formelhafte Gewinnaufteilung** (*global formulary apportionment*) ist ebenfalls eine globale Gewinnmethode. Allerdings dient sie nicht zur Verrechnungspreisermittlung, sondern zur Aufteilung eines konsolidierten Konzerngewinns. Die Aufteilung wird anhand einer starren Formel vorgenommen.[80] Die Formel soll dazu führen, dass der Gewinn dort besteuert wird, wo er entstanden ist.[81]

Die Formel besteht aus Erfolgsbildungsfaktoren, die den Zusammenhang zwischen dem erwirtschafteten Gewinn und den diesem zugrunde liegenden ökonomischen Faktoren herstellen soll. Für die Auswahl und die Gewichtung der Erfolgsbildungsfaktoren gibt es keine ökonomisch überzeugende, eindeutige Lösung.[82] Folglich müssen die in der Praxis Verwendung findenden Formeln als eine Lösung, die auf komplexitätsreduzierenden Annahmen basiert, gesehen werden.[83]

Praktische Anwendung findet die formelhafte Gewinnaufteilung bisher grundsätzlich nur national. Zu nennen sind die Aufteilung zwischen den Bundesstaaten in den USA (*unitary taxation*), zwischen den Provinzen in Kanada und zwischen den Kommunen in Deutschland (Gewerbesteuer).[84]

In der EU könnte die erste supranationale Anwendung erfolgen. Im Mittelpunkt der Überlegungen der EU-Kommission zur Reform der Unternehmensbesteuerung steht

---

76 Vgl. Schreiber, Besteuerung, 2005, S. 466; Schröer, Besteuerung, 2004, S. 161f.
77 Vgl. Scheffler, Besteuerung, 2002, S. 339.
78 Vgl. Schröer, Besteuerung, 2004, S. 161.
79 Vgl. Jacobs, Unternehmensbesteuerung, 2002, S. 947.
80 Vgl. EU-Kommission, KOM(2003)726, S. 24f.; Jacobs, Unternehmensbesteuerung, 2002, S. 947-949; OECD, Transfer Pricing, 2001, Tz. 3.58-3.74; Scheffler, Besteuerung, 2002, S. 337f.
81 Vgl. Hellerstein/McLure Jr., ITPF 2004, S. 208.
82 Vgl. Hellerstein/McLure Jr., ITPF 2004, S. 210; Musgrave, Tax Base, 1984, S. 234.
83 Vgl. Salzberger, Konzernunternehmung, 1994, S. 193f.
84 Vgl. Jacobs, Unternehmensbesteuerung, 2002, S. 948f.; Jacobs/Spengel/Schäfer, Intertax 2004, S. 276; Schreiber, Besteuerung, 2005, S. 469.

die Aufteilung einer konsolidierten Bemessungsgrundlage durch die formelhafte Gewinnaufteilung.[85]

3.2.4 Konzeptionelle Schwächen der Methoden

Die auf dem Fremdvergleichsgrundsatz basierende Verrechnungspreisfindung hat erhebliche theoretische Schwächen.[86] Erstens können konzerninterne Lieferungen und Leistungen häufig weder am Markt gekauft noch verkauft werden, weil es sich um spezifische Produkte handelt, für die keine Marktpreise existieren. Oft fehlt auch die Vergleichbarkeit mit Transaktionen, für die Marktpreise ermittelt werden können. Eine Ausnahme sind Commodities.[87] Zweitens wird durch die Konzernierung der Markt bewusst ausgeschaltet, um Skalenvorteile bzw. Synergieeffekte zu erzielen und Transaktionskosten zu reduzieren. Die daraus resultierenden Einsparungen werden vom Fremdvergleichsgrundsatz nicht berücksichtigt, so dass es zu Doppelbesteuerung oder Doppelnichtbesteuerung kommen kann.[88] Drittens wird der Beitrag zum Konzerngewinn aus der Nutzung immaterieller Wirtschaftsgüter immer gewichtiger. Die Quelle dieses Beitrages ist aber nur schwer zu identifizieren. Außerdem sind einzelne Transaktionen aus Kooperationen (zwischen verschiedenen Unternehmen in der Forschung und Entwicklung) und Paketlösungen (Software und Service) nur schwer zu isolieren.[89]

Die formelhafte Gewinnaufteilung über einen Schlüssel hat ebenfalls erhebliche Schwächen. Theoretisch müsste ein Schlüssel gefunden werden, der alle Erfolgsbildungsfaktoren beinhaltet und diese gemäß dem Anteil am Erfolg gewichtet. In der Praxis haben sich Lösungen durchgesetzt, die sich lediglich auf eine Auswahl von Erfolgsbildungsfaktoren beschränken und diese pragmatisch gewichten. Im Rahmen der *unitary taxation* werden beispielsweise Lohnsumme, Umsatz und Vermögen herangezogen.[90] Die Auswahl beruht darauf, dass Kapital (Vermögen) und Arbeit (Lohnsum-

---

85 Zu den Reformbemühungen der EU-Kommission vgl. ausführlich zweiter Teil, Punkt 1.3.4.

86 Vgl. Spengel, Gewinnabgrenzung, 2005, S. 92.

87 Vgl. Oestreicher, Gewinnabgrenzung, 2005, S. 76; Schneider, DB 2003, S. 55; Schreiber, DBW 1992, S. 846.

88 Vgl. Herzig, WPg 1998, S. 285; Oestreicher, Gewinnabgrenzung, 2005, S. 76f.

89 Vgl. Jacobs/Spengel/Schäfer, Intertax 2004, S. 273.

90 Vgl. Hellerstein/McLure Jr., ITPF 2004, S. 211; Martens-Weiner, Company Tax Reform, 2006, S. 34.

me) als Produktionsfaktoren der Wertschöpfung dienen und damit das Angebot ermöglichen. Der Gewinn entsteht aber erst mit der Nachfrage, welche durch den Umsatz bestimmt wird.[91] Kanada verzichtet auf den Faktor Vermögen.[92] Die Zerlegung der deutschen Gewerbesteuer gemäß §§ 29 Abs. 1 und 31 GewStG beruht auf der Lohnsumme.[93]

Theoretisch lässt sich diese Auswahl aus mehreren Gründen nicht rechtfertigen. Problematisch am Faktor Vermögen ist, dass weder die kostenlose Inanspruchnahme von öffentlichen Gütern noch die nicht ansatzfähigen immateriellen Wirtschaftgüter, die beide zur Wertschöpfung beitragen, berücksichtigt werden.[94] Umsatz als Faktor ist problematisch, da er keinen Verteilungsmaßstab aus Sicht international üblichen Quellenregeln darstellt. Der Ort des Umsatzes ist nicht eindeutig zu bestimmen, lässt sich aber einfach manipulieren.[95] Auch der Faktor Lohnsumme ist aus Sicht international üblicher Quellenregeln kein zu rechtfertigender Verteilungsmaßstab. Jedoch spricht für die Lohnsumme, dass sie nicht leicht manipuliert werden kann und die Erstellung immaterieller Wirtschaftsgüter lohnintensiv ist. Der Faktor kann daher als Ergänzung des Faktors Vermögen betrachtet werden.[96]

Darüber hinaus erfolgt der Einsatz einer starren Formel unter der Hypothese, dass ein proportionaler Zusammenhang zwischen Erfolgsbildungsfaktoren und Erfolg besteht. Die formelhafte Gewinnaufteilung geht nämlich von in produktiver Hinsicht homogenen Gesellschaften aus, die in Bezug auf Wettbewerb und Absatzchancen auf homogenen Märkten agieren.[97] Es erfolgt eine Sollgewinnbesteuerung.[98]

Selbst unter der Hypothese, dass es bei beiden Alternativen zu einer verursachungsgerechten Erfolgsallokation kommt, können sich die Ergebnisse der Konzerngesellschaf-

---

91 Vgl. Oestreicher, Gewinnabgrenzung, 2005, S. 85f.
92 Vgl. Martens-Weiner, CESifo Forum 1/2002, S. 16.
93 Vgl. Scheffler, Ertragsteuern, 2006, S. 284.
94 Vgl. Hellerstein/McLure Jr., ITPF 2004, S. 211f.; Martens-Weiner, Formulary Apportionment, 2005, S. 20f.; Schreiber, StuW 2004, S. 221.
95 Vgl. Hellerstein/McLure Jr., ITPF 2004, S. 212f.; Martens-Weiner, Formulary Apportionment, 2005, S. 22-25; Schreiber, StuW 2004, S. 221f.
96 Vgl. Hellerstein/McLure Jr., ITPF 2004, S. 211; Martens-Weiner, Formulary Apportionment, 2005, S. 21f.; Schreiber, StuW 2004, S. 222.
97 Vgl. Salzberger, Konzernunternehmung, 1994, S. 194f.
98 Vgl. Jacobs, Unternehmensbesteuerung, 2002, S. 947f.

ten unterscheiden. Dies gilt dann, wenn Verluste erwirtschaftet oder stille Reserven realisiert werden.[99]

3.2.5 Alternative Methoden

Die oben dargestellten Methoden der Erfolgsallokation weisen beide konzeptionelle Schwächen auf. Daher ist man geneigt, Alternativen außerhalb des angewendeten Schemas auszuloten. Es ist denkbar, die gemeinsam ermittelte konsolidierte Bemessungsgrundlage statt über Erfolgsbildungsfaktoren über die Wertschöpfung aufzuteilen. Eine weitere Alternative ist ein Wechsel von der Mikroebene auf die Makroebene.

Aufteilungsmaßstab bei einer indirekten Gewinnermittlung kann auch der Anteil der Unternehmen an der **Wertschöpfung** sein. Ein solches System könnte auf dem Ursprungslandprinzip beruhen, wobei jedoch Anpassungen vorzunehmen sind.[100]

Die Aufteilung nach Wertschöpfung findet kaum praktische Anwendung. Auch die wissenschaftliche Forschung ist bei der formelhaften Gewinnaufteilung weiter als bei der Aufteilung nach Wertschöpfung fortgeschritten.[101] Der Ansatz wird im Rahmen dieser Arbeit nicht weiter verfolgt, da er zwei große Nachteile hat. Zum einen sind wieder Verrechnungspreise notwendig, um die Differenz zwischen Ausgangs- und Eingangsumsätzen (Wertschöpfung) eines Konzernunternehmens zu ermitteln. Zum anderen unterliegen Finanzumsätze nicht der Umsatzsteuer, so dass etwa einer Muttergesellschaft mit reiner Holdingfunktion kein Anteil am Konzerngewinn zugewiesen würde.[102]

Bei den beiden oben dargestellten globalen Gewinnmethoden erfolgt die Aufteilung des konsolidierten Konzerngewinns auf Mikroebene, d.h. auf der Ebene der Unternehmen. Theoretisch ist auch eine Aufteilung des konsolidierten Konzerngewinns auf **Makroebene** zwischen den EU-Mitgliedstaaten denkbar.[103] Makroökonomische Größen zur Aufteilung können die Bruttoinlandsprodukte oder Exportüberschüsse der betroffenen EU-Staaten sein. Denkbar ist auch die Möglichkeit industrieweiter Größen

[99] Vgl. Salzberger, Konzernunternehmung, 1994, S. 196.
[100] Vgl. EU-Kommission, KOM(2003)726, S. 25.
[101] Vgl. EU-Kommission, KOM(2003)726, S. 25.
[102] Vgl. EU-Kommission SEC(2001)1681, S. 414; Mintz, ITPF 2004, S. 228; Wellisch, StuW 2004, S. 273f.
[103] Vgl. EU-Kommission, KOM(2003)726, S. 24.

wie Umsatz oder Lohnsumme eines gesamten Industriezweigs.[104] Im Rahmen dieser Arbeit ist diese Vorgehensweise jedoch zu vernachlässigen, weil auch sie nicht die steuerlichen Gestaltungen verhindern kann.[105] Außerdem gilt sie wegen der erforderlichen Implementierung eines Clearing-Systems als politisch nicht durchsetzbar.[106] Ein solches System ist auch bei der Harmonisierung der Umsatzsteuer mit dem Ziel des Gemeinsamen-Markt-Prinzips (Ursprungslandprinzip) vorgesehen. Jedoch gilt seit 1993 bis heute noch eine Übergangsregelung.[107]

Da die skizzierten Alternativen als nicht ausreichend erforscht gelten und mit großen Nachteilen verbunden sich bzw. als politisch nicht durchsetzbar erachtet werden, verbleibt nur, mit den in der Praxis erprobten Methoden zu verfahren.

3.3 Erfolgsermittlung des Konzerns

3.3.1 Einzelabrechung

Bei Einzelabrechnung bemessen die Sitzstaaten der Konzerngesellschaften die Steuerschuld anhand ihrer eigenen Bemessungsgrundlage. Es gilt grundsätzlich das Trennungsprinzip. Die konsolidierte Besteuerung erfolgt grundsätzlich nur bei der Muttergesellschaft.

Unter dem **Trennungsprinzip**, welches international weithin respektiert wird,[108] versteht man die steuerrechtliche Trennung zwischen der Gesellschaft und ihren Gesellschaftern, die auf der Rechtspersönlichkeit der juristischen Person Kapitalgesellschaft beruht. Folglich sind im internationalen Konzern schuldrechtliche Verträge steuerlich anzuerkennen.[109] Die Kapitalgesellschaft ist ein eigenständiges Steuersubjekt. Im Konzern verhindert das Trennungsprinzip, dass die Gewinne der Tochtergesellschaft eo ipso zum Einkommen der Muttergesellschaft gehören, sondern erst bei Ausschüt-

[104] Vgl. EU-Kommission SEC(2001)1681, S. 414; Wellisch, StuW 2004, S. 271.
[105] Durch die Sitzverlegung kann sich eine Konzerngesellschaft der Besteuerung einer Jurisdiktion entziehen. Vgl. Wellisch, StuW 2004, S. 271. Denkbar ist auch, dass auf eine Jurisdiktion ein großer Anteil am Konzergewinn entfällt, obwohl dort nur wenige unternehmerische Funktionen ausgeübt werden. Vgl. Hellerstein/McLure Jr., ITPF 2004, S. 211.
[106] Vgl. Fohr, Holdinggesellschaften, 2001, S. 93; Salzberger, Konzernunternehmung, 1994, S. 179.
[107] Vgl. Jacobs, Unternehmensbesteuerung, 2002, S. 157.
[108] Vgl. Schreiber, Besteuerung, 2005, S. 358.
[109] Vgl. Jacobs, Rechtsform, 2002, S. 92; Krebühl, Organschaft, 2003, S. 600; Salzberger, Konzernunternehmung, 1994, S. 58; Schaumburg, Steuerrecht, 1998, Rz. 15.132; Schreiber, Besteuerung, 2005, S. 75.

tung.[110] Folglich können thesaurierte Gewinne von der Besteuerung im Sitzstaat der Muttergesellschaft abgeschirmt werden (**Abschirmwirkung**).[111] Die Abschirmwirkung auf die Gewinne ist ein quellentheoretisches Element.[112] Durch die Aufrechterhaltung des Trennungsprinzips findet keine Konsolidierung statt.

Jedoch kann bei Einzelabrechnung das Trennungsprinzip durchbrochen werden, um eine Konsolidierung zu bewirken. Es ist zwischen einfacher Konsolidierung, Teilkonsolidierung und Vollkonsolidierung (Abbildung I.3.3) zu unterscheiden.

Abbildung I.3.3: Konsolidierungsarten bei getrennter und gemeinsamer Gewinnermittlung

Art der Konsolidierung	Getrennte Gewinnermittlung: Einzelabrechnung	Gemeinsame Gewinnermittlung: konsolidierte Bemessungsgrundlage
Keine Konsolidierung	Aufrechterhaltung des Trennungsprinzips	
Einfache Konsolidierung	Verlustverrechnung	
	Zusammenfassung der Einzelergebnisse	
Teilkonsolidierung	Verlustverrechnung + Neutralisierung der Zwischenergebnisse	
	Zusammenfassung der Einzelergebnisse + Neutralisierung der Zwischenergebnisse	Zusammenfassung der Einzelergebnisse + Neutralisierung der Zwischenergebnisse
Vollkonsolidierung	derivative Konzernsteuerbilanz > Modifikation der handelsrechtlichen Konzernbilanz > Konsolidierung der Einzelsteuerbilanzen	derivative Konzernsteuerbilanz > Modifikation der handelsrechtlichen Konzernbilanz > Konsolidierung der Einzelsteuerbilanzen
		(originäre Konzernsteuerbilanz)

Quelle: Eigene Darstellung.

Zur **einfachen Konsolidierung** zählen die Verlustverrechnung und die Zusammenfassung der Einzelergebnisse. Bis auf die Summierung der Verluste bzw. Gewinne und Verluste erfolgen keine Konsolidierungsmaßnahmen.

Bei der grenzüberschreitenden **Verlustverrechnung** mindern die Verluste der Tochtergesellschaft die Bemessungsgrundlage der Muttergesellschaft. Bei dieser Vorgehensweise wird das Trennungsprinzip durchbrochen.

---

[110] Vgl. Homburg, Kapitaleinkommensbesteuerung, 2005, S. 23; Weichenrieder, Direktinvestitionen, 1999, S. 83.

[111] Vgl. Schreiber, Besteuerung, 2005, S. 359.

[112] Vgl. Homburg, Kapitaleinkommensbesteuerung, 2005, S. 23.

In der Praxis ist diese Vorgehensweise die Ausnahme und nur in Österreich zu finden.[113]

Bei **Zusammenfassung der Einzelergebnisse** werden die selbständig und getrennt ermittelten Ergebnisse aller Konzerngesellschaften vertikal zusammengefasst.[114] Dadurch erfolgt implizit ein Verlustausgleich.[115] Auch hier liegt eine Durchbrechung des Trennungsprinzips vor.

Nur ausnahmsweise ist diese Vorgehensweise in der Praxis zu finden, namentlich in Dänemark, Frankreich und neuerdings auch in Italien.[116] Technisch – jedoch auf nationale Sachverhalte begrenzt – ist die Vorgehensweise auch durch die Zurechnungskonzeption im Rahmen der deutschen Organschaft vertraut.[117] Ein Unterschied besteht jedoch darin, dass Organe die objektive Steuerpflicht verlieren.[118]

Die **Teilkonsolidierung** baut auf der einfachen Konsolidierung auf. Die Verlustverrechnung und die Zusammenfassung der Einzelergebnisse sind um eine Zwischenergebniseliminierung zu ergänzen.

Auf nationaler Ebene werden Zwischenergebnisse in den USA im Rahmen der Bundeseinkommensteuer (*consolidated return*) und der Bundesstaatensteuer (*combined report*) eliminiert.[119]

Die Vollkonsolidierung erfolgt bei der Erstellung einer derivativen Konzernsteuerbilanz. Die Vorgehensweise ist deckungsgleich mit der bei der konsolidierten Bemessungsgrundlage, die unter dem nachfolgenden Punkt dargestellt wird.

---

[113] Vgl. Scheunemann, Konzernbesteuerung, 2005, S. 312f.

[114] Vgl. Grotherr, IWB 1995, S. 122.

[115] Vgl. Jacobs, Unternehmensbesteuerung, 2002, S. 178; Scheffler, BFuP 2005, S. 157.

[116] Vgl. Endres, Intertax 2003, S. 351; Lüdicke/Rödel, IStR 2004, S. 553. Die USA begrenzen die grenzüberschreitende Konsolidierung auf die NAFTA-Staaten Kanada und Mexiko. Vgl. Endres, WPg 2003, S. S38; Salzberger, Konzernunternehmung, 1994, S. 124; Scheunemann, Konzernbesteuerung, 2005, S. 382.

[117] Vgl. Schreiber, StuW 2004, S. 224. Die deutsche Organschaft wurde schon 1902 vom Preußischen Oberverwaltungsgericht entwickelt (sog. Richterrecht) und 1927 vom Reichsfinanzhof ins Körperschaftsteuerrecht übertragen und weiterentwickelt. Vgl. Eckstein, IFA 89b, 2004, S. 298; Herzig, Organschaft, 2003, S. 4f.

[118] Vgl. Schreiber, Besteuerung, 2005, S. 283.

[119] Vgl. Fischer, Unitary Taxation, 1986, S. 150-153; Schreiber, StuW 2004, S. 224; Watrin/Sievert/Strohm, FR 2004, S. 7.

3.3.2 Konsolidierte Bemessungsgrundlage

Die Sitzstaaten der Konzerngesellschaften können die Steuerschuld auch anhand einer gemeinsamen, konsolidierten Bemessungsgrundlage bemessen. Das Trennungsprinzip gilt dann nicht mehr. Die konsolidierte Besteuerung erfolgt bei allen Konzerngesellschaften.

Bei der Ermittlung der konsolidierten Bemessungsgrundlage kann eine Teilkonsolidierung oder eine Vollkonsolidierung vorgenommen werden.[120] Eine einfache Konsolidierung ist bei der konsolidierten Bemessungsgrundlage nicht möglich, weil diese i.V.m. der formelhaften Gewinnaufteilung Anwendung findet. Diese wiederum setzt eine Neutralisierung der Zwischenergebnisse voraus.[121]

Teilkonsolidierung bedeutet i.Z.m. der konsolidierten Bemessungsgrundlage Zusammenfassung der Einzelergebnisse plus Neutralisierung der Zwischenergebnisse.

Die **Vollkonsolidierung** erfolgt bei der Ermittlung der derivativen Konzernsteuerbilanz. Die modifizierte Konzernhandelsbilanz und die Konsolidierung von Einzelsteuerbilanzen sind Formen einer derivativen Konzernsteuerbilanz.

Bei der modifizierten Konzernhandelsbilanz sind die Konsolidierungsmaßnahmen Kapitalkonsolidierung, Schuldenkonsolidierung, Zwischenergebniseliminierung und Aufwands- und Ertragskonsolidierung bereits durchgeführt. Durch steuerliche Korrekturen wird die Konzernhandelsbilanz zur Konzernsteuerbilanz modifiziert.[122]

Bei der Konsolidierung von Einzelsteuerbilanzen werden die Einzelsteuerbilanzen zu einer Summensteuerbilanz zusammengeführt und anschließend die genannten Konsolidierungsmaßnahmen durchgeführt.[123]

Beschränkt auf nationale Sachverhalte wird diese Vorgehensweise in den Niederlanden unter der nationalen Bezeichnung *fiscale eenheid* durchgeführt.[124]

---

[120] Vgl. Schreiber, StuW 2004, S. 223f.

[121] Zur Erklärung des Zusammenhangs zwischen Formula Apportionment und einheitstheoretischer Besteuerung, welche eine Zwischenergebniseliminierung umfasst, vgl. ausführlich dieser Teil, Punkt 6.3.2.

[122] Vgl. Salzberger, Konzernunternehmung, 1994, S. 158-160.

[123] Vgl. Salzberger, Konzernunternehmung, 1994, S. 160f.

[124] Vgl. Endres, WPg 2003, S. S39; Herzig, Organschaft, 2003, S. 29; Jungnitz, IStR 2006, S. 266; Kollruss, IStR 2004, S. 5.

An diesem Punkt soll auch die **originäre Konzernsteuerbilanz** Erwähnung finden. Eine originäre Konzernsteuerbilanz basiert auf einer eigenständigen Konzernbuchführung.[125] Es handelt sich jedoch streng genommen um keine konsolidierte Konzernsteuerbilanz, weil keine Konsolidierungsmaßnahmen vorgenommen werden müssen. Zwischengewinne beispielsweise werden gar nicht erst realisiert.[126] Im Ergebnis sehen originäre und derivative Konzernsteuerbilanz gleich aus.

[125] Vgl. Salzberger, Konzernunternehmung, 1994, S. 154-161; Scheuchzer, Konzernbesteuerung, 1994, S. 215; Theisen, Konzern, 2000, S. 582.

[126] Vgl. Herzig, Organschaft, 2003, S. 29. Weitere Konsolidierungsmaßnamen, wie die Kapitalkonsolidierung, die Schuldenkonsolidierung und die Aufwands- und Ertragskonsolidierung, erübrigen sich ebenfalls.

4. Grundzüge der Modelle der internationalen Konzernbesteuerung

4.1 Einordnung der Modelle

Die Modelle der Konzernbesteuerung können anhand von zwei Dimensionen charakterisiert werden. Zum einen wird der Charakter dadurch bestimmt, nach welchem Prinzip der internationalen Kapitaleinkommensbesteuerung – Wohnsitzprinzip oder Quellenprinzip – verfahren wird, und zum anderen, ob Erfolgsermittlung und Erfolgsallokation nach Separate Entity Accounting oder Formula Apportionment erfolgen. Theoretisch ergibt sich eine Matrix mit vier Feldern.

Praktisch ergeben sich sechs Felder. Zwar ist die Zuordnung der Modelle zu Formula Apportionment oder Separate Entity Accounting eindeutig; dagegen ist die Zuordnung zu den Prinzipien der Kapitaleinkommensbesteuerung nicht eindeutig. Es gibt **Mischsysteme**, d.h. Modelle, die Elemente des Wohnsitzprinzips und des Quellenprinzips kombinieren. Folglich ist die Matrix um zwei weitere Felder zu ergänzen (Abbildung I.4.1).

Abbildung I.4.1: Matrix der Modelle der internationalen Konzernbesteuerung

	SA	FA
(WP)	Modell DK Dänemark, Frankreich u. Italien (alle l.l.).	Modell Mod. CCTB Modifikation des Modells CCTB.
WP / QP	Modell ASS Typische angelsächsische Staaten wie das UK und die USA (beide l.l.). Modell A Österreich (l.l.). Modell KES Typische kontinentaleuropäische Staaten wie Deutschland (l.l.). Modell DivEx USA (l.f.) und die Niederlande (l.p.).	
QP		Modell CCTB EU (l.f.).

Quelle: Eigene Darstellung.

Bei Separate Entity Accounting gilt, dass Kapitaleinkommen in Form von Zinsen und Nutzungsentgelten – wie international üblich – nach dem Wohnsitzprinzip besteuert wird.[127] Zinsen mindern die Bemessungsgrundlage des Fremdkapitalnehmers und erhöhen die Bemessungsgrundlage des Fremdkapitalgebers.[128] Nutzungsentgelte für überlassene Wirtschaftsgüter mindern die Bemessungsgrundlage der nutzenden Konzerngesellschaft und erhöhen die Bemessungsgrundlage der überlassenden Konzerngesellschaft.[129]

Diese internationalen Konventionen führen dazu, dass unter Separate Entity Accounting das Quellenprinzip nicht eindeutig umgesetzt werden kann. Die Modelle enthalten immer ein Element des Wohnsitzprinzips.[130] Gewinne werden dagegen immer an der Quelle und gegebenenfalls im Wohnsitzstaat besteuert.[131] Das Quellenprinzip kann folglich nur mehr oder weniger stark betont werden. In diesem Fall ergeben sich Mischsysteme. Die eindeutige Umsetzung des Wohnsitzprinzips wird wiederum durch die Steuersubjektivität der Kapitalgesellschaft erschwert.[132] Wird die Besteuerung im Quellenstaat rückgängig gemacht, ergibt sich das Wohnsitzprinzip. Streng genommen ist zwischen reinem Wohnsitzprinzip (Verzicht auf den Steueranspruch seitens des Quellenstaats) und **gleicher ökonomische Wirkung wie beim reinen Wohnsitzprinzip** (Rückgängigmachung der Besteuerung im Quellenstaat seitens des Wohnsitzstaats) zu unterscheiden. Hier wird mit Wohnsitzprinzip im Regelfall Letzteres bezeichnet.

Bei Formula Apportionment gibt es keine Mischsysteme. Die Besteuerung des Konzerngewinns erfolgt erst nach der Konsolidierung. Werden die Anteile am Konzerngewinn abschließend in den Sitzstaaten der Konzerngesellschaften besteuert, ergibt sich das reine Quellenprinzip. Greift der Sitzstaat der Muttergesellschaft auf den ge-

[127] Vgl. Maiterth, StuW 2005, S. 56; Schreiber, Steuerwettbewerb, 1998, S. 106.
[128] Vgl. Homburg, Kapitaleinkommensbesteuerung, 2005, S. 23; Weichenrieder, Direktinvestitionen, 1999, S. 97.
[129] Vgl. Baumhoff/Bodenmüller, Verrechnungspreispolitik, 2003, S. 352; Herzig, WPg 1998, S. 292.
[130] Vgl. Maiterth, StuW 2005, S. 56. Dies gilt, solange keine weitreichenden Modifikationen vorgenommen werden. Der Wohnsitzstaat müßte auf seinen Besteuerungsanspruch verzichten und die Zinsen oder Nutzungsentgelte empfangende Gesellschaft müßte im Rahmen ihrer beschränkten Steuerpflicht im Quellenstaat veranlagt werden. Vgl. Scheffler, Auslandsinvestitionen, 1996, S. 176.
[131] Vgl. Schreiber, Steuerwettbewerb, 1998, S. 106f.
[132] Vgl. Schreiber, Kapitaleinkommensbesteuerung, 2005, S. 46.

samten Konzerngewinn zu und rechnet die Quellensteuern an, ergibt sich das Wohnsitzprinzip.

In der gegenwärtigen bzw. geplanten Praxis der Konzernbesteuerung gibt es sieben verschiedene Modelle. Die Namensgeber der Modelle sind eine Vorreiterrolle einnehmende Staaten (Dänemark und Österreich), repräsentative Staatengruppen (kontinentaleuropäische und angelsächsische Staaten) und die Namen aktueller Reformvorhaben der EU bzw. der USA (*Common Consolidated Tax Base* bzw. *dividend exemption*). Das Modell Mod. CCTB stellt eine Modifikation des Reformvorhaben der EU dar. Die Konkretisierung der Modelle weicht von der geltenden oder geplanten Rechtslage ab.

Fünf der sieben Modelle gehören zu Separate Entity Accounting. Das Modell DK ist dem Feld Wohnsitzprinzip und die Modelle ASS, A, KES und DivEx dem Feld Mischsys- teme zuzuordnen. Die verbleibenden zwei Modelle gehören zu Formula Apportionment. Das Modell Mod. CCTB füllt das Feld Wohnsitzprinzip und das Modell CCTB füllt das Feld Quellenprinzip.

4.2 Modelle unter Separate Entity Accounting

4.2.1 Modell DK

Das Modell DK führt theoretisch zur gleichen ökonomischen Wirkung wie das reine Wohnsitzprinzip. Die Besteuerung folgt dem Wohnsitzprinzip in allen fünf Elementen, nämlich bei ausgeschütteten wie thesaurierten Gewinnen, bei Zinsen und Nutzungsentgelten, Verlusten und Beteiligungsaufwendungen (Abbildung I.4.2).

Abbildung I.4.2: Modelle der Konzernbesteuerung und Elemente der Kapitaleinkommensbesteuerung – Separate Entity Accounting

Prinzip	Modell	Gewinne	Zinsen/Nutzungsentgelt	Verluste	Aufw.
WP		WS (Freistellung im QS)	WS (Abzug im QS)	+VA	+BA
(WP)	DK	WS + QS (Anrechnung bei Feststellung)	WS	+VA	+BA
MS	ASS	WS + QS (Anrechnung bei Ausschüttung)	WS	–VA	+BA
MS	A	QS (Freistellung im WS)	WS	+VA	+BA
MS	KES	QS	WS	–VA	+BA
MS	DivEX	QS	WS	–VA	–BA
QP		QS	QS (kein Abzug im QS)	–VA	–BA

Quelle: Eigene Darstellung.

Die Erfolgsermittlung wird mit Zusammenfassung der Einzelergebnisse durch eine einfache Konsolidierung vorgenommen. Zur Vermeidung der Doppelbesteuerung bei Gewinnen wird die Anrechnungsmethode gewählt. Die Kombination von Zusammenfassung der Einzelergebnisse und Anrechnungsmethode wird in den folgenden Ausführungen als **Anrechnung bei Feststellung** bezeichnet. Die einhergehende Durchbrechung der Abschirmwirkung dient zur Aufhebung des Trennungsprinzips. Im Feststellungszeitpunkt werden die Gewinne der Tochtergesellschaft unabhängig von der Gewinnverwendung der Muttergesellschaft zugerechnet. Die Muttergesellschaft wird nach dem Welteinkommensprinzip besteuert. Weder die objektive noch die subjektive Steuerpflicht der ausländischen Tochtergesellschaft werden angetastet. Die von der Tochtergesellschaft geleisteten Steuerzahlungen können bei der Muttergesellschaft angerechnet werden. In fiskalischer Hinsicht wirkt sich die Vorgehensweise lediglich im Sitzstaat der Muttergesellschaft aus. Im Gewinnfall erhöht sich die Steuerschuld, weil die Gewinne im Entstehungszeitpunkt hochgeschleust werden. Im Verlustfall mindern die Verluste die inländische Steuerschuld.[133] Gegenüber dem reinen Wohnsitzprinzip bleibt die Allokation der Direktinvestitionen unbeeinflusst, nur die Aufteilung der Steuermasse verschiebt sich.[134]

Beim Modell DK wird der Systematik des Wohnsitzprinzips gefolgt, welche vorsieht, Beteiligungsaufwendungen zum Abzug zuzulassen. Der zulässige Abzug korrespondiert damit, dass die Beteiligungserträge im Sitzstaat der Muttergesellschaft steuerpflichtig sind.

Das Modell DK repräsentiert, was die Elemente der Kapitaleinkommensbesteuerung betrifft, die dänische, französische und italienische Konzernbesteuerung.[135]

In Dänemark besteht diese schon seit 1903[136] und wird als *Sambeskatning* (Steuerkonsolidierung) bezeichnet.[137] Im Rahmen der Suche nach einer Lösung für den grenzüberschreitenden Verlustausgleich prüft die EU-Kommission die Eignung der däni-

[133] Vgl. Grotherr, IWB 1995, S. 116; Salzberger, Konzernunternehmung, 1994, S. 202.
[134] Vgl. Homburg, Perspektiven, 2000, S. 15.
[135] Vgl. IBFD, ETH 2006, S. 163-173, insb. S. 166f. (Dänemark), S. 215-228, insb. S. 220f. (Frankreich), S. 363-373, insb. S. 367 (Italien).
[136] Vgl. Amby, IFA 89b, 2004, S. 235; Kessler, IStR 1993, S. 303.
[137] Vgl. Endres, Konzernbesteuerung, 2003, S. 464; Grotherr, IWB 1995, S. 113.

schen Konzernbesteuerung und ähnlicher Vorschläge[138] für eine europäische Konzernbesteuerung.[139]

In Frankreich wurde das Modell unter der Bezeichnung *bénéfice consolidé*[140] 1966 eingeführt.[141] Im Jahr 1969 sollte es über den ursprünglichen Vorschlag einer Mutter-Tochter-Richtlinie[142] (Art. 7 Abs. 1) zum europäischen Paradigma werden, wurde jedoch aus dem Entwurf gestrichen.[143]

Die jüngste grenzüberschreitende Konzernbesteuerung wird in Italien angeboten. Dort wurde sie im Zuge der Steuerreform 2004 eingeführt und trägt den Namen *consolidato mondiale* (weltweite Konsolidierung).[144]

4.2.2 Modell ASS

Das Modell ASS ist ein Mischsystem, welches eher das Wohnsitzprinzip betont. Die Besteuerung folgt dem Wohnsitzprinzip in drei von fünf Elementen, nämlich bei ausgeschütteten Gewinnen, bei Zinsen und bei Beteiligungsaufwendungen und dem Quellenprinzip in zwei von fünf Elementen, nämlich bei thesaurierten Gewinnen und bei Verlusten (Abbildung I.4.2).

Bei der Erfolgsermittlung wird keine Konsolidierung vorgenommen. Zur Vermeidung der Doppelbesteuerung bei Gewinnen wird die Anrechnungsmethode gewählt. Die Kombination von Aufrechterhaltung des Trennungsprinzips und Anrechnungsmethode wird in den folgenden Ausführungen als **Anrechnung bei Ausschüttung** bezeichnet. Die Anrechnung erfolgt nämlich erst bei Ausschüttung. Die thesaurierten Gewinne können dem Sitzstaat der Muttergesellschaft vorenthalten werden (*deferred taxati-*

---

[138] Dazu gehört das „European Tax Allocation System", welches ebenfalls vorsieht, den konsolidierten Konzerngewinn bei getrennter Gewinnermittlung im Sitzstaat der Muttergesellschaft zu versteuern. Vgl. Hernler, DB 2003, S. 61-65.

[139] Vgl. EU-Kommission, KOM(2003)726, S. 10f.

[140] Die nationale Konzernbesteuerung trägt den Namen *intégration fiscal*. Vgl. Hirschler/Schindler, IStR 2004, S. 507.

[141] Vgl. Endres, Konzernbesteuerung, 2003, S. 465; Masui, IFA 89b, 2004, S. 56.

[142] Vgl. EU-Kommission, KOM(69)6.

[143] Vgl. Genschel, Steuerharmonisierung, 2002, S. 162 u. S. 166-170; Pullen, Körperschaftsbesteuerung, 1994, S. 126f.; Schreiber, StuW 1994, S. 251.

[144] Vgl. Giaconia, IFA 89b, 2004, S. 386f.; Romani/Strnad/Grabbe, IStR 2004, S. 159f.; Russo, ET 2003, S. 309f.

on).[145] Das Quellenprinzip gilt, solange die Gewinne thesauriert werden. Das Wohnsitzprinzip gilt erst dann, wenn die Gewinne der Tochtergesellschaft ausgeschüttet werden.

Bei dieser Vorgehensweise muss der Verlustausgleich explizit geregelt werden. In der Praxis wird er jedoch nicht in Verbindung mit Anrechnung bei Ausschüttung gewährt. Dies ist unsystematisch, da die Gewinne – wenn auch erst bei Zufluss – besteuert werden. Genau diese Tatsache könnte aber der Grund für die Versagung des Verlustausgleichs sein. Es bestünde ansonsten eine zeitliche Imparität zwischen Berücksichtigung der Gewinne und Verluste. Würde man Gewinne bereits im Zeitpunkt der Entstehung berücksichtigen, würde dies wieder dem Modell DK entsprechen.

Beim Modell ASS werden Beteiligungsaufwendungen zum Abzug zugelassen. Hier besteht die oben bemängelte zeitliche Imparität. Während die Dividenden unendlich abgeschirmt werden können, erfolgt die steuerliche Entlastung sofort bei Geltendmachung.

Das Modell ASS entspricht bei den Elementen der Kapitaleinkommensbesteuerung der typischen Konzernbesteuerung in angelsächsischen Staaten wie dem Vereinigten Königreich und den USA.[146] Die Anrechnungsmethode wird in den USA und dem Vereinigten Königreich seit dem frühen zwanzigsten Jahrhundert angewendet.[147] 1962 wurde in den USA über einen Wechsel von Anrechnung bei Ausschüttung zu Anrechnung bei Feststellung nachgedacht, was aber letztlich verworfen wurde. Man einigte sich jedoch auf einen Kompromiss, wonach passives Einkommen laufend (*subpart F rules*)[148] und aktives Einkommen verzögert besteuert wird.[149] Die *subpart F rules* wur-

[145] Vgl. Spengel, Unternehmensbesteuerung, 2003, S. 39.
[146] Vgl. IBFD, ETH 2006, S. 751-765, insb. S. 755f. (USA), S. 727-738, insb. S. 731f. (Vereinigtes Königreich).
[147] Vgl. Homburg, Steuerlehre, 2005, S. 253.
[148] Passives Einkommen, wie beispielsweise Kapitaleinkommen aus Finanzanlagen, die *controlled foreign corporations* (*CFCs*) erzielen, wird steuerlich so behandelt, als ob es ausgeschüttet wird. Die Abschirmwirkung der *CFCs* wird durchbrochen. *CFCs* sind Gesellschaften, deren Anteile zu mehr als 50% in der Hand US-amerikanischer Anteilseigner sind, von denen wiederum jeder einzelne mehr als 10% der Anteile auf sich vereint. Vgl. Desai/Hines, NTJ LVII, S. 942; Graetz/Oosterhuis, NTJ LIV, S. 773.
[149] Vgl. Froot/Hines, NBER wp4924, 1994, S. 5 (insb. FN 5); Graetz/Oosterhuis, NTJ LIV, S. 775; Hines, NBER wp4191, 1992, S. 4; Taylor, International Provisions, 2005, S. 38f.

den sukzessiv verschärft.[150] Der Abzug von Finanzierungsaufwendungen ist in den USA auch restriktiver (*interest allocation*)[151] als im Vereinigten Königreich.[152]

4.2.3 Modell A

Das Modell A ist ein Mischsystem, welches ebenfalls – aber anders als das Modell ASS – eher das Wohnsitzprinzip betont. Die Besteuerung folgt dem Wohnsitzprinzip in drei von fünf Elementen, nämlich bei Zinsen, bei Beteiligungsaufwendungen und Verlusten und dem Quellenprinzip in zwei von fünf Elementen, nämlich bei ausgeschütteten wie thesaurierten Gewinnen (Abbildung I.4.2).

Bei der Erfolgsermittlung wird eine einfache Konsolidierung in Form der Verlustverrechnung vorgenommen. Zur Vermeidung der Doppelbesteuerung bei Gewinnen wird die Freistellungsmethode gewählt. Das Quellenprinzip gilt folglich unabhängig davon, ob die Gewinne ausgeschüttet oder thesauriert werden. Können die Verluste zu einem späteren Zeitpunkt bei der Tochtergesellschaft berücksichtigt werden, müssen in gleicher Höhe Gewinne bei der Muttergesellschaft nachversteuert werden.[153] Die Kombination von Verlustverrechnung und Freistellungsmethode wird in den folgenden Ausführungen als **Verlustverrechnung mit Nachversteuerung** bezeichnet.

Beteiligungsaufwendungen sind zum Abzug zugelassen. Dies ist genauso unsystematisch wie der Verlustausgleich, weil der Wohnsitzstaat auf die Besteuerung der Gewinne verzichtet.

Das Modell A repräsentiert die aktuelle österreichische Konzernbesteuerung in puncto Elemente der Kapitaleinkommensbesteuerung.[154] Österreich ist seit 2005 der erste und bislang einzige EU-Staat, der Verluste grenzüberschreitend zum Abzug zulässt und gleichzeitig Gewinne freistellt.[155]

---

[150] Vgl. ausführlich US Department of the Treasury, Deferral, 2000, S. 135-162.

[151] Danach wird ein Anteil des inländischen Zinsaufwands dem ausländischen Einkommen zugeordnet. Die Minderung des ausländischen Einkommens kann zu einer Minderung des Anrechnungshöchstbetrags führen, was negative steuerliche Konsequenzen in Form von Anrechnungsüberhängen haben kann. Vgl. Altshuler/Mintz, NBER wp4712, 1994, S. 2-4; Froot/Hines, NBER wp4924, 1994, S. 2-13; Grubert, NTJ LIV, S. 813.

[152] Vgl. Grubert, NTJ LIV, S. 814, FN 3.

[153] Vgl. Scheffler, DBW 1996, S. 596; ders. , BFuP 2005, S. 156f.

[154] Vgl. IBFD, ETH 2006, S. 45-54, insb. S. 48f.

[155] Vgl. Scheunemann, Konzernbesteuerung, 2005, S. 312f.

4.2.4 Modell KES

Das Modell KES ist ein Mischsystem, welches eher das Quellenprinzip betont. Die Besteuerung folgt dem Quellenprinzip in drei von fünf Elementen, nämlich bei ausgeschütteten wie thesaurierten Gewinnen und Verlusten und dem Wohnsitzprinzip in zwei von fünf Elementen, nämlich bei Zinsen und bei Beteiligungsaufwendungen (Abbildung I.4.2).

Bei der Erfolgsermittlung wird keine Konsolidierung vorgenommen. Das Trennungsprinzip wird respektiert.

Zur Vermeidung der Doppelbesteuerung bei Gewinnen wird die Freistellungsmethode gewählt. Das Quellenprinzip gilt folglich unabhängig davon, ob die Gewinne ausgeschüttet oder thesauriert werden. Das Trennungsprinzip wird gewahrt; es wird keine Konsolidierung vorgenommen.

Der Verlustausgleich wird versagt. Diese für das Quellenprinzip charakteristische Regelung erscheint in Hinblick auf die Gewinnbesteuerung systematisch. Dagegen sind Beteiligungsaufwendungen zum Abzug zugelassen. Diese Regelung ist für das Wohnsitzprinzip charakteristisch und erscheint in Hinblick auf die Gewinnbesteuerung unsystematisch.

Das Modell KES repräsentiert die aktuelle deutsche Konzernbesteuerung.[156] Deutschland ist traditionell Freistellungsland, genauso wie die meisten anderen kontinentaleuropäische Staaten.[157]

4.2.5 Modell DivEx

Das Modell DivEx ist dasjenige Mischsystem, welches am ehesten das Quellenprinzip betont. Die Besteuerung folgt dem Wohnsitzprinzip nur in einem von fünf Elementen, nämlich bei Zinsen und dem Quellenprinzip in vier von fünf Elementen, nämlich bei

[156] Vgl. IBFD, ETH 2006, S. 243-253, insb. S. 246f. Abweichend von der aktuellen deutschen Praxis sind die Dividenden zu 100% steuerfrei. Gemäß Art. 4 Abs. 2 MTRL dürfen die EU-Staaten Muttergesellschaften auferlegen, bis zu 5% der von ihren Tochtergesellschaften empfangenen Dividenden gewinnerhöhend zu berücksichtigen, auch wenn tatsächlich keine Beteiligungsaufwendungen anfallen (Kostenpauschale). Von diesem Recht macht Deutschland gemäß § 8b Abs. 5 KStG Gebrauch. Diese Regelung ist als steuerlich unsystematisch zu werten. Vgl. SVR, Jahresgutachten, 2003, S. 320.

[157] Vgl. Anhang, Tabelle A.2.

ausgeschütteten wie thesaurierten Gewinnen, bei Beteiligungsaufwendungen und Verlusten (Abbildung I.4.2).

Bei der Erfolgsermittlung wird keine Konsolidierung vorgenommen. Das Trennungsprinzip wird respektiert.

Zur Vermeidung der Doppelbesteuerung bei Gewinnen wird die Freistellungsmethode gewählt. Das Quellenprinzip gilt folglich unabhängig davon, ob die Gewinne ausgeschüttet oder thesauriert werden.

Der Verlustausgleich wird versagt und Beteiligungsaufwendungen sind nicht zum Abzug zugelassen. Diese Regelungen, die für das Quellenprinzip charakteristisch sind, folgen hinsichtlich der Gewinnbesteuerung der Systematik.

Das Modell DivEx könnte in den USA umgesetzt werden. Es ist Bestandteil eines weniger ambitionierten und damit mit höheren Realisierungschancen versehenen Reformvorschlags, welcher von einem vom US-amerikanischen Präsidenten eingesetzten Expertengremium 2005 propagiert wurde.[158] Die Experten bezeichnen den Vorschlag als *simplified income tax plan*.[159] Unter der Bezeichnung *dividend exemption* oder *territorial system* wurde das Modell mehrfach von wissenschaftlicher Seite beleuchtet.[160]

In der Europäischen Union ist dieses Modell praktisch nicht mehr vorhanden. Die Niederlande verfuhren nach diesem Modell, mussten es aber aus EG-rechtlichen Gründen aufgeben.[161]

---

[158] Da die Republikaner ihre Mehrheit in beiden Kammern des Kongresses verteidigen mussten, wurde die Arbeit des Expertengremiums vom Finanzministerium bisher nicht weiter gewürdigt. Vgl. O.V., FAZ v. 20.07.2006, S. 10.

[159] Vgl. Advisory Panel, Tax System, 2005, S. 107-149. Der andere Reformvorschlag, der unter dem Namen *growth and investment tax plan* firmiert, basiert auf einer Konsumsteuer. Vgl. ebd., S. 151-190.

[160] Vgl. Altshuler/Grubert, NTJ LIV, S. 793-795; Graetz/Oosterhuis, NTJ LIV, S. 774-783; Grubert, NTJ LIV, S. 812-816; Grubert/Mutti, Dividend Exemption, 2001, S. 8-16.

[161] Der genaue Grund war das Urteil in der Rs. „Bosal". Vgl. ausführlich dazu zweiter Teil, Punkt 1.2.2.

4.3 Modelle unter Formula Apportionment

4.3.1 Modell CCTB

Das Modell CCTB führt zum reinen Quellenprinzip. Die Besteuerung folgt dem Quellenprinzip bei ausgeschütteten wie thesaurierten Gewinnen, bei Zinsen, Verlusten und Beteiligungsaufwendungen (Abbildung I.4.3).

Abbildung I.4.3: Modelle der Konzernbesteuerung und Elemente der Kapitaleinkommensbesteuerung – Formula Apportionment

Prinzip	Modell	Gewinne	Zinsen/Nutzungsentgelt	Verluste	Aufw.
WP		WS (Freistellung im QS)	WS (Abzug im QS)	+VA	+BA
(WP)	Mod. CCTB	WS + QS (Anrechnung bei Feststellung)	kons.	kons.	kons.
QP	CCTB	QS (Freistellung im WS)	kons.	kons.	kons.
QP		QS	QS (kein Abzug im QS)	– VA	–BA

Quelle: Eigene Darstellung.

Die Umsetzung des reinen Quellenprinzips erfolgt bei Eigenfinanzierung durch Freistellung. Der Konzerngewinn wird über eine gemeinsame, konsolidierte Bemessungsgrundlage ermittelt und anschließend über eine Formel auf die Sitzstaaten der Konzerngesellschaften verteilt. Der anteilige Konzerngewinn wird abschließend in den Sitzstaaten der Konzerngesellschaften besteuert.

Konzerninterne Finanzierungsbeziehungen sowie Lieferungs- und Leistungsbeziehungen gehen in der Konsolidierung unter, weil sich Aufwendungen und Erträge regelmäßig saldieren. Verluste und Beteiligungsaufwendungen vermindern den Konzerngewinn insgesamt und damit den anteiligen Konzerngewinn direkt im Quellenstaat.

Das Modell CCTB, also die Kombination von Formula Apportionment mit dem Quellenprinzip, entspricht dem aktuellen Reformvorhaben der EU-Kommission.[162]

4.3.2 Modell Mod. CCTB

Das Modell Mod. CCTB führt zur gleichen ökonomischen Wirkung wie das reine Wohnsitzprinzip. Die Besteuerung folgt dem Wohnsitzprinzip bei ausgeschütteten wie thesaurierten Gewinnen, bei Zinsen, Verlusten und Beteiligungsaufwendungen (Abbildung I.4.3).

[162] Zum Fortschritt der EU-Kommission in dieser Sache vgl. ausführlich zweiter Teil, Punkt 1.3.4.

Das Modell Mod. CCTB ist eine Variante des Modells CCTB. Die Variation besteht in puncto Prinzip der Kapitaleinkommensbesteuerung. Statt des Quellenprinzips wird durch Anrechnung bei Feststellung das Wohnsitzprinzip umgesetzt. Der gesamte Konzerngewinn wird im Entstehungszeitpunkt im Sitzstaat der Muttergesellschaft versteuert. Die Muttergesellschaft kann die von den Tochtergesellschaften abgeführten Steuern anrechnen.

Weder repräsentiert eine praktisch vorhandene Konzernbesteuerung das Modell Mod. CCTB, noch entspricht es einem Reformvorhaben. In der Literatur besteht die Ansicht, dass Formula Apportionment das Quellenprinzip systematisch bedingt.[163] Dennoch wird im Rahmen dieser Arbeit mit dem Modell Mod. CCTB die theoretische mögliche Kombination von Formulary Apportionment und dem Wohnsitzprinzip vorgestellt und untersucht.

[163] Vgl. Wellisch, FA 60, S. 24-27.

5. Anforderungen an die Modelle der internationalen Konzernbesteuerung

5.1 Steuerneutralität als theoretische Anforderung

5.1.1 Entscheidungsneutralität

5.1.1.1 Vorbemerkung

Steuerneutralität ist die zentrale theoretische Anforderung an ein Modell der Konzernbesteuerung, damit es als Konzernbesteuerung de lege ferenda in Betracht kommt.

In der Betriebswirtschaft ist Steuerneutralität mit Entscheidungsneutralität gleichzusetzen. **Entscheidungsneutralität** liegt vor, wenn Steuern ökonomische Entscheidungen von rational handelnden Wirtschaftsubjekten nicht beeinflussen; d.h. Entscheidungen werden in einer Welt mit Steuern genauso wie in einer Welt ohne Steuern getroffen.[164] Genauer bleiben Entscheidungen über den Faktoreinsatz zur Einkommenserzielung innerhalb und zwischen Unternehmen unverzerrt. Dies wird auch als **intersektorale Neutralität** bezeichnet. Entscheidungsneutralität umfasst die Wirkungen der Besteuerung auf Unternehmen einschließlich ihrer Gesellschafter – nicht dagegen Wirkungen auf die Volkswirtschaft.[165] Herrscht Entscheidungsneutralität, werden keine Ausweichhandlungen vorgenommen[166] und es besteht kein Anreiz zur Steuerplanung.[167]

Damit die Entscheidungsneutralität insgesamt gewahrt ist, dürfen die einzelnen Entscheidungen über Finanzierung, Rechtsform, Gewinnverwendung, Investition, Standort und Organisationsform nicht verzerrt werden.[168]

Aufgrund der besonderen Relevanz für die Arbeit werden Standortneutralität und Organisationsformneutralität ausführlicher als die weiteren intersektoralen Neutralitäten dargestellt.

---

[164] Vgl. Schneider, Steuerwirkung, 2001, S. 97; Wagner/Dirrigl, Steuerplanung, 1980, S. 13f.
[165] Vgl. Jacobs, Unternehmensbesteuerung, 2002, S. 293; Spengel, Unternehmensbesteuerung, 2003, S. 224.
[166] Vgl. Schneider, Investition, 1992, S. 193.
[167] Vgl. SVR, Jahresgutachten, 2005, S. 268.
[168] Vgl. Jacobs, Unternehmensbesteuerung, 2002, S. 294; Spengel, Unternehmensbesteuerung, 2003, S. 224f.

5.1.1.2 Standortneutralität

Standortneutralität ist gegeben, wenn die Wahl des Standortes einer Investition unabhängig von der Besteuerung getroffen werden kann.[169] Folglich werden Investitionen in inländische und ausländische Unternehmen steuerlich gleich behandelt.[170] Dazu muss der Investor auch bei grenzüberschreitender Investitionstätigkeit nach Maßgabe seines Ansässigkeitsstaats besteuert werden.[171] In einem standortneutralen Steuersystem fußt die Standortwahl überwiegend auf betriebswirtschaftlichen[172] Kriterien.[173]

Standortneutralität gilt als eine vergleichsweise schwache Anforderung, da von einer bestimmten Finanzierung, einer bestimmten Investition oder Rechtsform ausgegangen wird.[174]

Beispielsweise beabsichtigt die Muttergesellschaft, Realinvestitionen über eine mit Eigenkapital ausgestattete Tochtergesellschaft durchzuführen. Standortneutralität herrscht, wenn die Muttergesellschaft aus steuerlicher Sicht indifferent ist, ob die Tochtergesellschaft ihren Sitz im Inland oder Ausland hat. Es wird der nationale mit dem Outbound-Fall verglichen.

Standortneutralität ist notwendig, jedoch nicht hinreichend für die anderen intersektoralen Neutralitäten im Inbound- und Outbound-Fall. Das bedeutet, dass zwar die anderen intersektoralen Neutralitäten im grenzüberschreitenden Fall nur bei Standortneutralität gelten, jedoch umgekehrt Standortneutralität nicht zur Gewährleistung der anderen intersektoralen Neutralitäten im grenzüberschreitenden Fall führt.

Werden betriebswirtschaftliche Entscheidungen bei nationalen Investitionen verzerrt, führt Standortneutralität dazu, dass die gleiche Verzerrung auch bei grenzüberschreitenden Investitionen auftritt.

---

169 Vgl. Jacobs, Unternehmensbesteuerung, 2002, S. 294; Lang, StuW 1989, S. 5; Spengel, DBW 1998, S. 349.

170 Vgl. EU-Kommission, Company Taxation, 1992, S. 441.

171 Vgl. Jacobs, Unternehmensbesteuerung, 2002, S. 19f. u. S. 294; Lehner, StuW 1998, S. 164f.; Musgrave, Issues, 1969, S. 109-115; Schreiber, Besteuerung, 2005, S. 536.

172 Hier sind außersteuerliche Standortfaktoren gemeint, wie z.B. vorhandene qualifizierte Fachkräfte, Kostenvorteile, Ausbau der Infrastruktur, politische Stabilität, niedriges Regulierungsniveau, Absatzmöglichkeiten. Vgl. Baumhoff/Bodenmüller, Verrechnungspreispolitik, 2003, S. 346; Richter/Seitz/Wiegard, Standortfaktoren, 1996, S. 13.

173 Vgl. Jaeger, Körperschaftsteuersysteme, 2001, S. 109.

174 Vgl. Jacobs, Unternehmensbesteuerung, 2002, S. 294; Spengel, DBW 1998, S. 349.

Wird beispielsweise der Verlustausgleich unabhängig vom Sitz der Tochtergesellschaft versagt, herrscht zwar Standortneutralität, aber nicht Organisationsformneutralität. Umgekehrt führt die Beschränkung des Verlustausgleichs auf nationale Sachverhalte dazu, dass Organisationsformneutralität aufgrund der fehlenden Standortneutralität nur bei nationalen Investitionen herrscht.

Standortneutralität und Kapitalexportneutralität sind gleichbedeutend.[175]

Herrscht Standortneutralität, spielen Unterschiede zwischen Gewinnermittlung und Tarifhöhe keine Rolle. Eine Harmonisierung der Steuersätze oder Bemessungsgrundlagen ist nicht notwendig.[176]

5.1.1.3 Organisationsformneutralität

Organisationsformneutralität liegt vor, wenn die unternehmerische Entscheidung darüber, ob der Konzern als Stammhauskonzern[177] oder als Holdingkonzern[178] organisiert wird, nicht durch die Besteuerung verzerrt wird.[179] Organisationsformneutralität wird auch als Betriebsgrößenneutralität oder Konzentrationsneutralität bezeichnet. Bei organisationsformneutraler Besteuerung werden Unternehmenszusammenschlüsse nicht benachteiligt.[180]

Mit anderen Worten herrscht Organisationsformneutralität dann, wenn es aus steuerlicher Sicht unerheblich ist, ob der Konzern aus nur einer (Stammhauskonzern) oder mehreren juristischen Personen (Holdingkonzern) besteht.

Bei internationalen Konzernen wird die Organisationsformneutralität regelmäßig auch bei Stammhauskonzernen verletzt, weil die Besteuerung ausländischer Betriebsstätten

[175] Vgl. Maiterth, Wettbewerbsneutralität, 2001, S. 211; ders., StuW 2005, S. 57.
[176] Vgl. Homburg, Steuerlehre, 2005, S. 286.
[177] Unter einem Stammhauskonzern versteht man ein Stammhaus mit rechtlich unselbständigen Betriebsstätten.
[178] Unter einem Holdingkonzern versteht man eine Holdinggesellschaft (Muttergesellschaft) mit rechtlich selbständigen Tochtergesellschaften.
[179] Vgl. Herzig/Wagner, DB 2005, S. 1; Masui, IFA 89b, 2004, S. 34f.; Müller-Gatermann, Gruppenbesteuerung, 2005, S. 227. Üblich ist auch die Unterscheidung zwischen Einheitsunternehmung und Konzern. Vgl. Scheuchzer, Konzernbesteuerung, 1994, S. 33-39.
[180] Vgl. Spengel, DBW 1998, S. 349; ders., Unternehmensbesteuerung, 2003, S. 225.

von der Einheitstheorie abweicht und faktisch auf Elementen der Trennungstheorie beruht.[181]

Zur Wahrung der Organisationsformneutralität müssen drei Bedingungen eingehalten werden: (1) Vermeidung der Doppelbesteuerung konzerninterner Gewinnausschüttungen, (2) Gewährleistung des konzerninternen Verlustausgleichs und (3) Vermeidung der Besteuerung der Gewinne aus dem konzerninternen Lieferungs- und Leistungsverkehr.[182]

(Ad 1:) Die Doppelbesteuerung konzerninterner Gewinnausschüttungen ist zu vermeiden, weil Gewinnausschüttungen aus betriebswirtschaftlicher Sicht lediglich einen konzerninternen Kapitaltransfer darstellen.[183]

(Ad 2:) Der konzerninterne Verlustausgleich erfolgt bei der einfachen Konsolidierung, bei der Teilkonsolidierung und der Vollkonsolidierung. In diesen Fällen wird dem **Nettoprinzip**[184] Rechnung getragen. Eine Steuerschuld entsteht nur, wenn der Konzerngewinn positiv ist.[185] Der Verlustausgleich erfolgt dabei intraperiodisch und interpersonell.[186] Durch die Verlustberücksichtigung profitiert der Konzern von positiven Zins- und Liquiditätseffekten.

(Ad 3:) Die Besteuerung von Zwischenergebnissen lässt sich zwar juristisch nachvollziehen, ist aber ökonomisch nicht zu rechtfertigen. Schließlich erfolgt die Besteuerung, noch bevor eine Veräußerung am Markt erfolgt. Es liegt keine Gewinnrealisation i.S.d.

---

[181] Vgl. Scheuchzer, Konzernunternehmung, 1994, S. 35.

[182] Vgl. Krebühl, Organschaft, 2003, S. 604f.; Oestreicher, Konzernbesteuerung, 2005, S. 25; Salzberger, WiSt 1996, S. 59; ders., DBW 1997, S. 269; Scheuchzer, Konzernbesteuerung, 1994, S. 39; Senger, Konzernertragsbesteuerung, 1997, S. 76-81; Theisen, Konzern, 2000, S. 582.

[183] Vgl. Scheuchzer, Konzernbesteuerung, 1994, S. 43.

[184] Das Nettoprinzip besagt allgemein, dass zur Ermittlung des Einkommens von den Einnahmen die Ausgaben, die bei der Erzielung der Einnahmen entstehen, abzuziehen sind. Vgl. Schreiber, Besteuerung, 2005, S. 8. Das Nettoprinzip folgt aus dem Prinzip der horizontalen Steuergerechtigkeit, welches wiederum aus dem Gleichheitssatz des Art. 3 Abs. 1 GG folgt. Vgl. Maiterth/Wirth, DStR 2004, S. 435.

[185] Vgl. Scheuchzer, Konzernbesteuerung, 1994, S. 216; Schreiber, StuW 2004, S. 219.

[186] Vgl. Scheuchzer, Konzernbesteuerung, 1994, S. 216.

Realisationsprinzips vor.[187]

Bei einem Verstoß gegen jede der drei Bedingungen liegt die Steuerbelastung des Holdingkonzerns bei gleicher Gewinnsituation über der des Stammhauskonzerns.

Der Konzern ist per definitionem eine wirtschaftliche Einheit. Nach der Einheitstheorie wird der Konzern auch als rechtliche Einheit behandelt.[188] Die Einheitstheorie ist die rechtliche Konsequenz aus der wirtschaftlichen Einheit.[189]

Die Einheitstheorie kann auf verschiedene Art und Weise ausgelegt werden. Eine strenge Auslegung des Begriffs Einheitstheorie, die auch als integrale Einheitstheorie bezeichnet wird, führt zu einer Negation der rechtlichen Selbständigkeit der untergeordneten Konzerngesellschaften. Denkbar ist auch, die rechtliche Vielheit nur für steuerrechtliche Zwecke zu negieren. In diesem Fall wird von **einheitstheoretischer Besteuerung** gesprochen.[190]

Erfährt die Besteuerung der Konzerne eine einheitstheoretische Ausrichtung, ist die Einhaltung der Organisationsformneutralität garantiert.[191] Dies bedeutet gleichzeitig die Aufgabe des Trennungsprinzips für steuerliche Zwecke, welches gerade Verletzungen der Organisationsformneutralität induziert.[192]

5.1.1.4 Weitere intersektorale Neutralitäten

Finanzierungsneutralität ist gewährleistet, wenn die unternehmerische Entscheidung über die Finanzierungsstruktur nicht durch die Besteuerung verzerrt wird. Dies ist der Fall, wenn die verschiedenen Finanzierungsformen (Eigenfinanzierung und Fremdfi-

[187] Nach dem Realisationsprinzip „darf ein Ertrag erst dann verrechnet werden, wenn er im Verhältnis zu einem Dritten so gut wie sicher verwirklicht ist." Vgl. Oestreicher, Steuerbilanzen, 2003, S. 68. Ein Konzernunternehmen ist zwar rechtlich selbständig, stellt aber kein drittes Unternehmen, also eine unabhängige Marktpartei dar. Deshalb sind Transaktionen im Konzern nicht mit dem Realisationsprinzip vereinbar. Vgl. Scheuchzer, Konzernbesteuerung, 1994, S. 46; Schreiber, StuW 2004, S. 224; ders, Besteuerung, 2005, S. 462; Watrin/Sievert/Strohm, FR 2004, S. 11.

[188] Vgl. Scheuchzer, Konzernbesteuerung, 1994, S. 36.

[189] Vgl. Salzberger, Konzernunternehmung, 1994, S. 151; Scheuchzer, Konzernbesteuerung, 1994, S. 37.

[190] Vgl. Salzberger, Konzernunternehmung, 1994, S. 151f. Die reinste Form der Anwendung stellt idealtypisch eine originäre Konzernsteuerbilanz dar. Vgl. Prüschenk, Ertragsbesteuerung, 2004, S. 14.

[191] Vgl. Jungnitz, IStR 2006, S. 272; Scheuchzer, Konzernbesteuerung, 1994, S. 38; Theisen, Konzern, 2002, S. 582.

[192] Vgl. Scheuchzer, Konzernbesteuerung, 1994, S. 34.

nanzierung) steuerlich gleich belastet werden.[193] Der Entscheider kann sich an finanzierungstechnischen Aspekten wie Verschuldungsgrad oder Kapitalkosten der Finanzierungsform orientieren.[194]

Bei **Rechtsformneutralität** kann die Wahl der Rechtsform einer Unternehmung unabhängig von der Besteuerung getroffen werden. Dazu muss die Steuerbelastung eines Unternehmers unabhängig davon sein, welche Rechtsform (Kapitalgesellschaft oder Personengesellschaft bzw. Einzelunternehmung) dieser für sein Unternehmen wählt.[195] Der Entscheider kann sich an gesellschaftsrechtlichen Aspekten orientieren.[196]

Gewinnverwendungsneutralität ist erfüllt, wenn die Besteuerung nicht auf die Ausschüttungspolitik einwirkt. Diese Forderung kann nur dann erfüllt werden, wenn ausgeschüttete Gewinne steuerlich genauso wie thesaurierte Gewinne behandelt werden.[197] Der Entscheider kann sich an unternehmenspolitischen Aspekten orientieren und die Eigenkapitalbasis durch Thesaurierung stärken[198] oder die Ertragsstärke durch Ausschüttung signalisieren.[199]

Investitionsneutralität herrscht, wenn sich ein Unternehmen in einer Welt mit Steuern für das gleiche Investitionsprojekt wie in einer Welt ohne Steuern entscheidet.[200] Investitionsneutralität liegt also vor, wenn sich die Rangordnung von Investitionsprojekten (Realinvestition oder Finanzinvestition) durch Besteuerung nicht verschiebt.[201] Für jedes Investitionsprojekt kann ein Kapitalwert ermittelt werden. Die Rangordnung der Projekte ergibt sich aus den Kapitalwerten. Die Besteuerung muss die Rangfolge

---

[193] Vgl. EU-Kommission, Company Taxation, 1992, S. 441; Kiesewetter, StuW 1997, S. 26; Schwarzkopf, Körperschaftsteuersysteme, 1993, S. 26; Schwinger, StuW 1994, S. 48; Spengel, DBW 1998, S. 349.

[194] Vgl. Schwarzkopf, Körperschaftsteuersysteme, 1993, S. 26.

[195] Vgl. EU-Kommission, Company Taxation, 1992, S. 441; Homburg, Steuerlehre, 2005, S. 354; Schwarzkopf, Körperschaftsteuersysteme, 1993, S. 22; Schwinger, StuW 1994, S. 48; Spengel, DBW 1998, S. 349.

[196] Vgl. Jaeger, Körperschaftsteuersysteme, 2001, S. 103.

[197] Vgl. EU-Kommission, Company Taxation, 1992, S. 441; Schwarzkopf, Körperschaftsteuersysteme, 1993, S. 24; Spengel, DBW 1998, S. 349.

[198] Vgl. Schwarzkopf, Körperschaftsteuersysteme, 1993, S. 24f.

[199] Vgl. Perridon/Steiner, Finanzwirtschaft, 2007, S. 516.

[200] Vgl. Kruschwitz/Schneider/Husmann, WiSt 2003, S. 329.

[201] Vgl. Schreiber/Stellpflug, WiSt 1999, S. 190; Spengel, DBW 1998, S. 349.

und außerdem die Vorzeichen der Kapitalwerte erhalten. Investitionsneutralität verlangt aber nicht, dass das Investitionsvolumen unverändert bleibt.[202]

Rechtformneutralität und Gewinnverwendungsneutralität können als Unterformen der Finanzierungsneutralität betrachtet werden. Die Rechtsform dient der Charakterisierung verschiedener Finanzierungswege.[203] Die Gewinnverwendungsmöglichkeiten Ausschüttung und Thesaurierung werden häufig als eigene Finanzierungswege der Eigenfinanzierung (namentlich Beteiligungsfinanzierung und Selbstfinanzierung) betrachtet. Finanzierungsneutralität und gleichzeitig Investitionsneutralität herrschen, wenn sich die Kapitalkosten aller Finanzierungswege nicht nur gleichen, sondern dem Kapitalmarktzins entsprechen.[204]

5.1.2 Produktionseffizienz

In der Finanzwissenschaft ist Steuerneutralität mit **Produktionseffizienz** gleichzusetzen. Die Definition bezieht sich auf die gesamte Volkswirtschaft. Es wird angenommen, dass in einer Volkswirtschaft eine Allokationseffizienz[205] knapper Ressourcen vorliegt. Ein produktionseffizientes Steuersystem lässt diese Allokation unverändert.[206] Ist dies nicht der Fall, hat dies Folgen für die allokative Effizienz knapper Güter auf den Märkten. Wird die allokative Effizienz gestört, kommt es zu einer Zusatzlast über die Zahllast der Steuern hinaus (*excess burden* oder *dead-weight loss of taxation*).[207] Im engeren Sinne ist dies die Wohlfahrtseinbuße[208], die selbst dann entsteht,

[202] Vgl. Homburg, Steuerlehre, 2005, S. 336; Kiesewetter, StuW 1997, S. 25f.

[203] Vgl. Wagner, Leitlinien, 1995, S. 744.

[204] Vgl. Homburg, Steuerlehre, 2005, S. 353; SVR, Jahresgutsachten, 2006, S. 324.

[205] Allokationseffizienz herrscht, „wenn niemand durch eine andere Organisation der Produktion besser gestellt werden kann, ohne dass dadurch zugleich jemand anderer schlechter gestellt wird. Unter den Bedingungen der allokativen Effizienz lässt sich eine Steigerung der Bedürfnisbefriedigung oder des Nutzens für eine Person nur durch Schmälerung des Nutzen für eine andere Person erreichen.“ Allokationseffizienz wird auch als Pareto-Effizienz oder Pareto-Optimalität bezeichnet. Vgl. Samuelson/Nordhaus, Volkswirtschaftslehre, 2005, S. 232; s.a. Brümmerhoff, Finanzwissenschaft, 2001, S. 52.

[206] Vgl. Diamond/Mirrlees, AER 61, S. 8-27; Homburg, Steuerlehre, 2005, S. 177-184 u. S. 335; Keen/Wildasin, AER 94, S. 259-275.

[207] Vgl. Homburg, Steuerlehre, 2005, S. 158; Musgrave, Finanztheorie, 1969, S. 119f.; Weichenrieder, Direktinvestitionen, 1999, S. 80.

[208] Die Wohlfahrtseinbuße besteht beispielsweise darin, dass ein Konsument ein Produkt nicht mehr nachfragt, wenn darauf eine prohibitive Steuer lastet. Es entfallen zwar Steuerzahlung und Steuerplanungskosten, gleichzeitig entsteht aber ein Realeinkommensverlust. Vgl. Homburg, Steuerlehre, 2005, S. 158; SVR, Jahresgutachten, 2005, S. 267.

wenn die Besteuerung keine **Erhebungskosten** (*compliance costs*)[209] verursachen würde.[210]

5.1.3 Verhältnis von Entscheidungsneutralität und Produktionseffizienz

Entscheidungsneutralität, die betriebswirtschaftliche Steuerneutralität, und Produktionseffizienz, die finanzwissenschaftliche Steuerneutralität, sind nicht ohne weiteres gleichzusetzen,[211] wie die unterschiedlichen Definitionen der beiden Disziplinen zeigen.[212] Aber zwischen Steuerneutralität in der Betriebswirtschaft und der Finanzwissenschaft besteht Zielharmonie, sofern Entscheidungsneutralität auf den Produktionssektor beschränkt wird (intersektorale Neutralität).[213] Produktionseffizienz ist ein übergeordnetes Ziel. Wird Entscheidungsneutralität eingehalten, dient sie diesem übergeordneten Ziel.[214] Anders ausgedrückt garantieren entscheidungsneutrale Steuern eine effiziente Produktion und damit eine Maximierung der Einkommen. Darin liegt die ökonomische Rechtfertigung des Postulats nach Entscheidungsneutralität.[215]

5.2 Nebenbedingungen der praktischen Implementierbarkeit

Wird ein Modell als Konzernbesteuerung de lege ferenda eingestuft, weil es der Steuerneutralität gereicht, heißt das noch nicht, dass es sich in der Praxis implementieren lässt. Dazu muss es zusätzliche Anforderungen erfüllen, welche im Rahmen dieser Arbeit unter dem Begriff Nebenbedingungen subsumiert werden.

---

[209] Die Steuererhebungskosten bestehen auf Seiten des Steuerpflichtigen aus Planungskosten der Steuervermeidung und Deklarationskosten, sowie auf Seiten des Fiskus aus Planungskosten des Steuersystems und Kontrollkosten. Vgl. Homburg, Steuerlehre, 2005, S. 60-63; Spengel/Wiegard, WD 2004, S. 72; SVR, Jahresgutachten, 2005, S. 266-269; Wagner, StuW 2005, S. 94. Auf der Seite des Steuerpflichtigen betragen die Kosten am Beispiel Großunternehmen Schätzungen zufolge 2%-4% der zu entrichtenden Steuern. Vgl. EU-Kommission, SEC(2001)1681, Anhang 2, S. 85.

[210] Vgl. Homburg, Steuerlehre, 2005, S. 158; SVR, Jahresgutachten, 2005, S. 266; Wagner, StuW 2005, S. 94.

[211] Vgl. Jacobs, Unternehmensbesteuerung, 2002, S. 293f. Die EU-Kommission setzt die Begriffe aber gleich. Vgl. EU-Kommission, KOM(2001)582, S. 5.

[212] Vgl. Zuber, Besteuerung, 1991, S. 48f.

[213] Vgl. Homburg, Steuerlehre, 2005, S. 335; Knoll, DBW 2001, S. 335f.; Wiss. Beirat beim BMF, Kapitaleinkommensbesteuerung, 1999, S. 97.

[214] Vgl. Homburg, Steuerlehre, 2005, S. 336 (Investitionsneutralität), S. 349 (Finanzierungsneutralität) u. S. 354 (Rechtsformneutralität); Wiss. Beirat beim BMF, Kapitaleinkommensbesteuerung, 1999, S. 97 (Standortneutralität).

[215] Vgl. Spengel/Wiegard, HB v. 29.05.2006, S. 8; SVR, Jahresgutachten, 2006, S. 324.

Die praktische Umsetzbarkeit eines relevanten Modells wird anhand von fünf Nebenbedingungen, welche die nachfolgend kurz erläutert werden, bewertet.

Ein Modell erfüllt die Nebenbedingung **Administrierbarkeit**, wenn dessen Anwendung in der Praxis zu einem geringen administrativen Aufwand, also Steuererhebungskosten für den Fiskus und den Steuerpflichtigen, führt.[216] Außerdem ist bedeutsam, zu welchem Grad es eine Zusammenarbeit unter den beteiligten Fisci erfordert und ob diese gewährleistet werden kann. Schließlich müssen die administrativen Folgen aus der Beteiligung von Minderheitsgesellschaftern berücksichtigt werden.

Bei der Nebenbedingung **Gestaltungsresistenz** wird zunächst geklärt, ob – entgegen den Erwartungen – überhaupt ein Anreiz zur Steuerplanung besteht. Wenn ja, wird herausgearbeitet, wie die Steuerplanung seitens der Konzerne gestaltet wird und wie wirksam diese seitens der Jurisdiktionen abgewehrt werden kann.

Die Nebenbedingung unter der Bezeichnung **fiskalische Effekte** gilt als erfüllt, sofern sich die Ausgestaltung eines Modells tendenziell neutral bis positiv auf das Steueraufkommen des Sitzstaats der Muttergesellschaft auswirkt.

Die Nebenbedingung der **Rechtskonformität** hat zwei Dimensionen, nämlich das EG-Recht und das Abkommensrecht. Ein Modell darf im Rahmen des EG-Rechts nicht gegen die Grundfreiheiten Niederlassungsfreiheit und Kapitalverkehrsfreiheit verstoßen. Im Rahmen des Abkommensrechts muss ein Modell Konflikte mit dem Recht der Doppelbesteuerungsabkommen, welchem das Musterabkommen der OECD zugrunde liegt, möglichst vermeiden.

Schließlich wird beleuchtet, ob ein Modell die Nebenbedingung **legislative Implementierbarkeit** einhalten kann. Vor dem Hintergrund der notwendigen Einigungspunkte und Einschnitte in die Souveränität der Mitgliedstaaten werden die Realisierungschancen ausgelotet.

---

[216] Vgl. EU-Kommission, SEC(2001)1681, S. 28; Spengel, Unternehmensbesteuerung, 2003, S. 302.

6. Analyse der Modelle der internationalen Konzernbesteuerung in Hinblick auf Steuerneutralität

6.1 Vorbemerkung

Im Rahmen dieses Abschnitts gilt es, die dargestellten Modelle der Konzernbesteuerung anhand der gestellten Anforderung an die Modelle, Steuerneutralität, zu analysieren. Die Modelle der Konzernbesteuerung werden wie beschrieben zum einen durch die Prinzipien der Kapitaleinkommensbesteuerung und zum anderen durch Erfolgsallokation und Erfolgsermittlung determiniert.

Beide Determinanten beeinflussen auf unterschiedliche Weise die Steuerneutralität. Im zweiten Teil dieses Abschnitts wird erklärt, welches Prinzip der Kapitaleinkommensbesteuerung zur Standortneutralität führt. Diejenigen Modelle, die das relevante Prinzip grundsätzlich umsetzen, gereichen der Standortneutralität. Im dritten Teil dieses Abschnitts wird gezeigt, dass Modelle unter Separate Entity Accounting bei geeigneter Ausrichtung Organisationsformneutralität gewährleisten können und Modelle unter Formula Apportionment diese systematisch gewährleisten.

Die weiteren unter intersektoraler Neutralität zu subsumierenden Neutralitäten sind keine spezifischen Fragen der Konzernbesteuerung, sondern allgemeine Fragen der Besteuerung, wie die Integration der Körperschaftsteuer in die Einkommensteuer (Finanzierungsneutralität, Rechtsformneutralität und Gewinnverwendungsneutralität), die Tarifspaltung der Einkommensteuer bei Arbeits- oder Kapitaleinkommen (Finanzierungsneutralität und Rechtsformneutralität) oder die Gestaltung der Abschreibungsregeln (Investitionsneutralität). Diese Fragen gehen jedoch über den Rahmen dieser Arbeit hinaus.

6.2 Steuerneutralität und die Determinante Prinzipien der Kapitaleinkommensbesteuerung

6.2.1 Wohnsitzprinzip

Das Wohnsitzprinzip sichert Kapitalexportneutralität und Produktionseffizienz.[217] Mit anderen Worten sichert das Wohnsitzprinzip[218] betriebswirtschaftliche und finanzwissenschaftliche Steuerneutralität.

Das Wohnsitzprinzip führt zur weltweiten Angleichung der Bruttozinsen.[219] Dies kann mit zwei Investoren aus verschiedenen Staaten erklärt werden, die nach der Maximierung der Nettorendite streben (Beispiel 4.1).

Beispiel 4.1: In Staat A können Investitionsprojekte mit einer Bruttorendite von 10% durchgeführt werden. Der Steuersatz beträgt 50%. In Staat B können Investitionsprojekte mit einer Bruttorendite von 8% durchgeführt werden. Der Steuersatz beträgt 25%. Besteuern beide Staaten nach dem Wohnsitzprinzip, erzielt der Investor aus Staat A bei einer Investition in Staat A eine Nettorendite von 5% und bei einer Investition in Staat B 4%. Der Investor aus Staat B erzielt bei einer Investition in Staat A eine Nettorendite von 7,5% und bei einer Investition in Staat B 6%. Folglich fragt der Investor aus Staat B Investitionsprojekte in Staat A nach und zwar solange, bis die Bruttorendite wegen der erhöhten Nachfrage auf 8% sinkt. Die Bruttorendite gleicht sich also auf 8% an. Die Nettorendite beträgt für den Investor aus Staat A im Gleichgewicht 4% und für den Investor aus Staat B 6% – unabhängig vom Standort der Investition.

Wenn sich die Bruttozinsen weltweit angleichen, herrscht Kapitalexportneutralität,[220] d.h. die Entscheidung über den Standort der Investition wird steuerlich nicht verzerrt. Sie ist die gleiche wie in einer Welt ohne Steuern (Beispiel 4.2).

Beispiel 4.2: C.p. werden keine Steuern erhoben. Folglich fragt der Investor aus Staat B Investitionsprojekte in Staat A nach und zwar solange, bis die Rendite wegen der erhöhten Nachfrage auf 8% sinkt. Die Renditen stimmen in Staat A und Staat B im Gleichgewicht überein.

---

[217] Vgl. Homburg, Steuerlehre, 2005, S. 287; Maiterth, Wettbewerbsneutralität, 2001, S. 212f.; Sinn, Kapitaleinkommensbesteuerung, 1985, S. 172 u. S. 175.

[218] Streng genommen sichert alleine das Welteinkommensprinzip Kapitalexportneutralität. Es ist gleichgültig, welcher Staat auf das Welteinkommen zugreift. Das kann theoretisch neben dem Wohnsitzstaat auch der Quellenstaat oder eine dritter Staat sein. Vgl. Homburg, Steuerlehre, 2005, S. 286.

[219] Vgl. Homburg, Steuerlehre, 2005, S. 289; Weichenrieder, Direktinvestitionen, 1999, S. 77.

[220] Vgl. Homburg, Steuerlehre, 2005, S. 286; Weichenrieder, Direktinvestitionen, 1999, S. 77.

Wenn sich die Bruttozinsen weltweit angleichen, herrscht Produktionseffizienz,[221] d.h. das Welteinkommen wird maximiert. Wie im Beispiel 4.1 kann durch die Verschiebung einer Kapitaleinheit von einem Staat in den anderen das Welteinkommen nicht erhöht werden.[222] Das Kapital ist produktionseffizient verteilt.

Keines der dargestellten Modelle ist dem reinen Wohnsitzprinzip zuzuordnen. Die dargestellten Modelle beschränken sich auf solche, die in der Praxis vorhanden sind oder deren praktische Umsetzung in Erwägung gezogen wird. Ein Modell, das dem reinen Wohnsitzprinzip zuzuordnen wäre, würde einen utopischen Besteuerungsverzicht aller denkbaren Quellenstaaten erfordern.

Die Modelle DK und Mod. CCTB erreichen dadurch, dass ausländische Gewinne im Feststellungszeitpunkt in die inländische Bemessungsgrundlage einbezogen und der inländischen Steuer unter Anrechnung der ausländischen Steuern unterworfen werden, grundsätzlich[223] die gleiche ökonomische Wirkung wie das reine Wohnsitzprinzip. Dadurch genügen die Modelle DK und Mod. CCTB grundsätzlich der Steuerneutralität.

6.2.2 Quellenprinzip und Mischsysteme

Das Quellenprinzip sichert Kapitalimportneutralität, führt aber zu Produktionsineffizienz.[224] Mit anderen Worten verletzt das Quellenprinzip betriebswirtschaftliche und finanzwissenschaftliche Steuerneutralität.

Das Quellenprinzip führt zur weltweiten Angleichung der Nettozinsen.[225] Dies lässt sich folgendermaßen erklären (Beispiel 4.3).

Beispiel 4.3: C.p. besteuern beide Staaten nach dem Quellenprinzip. Der Investor aus Staat A erzielt bei einer Investition in Staat A eine Nettorendite von 5% und bei einer Investition in Staat B 6%. Der Investor aus Staat B erzielt die gleichen Nettorenditen. Folglich fragt der Investor aus Staat A Investitionsprojekte in Staat B nach und zwar solange, bis die Bruttorendite wegen der erhöhten Nachfrage

---

[221] Vgl. Homburg, Steuerlehre, 2005, S. 286; Weichenrieder, Direktinvestitionen, 1999, S. 80.

[222] Vgl. Homburg, FA N.F. 56, S. 4; Keen, FS 1993, S. 28.

[223] Eine Einschränkung stellt das mögliche Auftreten von Anrechnungsüberhängen dar. Vgl. Homburg, Steuerlehre, 2005, S. 256.

[224] Streng genommen sichert alleine das Territorialprinzip Kapitalimportneutralität. Vgl. Homburg, Steuerlehre, 2005, S. 287.

[225] Vgl. Homburg, Steuerlehre, 2005, S. 289; Weichenrieder, Direktinvestitionen, 1999, S. 77.

auf 6⅔% sinkt. Die Nettorenditen gleichen sich also auf 5% an. Die Bruttorendite beträgt im Gleichgewicht in Staat A 10% und in Staat B 6⅔%.

Wenn sich die Nettozinsen weltweit angleichen, herrscht nicht **Kapitalexportneutralität**,[226] d.h. die Entscheidung über den Standort der Investition wird steuerlich verzerrt. Sie ist nicht die gleiche wie in einer Welt ohne Steuern (Beispiel 4.2).

Dagegen herrscht **Kapitalimportneutralität**. Darunter versteht man, dass inländische und ausländische Investoren gleichermaßen – also nach Maßgabe des Staats, in dem sie investieren – besteuert werden.[227]

Theoretisch kann auch unter dem Quellenprinzip Kapitalexportneutralität herrschen. Dazu müssten die Steuersysteme aller betrachteten Staaten harmonisiert werden.[228]

Wenn sich die Nettozinsen weltweit angleichen, herrscht Produktionsineffizienz,[229] d.h. das Welteinkommen wird nicht maximiert. Im Beispiel 4.1 kann durch die Verschiebung einer Kapitaleinheit von einem Staat in den anderen das Welteinkommen nicht erhöht werden. Das Kapital ist produktionseffizient verteilt. Dagegen kann im Beispiel 4.3 die Verschiebung einer Kapitaleinheit von Staat B nach Staat A das Welteinkommen um 3⅓% erhöhen. Die Verschiebung der Kapitaleinheit wird jedoch nicht vorgenommen.[230] Das Kapital ist produktionsineffizient verteilt.

Das Modell CCTB, welches dem reinen Quellenprinzip zuzuordnen ist, genügt folglich nicht der Anforderung Steuerneutralität.

Das Gleiche gilt auch für die Modelle ASS, A, KES und DivEx. Sie gehören zu den Mischsystemen, die Elemente des Wohnsitzprinzips und des Quellenprinzips vereinen. Sie genügen nur im Einzelfall der Anforderung Steuerneutralität.

---

[226] Vgl. Homburg, Steuerlehre, 2005, S. 286; Weichenrieder, Direktinvestitionen, 1999, S. 78.

[227] Vgl. Jacobs, Unternehmensbesteuerung, 2002, S. 19f.; Lehner, StuW 1998, S. 164f.; Schreiber, Besteuerung, 2005, S. 540.

[228] Vgl. Maiterth, StuW 2005, S. 57 u. S. 58; Wiss. Beirat beim BMF, Kapitaleinkommensbesteuerung, 1999, S. 98.

[229] Vgl. Homburg, Steuerlehre, 2005, S. 286.

[230] Vgl. Homburg, FA N.F. 56, S. 4.

6.3 Steuerneutralität und die Determinante Erfolgsallokation und Erfolgsermittlung

6.3.1 Separate Entity Accounting

Die Konzernbesteuerung kann unter Separate Entity Accounting so gestaltet werden, dass sie der Steuerneutralität genügt. Im Rahmen der intersektoralen Neutralitäten ist die Organisationsformneutralität relevant. Wird diese eingehalten, wird Entscheidungsneutralität gesichert und dem übergeordneten Ziel der Produktionseffizienz gedient. Im umgekehrten Fall wird die Entscheidungsneutralität insgesamt durch den einzelnen Verstoß verletzt und die Produktionseffizienz gestört.[231]

Die betriebswirtschaftliche Forderung nach Organisationsformneutralität wird wie gezeigt durch die einheitstheoretische Besteuerung erfüllt.

Bei Separate Entity Accounting ist die einheitstheoretische Besteuerung nicht systemimmanent. Solange das Trennungsprinzip herrscht, wird die einheitstheoretische Besteuerung grundsätzlich nur im Punkt Vermeidung der Doppelbesteuerung verwirklicht.[232]

Das OECD-Musterabkommen sieht vor, dass Dividenden im Wohnsitzstaat besteuert werden und dieser sowohl die ausländische Körperschaftsteuer als auch Kapitalertragsteuer anrechnet. Abweichend vom OECD-Musterabkommen kann vereinbart werden, dass Dividenden im Wohnsitzstaat unter gewissen Voraussetzungen[233] freigestellt werden (sog. Schachtelprivileg). Dies hat jedoch zur Folge, dass etwaige Kapitalertragsteuern eine wirtschaftliche Doppelbesteuerung verursachen und damit die Gesamtbelastung erhöhen,[234] weil sie nicht mehr angerechnet werden können.[235]

Von einer Erhebung von Quellensteuern auf Dividenden ist zumindest in integrierten Wirtschaftsräumen wie der EU abzusehen. Das Ziel der Unterlassung bei verbundenen

---

[231] Vgl. dieser Teil, Punkt 5.1.1.

[232] Der Punkt Vermeidung der Doppelbesteuerung ist einer der wenigen Punkte, in denen die Steuerpolitik der Internationalisierung der Wirtschaftstätigkeit gefolgt ist. Vgl. Schreiber, Steuerwettbewerb, 1998, S. 106.

[233] Dazu können Beteiligungsgrenze, Mindesthaltedauer und aktive Geschäftstätigkeit (sog. Aktivitätsklausel) zählen.

[234] Dagegen beeinflussen Kapitalertragsteuern bei Anrechnung nicht die Gesamtsteuerbelastung, sofern keine Anrechnungsüberhänge entstehen.

[235] Vgl. Scheffler, Besteuerung, 2002, S. 143-146.

Unternehmen in der EU ist schon im Rahmen der Mutter-Tochter-Richtlinie und auch der Zinsrichtlinie realisiert worden.[236]

Bei einer konsolidierten Erfolgsermittlung wird das Trennungsprinzip entweder endgültig oder vorübergehend durchbrochen, was den Verlustausgleich ermöglicht.

Die Eliminierung von Zwischenergebnissen ist bei Einzelabrechnung technisch möglich, wird jedoch in der Praxis überhaupt nicht grenzüberschreitend vorgenommen.[237]

Folglich genügen unter Separate Entity Accounting die Modelle DK, ASS, A, KES und DivEx gleichermaßen der Organisationsformneutralität hinsichtlich der Vermeidung der Doppelbesteuerung. Was den Verlustausgleich betrifft, gereichen nur die Modelle DK und A durch eine einfache Konsolidierung der Organisationsformneutralität. Beim Modell DK ist der Verlustausgleich immanent, weil die vollständige Umsetzung des Wohnsitzprinzips eine Durchbrechung des Trennungsprinzips erfordert, was einen Verlustausgleich impliziert.

Keines der vorhandenen Modelle gereicht der Organisationsformneutralität in puncto Eliminierung der Zwischenergebnisse.

6.3.2 Formula Apportionment

Bei der konsolidierten Bemessungsgrundlage wird die rechtliche Selbständigkeit der Konzerngesellschaften für steuerliche Zwecke ignoriert.[238] Bei idealtypischer Anwendung wird der Konzern als wirtschaftliche Einheit besteuert.[239] Die rechtliche Selbständigkeit wird auf formale Gründe wie den organisatorischen Aufbau des Konzerns reduziert.[240]

Damit ist die einheitstheoretische Besteuerung bei Formula Apportionment systemimmanent.[241]

---

[236] Zu diesen und weiteren verabschiedeten Richtlinien vgl. ausführlich zweiter Teil, Punkt 1.3.2.

[237] Von den Staaten, die eine grenzüberschreitende Konsolidierung anbieten, sieht nur Frankreich eine Zwischenergebniseliminierung vor, die aber auf die inländische Gruppe begrenzt ist. Vgl. Endres, Konzernbesteuerung, 2003, S. 466 (Frankreich); Gassner, DB 2004, S. 842 (Österreich); Grotherr, IWB 1995, S. 118 (Dänemark); Russo, ET 2003, S. 309 (Italien).

[238] Vgl. Jacobs, Unternehmensbesteuerung, 2002, S. 947; Theisen, Konzern, 2000, S. 582.

[239] Vgl. Oestreicher, StuW 2002, S. 348; Salzberger, IStR 1999, S.102.

[240] Vgl. Oestreicher, StuW 2002, S. 348.

[241] Vgl. Oestreicher, StuW 2002, S. 347; Salzberger, IStR 1999, S. 102.

Durch die Ermittlung des Konzerngewinns erfolgt implizit ein beidseitiger, horizontaler und vertikaler Verlustausgleich innerhalb des Konzerns.[242]

Die Doppelbesteuerung bei Dividendenausschüttungen unter Konzerngesellschaften wird systematisch vermieden. Der Zufluss konzerninterner Dividenden ist nicht ertragswirksam, weil die zugrunde liegenden Gewinne bereits als Teil des Konzerngewinns ertragswirksam berücksichtigt sind, so dass eine Belastung mit Körperschaftsteuer bei der empfangenden Konzerngesellschaft nicht erforderlich ist.[243]

Beim zugewiesenen Gewinnanteil wird Doppelbesteuerung gemäß DBA durch Anrechung oder Freistellung vermieden.[244] Die Erhebung von Quellensteuern im Geltungsbereich der konsolidierten Bemessungsgrundlage ist unsystematisch, weil der Quellenstaat an allen Kapitaleinkommen über seinen Anteil am Konzerngewinn partizipiert, selbst wenn er Bestandteile wie Zinsen oder auch Lizenzen zum Abzug zulassen muss.[245]

Die Eliminierung der Zwischenergebnisse aus dem konzerninternen Lieferungs- und Leistungsverkehr ist bei Formula Apportionment gegeben. Bei der derivativen Konzernsteuerbilanz werden die Zwischenergebnisse im Zuge der Konsolidierung eliminiert (Vollkonsolidierung). Bei Zusammenfassung der Einzelgewinne ist eine gesonderte Eliminierung geboten (Teilkonsolidierung). Ansonsten müssten die Verrechnungspreise überprüft werden. Aber gerade in der fehlenden Notwendigkeit der Überprüfung soll ein Vorzug gegenüber Separate Entity Accounting bestehen.[246]

Die beiden Modelle CCTB und Mod. CCTB, die Formula Apportionment zuzuordnen sind, erfüllen folglich gleichermaßen die Organisationsformneutralität.

6.4 Zwischenergebnis

Der theoretische, konzeptionelle Vergleich der Prinzipien der Kapitaleinkommensbesteuerung zeigt, dass das Wohnsitzprinzip, welches zur Kapitalexportneutralität führt, dem Quellenprinzip, welches Kapitalimportneutralität bewirkt, effizienztheoretisch

[242] Vgl. Schreiber, StuW 2004, S. 219.
[243] Vgl. Riecker, Körperschaftsbesteuerung, 1997, S. 287.
[244] Vgl. EU-Kommission, CCCTB wp019, 2005, S. 7.
[245] Vgl. Riecker, Körperschaftsbesteuerung, 1997, S. 288.
[246] Vgl. Schreiber, StuW 2004, S. 224.

überlegen ist.[247] Es kann durch die Modelle DK und Mod. CCTB – sofern das Auftreten von Anrechnungsüberhängen verhindert oder zumindest reduziert wird – umgesetzt werden.

Abbildung I.6.1: Schnittmenge der standortneutralen und organisationsformneutralen Modelle der Konzernbesteuerung

	SA	FA
(WP)	**MODELL DK** **DÄNEMARK, FRANKREICH U. ITALIEN (ALLE L.L).**	**MODELL MOD. CCTB** **MODIFIKATION DES MODELLS CCTB.**
WP / QP	Modell ASS Typische angelsächsische Staaten wie das UK und die USA beide (l.l.). MODELL A ÖSTERREICH (L.L.). Modell KES Typische kontinentaleuropäische Staaten wie Deutschland (l.l.) Modell DivEx USA (l.f.), Niederlande (l.p.).	
QP		MODELL CCTB EU (L.F.).

Quelle: Eigene Darstellung.

Im theoretischen, konzeptionellen Vergleich im Bereich Erfolgsallokation und Erfolgsermittlung stehen sich Separate Entity Accounting und Formula Apportionment gleichberechtigt gegenüber. Separate Entity Accounting kann Organisationsformneutralität garantieren – Formula Apportionment garantiert Organisationsformneutralität. Die Modelle DK und A – sofern sie um eine Zwischenergebniseliminierung ergänzt

[247] So auch Bird, NTJ XXVIII, S. 305; Musgrave, Fiscal Systems, 1973, S. 254; Wiss. Beirat beim BMF, Kapitaleinkommensbesteuerung, 1999, S. 97. Dieses Ergebnis war in der einschlägigen Literatur nicht unumstritten. Vgl. Gandenberger, Kapitalexportneutralität, 1983, S. 9-31; Gardner, Capital Income, 1992, S. 53f.; Horst, QJE, 1980, S. 793-798. Deren Thesen wurden aber widerlegt oder relativiert. Vgl. Grubert/Mutti, ITPF 1995, S. 441 (ad Horst); Maiterth, StuW 2005, S. 56f. (ad Gandenberger); Tanzi, Taxation, 1995, S. 77 (ad Gardner).

werden[248] – einerseits und die Modelle CCTB und Mod. CCTB andererseits erfüllen die Anforderungen.

Die Schnittmenge (Abbildung I.6.1[249]) der Modelle, die beiden untersuchten Neutralitäten genügen, bilden das Modell DK als Kombination aus Wohnsitzprinzip und Separate Entity Accounting und das Modell Mod. CCTB als Kombination aus Wohnsitzprinzip und Formula Apportionment.

[248] Die Zwischenergebniseliminierung ist systemunabhängige Komponente der Konzernbesteuerung. Vgl. Lüdicke/Rödel, IStR 2004, S. 552. Entschärfend kommt hinzu, dass ein Teil konzernintern gelieferter Güter regelmäßig bereits am Bilanzstichtag veräußert worden ist, so dass dafür keine Zwischenergebniseliminierung notwendig ist. Vgl. Salzberger, WiSt 1996, S. 63.

[249] Die Modelle, die zu Standortneutralität führen, sind **fett** gedruckt. Die Modelle, die der Organisationsformneutralität genügen, sind in VERSALIEN gedruckt. Die Modelle, die beiden Neutralitäten genügen sind in **FETTEN VERSALIEN** gedruckt. Modelle, die keiner Neutralität genügen, sind grau gedruckt.

7. Ergebnis

Die Modelle der Konzernbesteuerung lassen sich durch zwei Determinanten charakterisieren. Die Prinzipien der Kapitaleinkommensbesteuerung, nämlich das Wohnsitzprinzip und das Quellenprinzip, sind die eine Determinante. Erfolgsallokation und Erfolgsermittlung bilden die andere Determinante. Hier stehen sich die formelhafte Gewinnermittlung einer (gemeinsam ermittelten) konsolidierten Bemessungsgrundlage (kurz: Formula Apportionment) und die getrennte Gewinnermittlung auf Basis des Fremdvergleichsgrundsatzes (kurz: Separate Entity Accounting) gegenüber.

Es werden sieben Modelle vorgestellt, die entweder in der Praxis Anwendung finden oder großen Reformvorschlägen zugrunde liegen. Zwei davon, das Modell DK und das Modell Mod. CCTB, sind konform mit der theoretischen Anforderung Steuerneutralität.

Steuerneutralität ist aus betriebswirtschaftlicher Sicht erstrebenswert, weil die unternehmerischen Entscheidungen der Konzerne nicht verzerrt werden und aus finanzwissenschaftlicher Sicht zu begrüßen, da im Ergebnis die Produktion maximiert wird.

Das Modell DK ist eine Kombination aus Wohnsitzprinzip einerseits und Separate Entity Accounting andererseits. Das Modell Mod. CCTB sieht ebenfalls die Kapitaleinkommensbesteuerung nach dem Wohnsitzprinzip vor, welche jedoch mit Formula Apportionment kombiniert wird.

Zweiter Teil: Konzernbesteuerung innerhalb des Binnenmarkts

1. Rahmenbedingungen der Konzernbesteuerung

1.1 Europäische Integration

Die europäische Integration nahm in den fünfziger Jahren des zwanzigsten Jahrhunderts ihren Anfang. Wichtige Etappen waren die Verträge über die Gründung der Europäischen Gemeinschaft für Kohle und Stahl (1951), die Gründung der Europäischen Wirtschaftsgemeinschaft (heute EG-Vertrag) und der Europäischen Atomgemeinschaft (beide 1957), die Verwirklichung der Zollunion (1970) sowie die Unterzeichnung der Einheitlichen Europäischen Akte (1987), die zur Errichtung des **Binnenmarkts**[250] bis zum Ende des Jahres 1992 verpflichtete. Es folgte die Unterzeichung des Vertrags über die Europäische Union (EU-Vertrag) in Maastricht (1992), der einen bedeutenden Schritt des Integrationsprozesses darstellt. Der Vertrag beinhaltet das Bekenntnis zu gemeinsamer Außen- und Sicherheitspolitik, Zusammenarbeit auf den Gebieten Justiz, Inneres und Wirtschaft sowie die Errichtung der Europäischen Währungsunion. Letztere ist seit dem Jahr 2002 Wirklichkeit. Der EU-Vertrag wurde mit dem Vertrag von Amsterdam (1997) und dem Vertrag von Nizza (2001) erweitert. Der Europäische Verfassungsvertrag (2004) ist der jüngste Markstein der Europäischen Integration. Jedoch konnte er bislang noch nicht ratifiziert werden. Der Ausgang des Ratifikationsprozesses ist offen.[251]

Die Union hat mit Belgien, Deutschland, Frankreich, Italien, Luxemburg und den Niederlanden sechs Gründungsmitglieder. Nach sechs Erweiterungsrunden hat die Europäische Union inzwischen 27 Mitglieder.[252] Zum Jahresbeginn 2007 sind Bulgarien und Rumänien der EU beigetreten.[253]

[250] Der Binnenmarkt umfasst einen Raum ohne Binnengrenzen, in dem der freie Verkehr von Waren, Personen, Dienstleistungen und Kapital gemäß den Bestimmungen dieses Vertrags gewährleistet ist (Art. 14 Abs. 2 EGV).

[251] Vgl. Arndt, Europarecht, 2006, S. 9-26; Geiger, EUV/EGV, 2004, Präambel EUV, Rn. 3-10.

[252] Vgl. Anhang, Tabelle A.3

[253] Vgl. Bonse, HB v. 20.09.2006, S. 7.

In dreizehn der 27 EU-Staaten ist der Euro alleiniges gesetzliches Zahlungsmittel.[254] Als erster im Zuge der EU-Osterweiterung[255] beigetretenen Staaten gehört seit Jahresbeginn 2007 Slowenien der Währungsunion an.[256]

Die Zielsetzung der Europäischen Union ist in Art. 2 EGV kodifiziert. Dort heißt es:

„Aufgabe der Gemeinschaft ist es, durch die Errichtung eines Gemeinsamen Marktes und einer Wirtschafts- und Währungsunion sowie durch die Durchführung der in den Artikeln 3 und 4 genannten gemeinsamen Politiken und Maßnahmen in der ganzen Gemeinschaft eine harmonische, ausgewogene und nachhaltige Entwicklung des Wirtschaftslebens, ein hohes Beschäftigungsniveau und ein hohes Maß an sozialem Schutz, die Gleichstellung von Männern und Frauen, ein beständiges, nichtinflationäres Wachstum, einen hohen Grad von Wettbewerbsfähigkeit und Konvergenz der Wirtschaftsleistungen, ein hohes Maß an Umweltschutz und Verbesserung der Umweltqualität, die Hebung der Lebenshaltung und der Lebensqualität, den wirtschaftlichen und sozialen Zusammenhalt und die Solidarität zwischen den Mitgliedstaaten zu fördern."

Der EG-Vertrag enthält keinen eigenen Abschnitt über Steuerpolitik. Steuerlich bedeutsame Grundlagen sind die Grundfreiheiten,[257] insbesondere die Niederlassungs- und Kapitalverkehrsfreiheit, die weiter unten näher erläutert werden.

Einen Auftrag zur Harmonisierung der direkten Steuern wie bei den indirekten Steuern gemäß Art. 93 EGV gibt es nicht. Als rechtliche Grundlage für die Harmonisierung der direkten Steuern gilt die allgemeine Rechtsangleichungsvorschrift nach Art. 94 EGV, die unter dem Vorbehalt des in Art. 5 EGV kodifizierten **Subsidiaritätsprinzips** steht. Danach wird die Gemeinschaft im Bereich Steuern, der nicht in ihre ausschließliche Tätigkeit fällt, nur dann aktiv, „sofern und soweit die Ziele der in Betracht gezogenen Maßnahmen auf Ebene der Mitgliedstaaten nicht ausreichend erreicht werden können und daher wegen ihres Umfangs oder ihrer Wirkungen besser auf Gemeinschaftsebene erreicht werden können." Mit anderen Worten verbleibt die Zuständigkeit im Bereich der direkten Steuern bei den Mitgliedstaaten.[258]

---

[254] Vgl. Arndt, Europarecht, 2006, S. 14. Zur Übersicht vgl. Anhang, Tabelle A.4.

[255] Unter EU-Osterweiterung wird hier die Erweiterung der EU um zehn osteuropäische Staaten im Jahr 2004 verstanden.

[256] Vgl. O.V., HB v. 19.06.2006, S. 6.

[257] Vgl. Jacobs, Unternehmensbesteuerung, 2002, S. 95.

[258] Vgl. Herzig, StuW 2006, S. 156; Jacobs/Spengel, Aspekte, 1996, S. 101-103; Scheffler, Besteuerung, 2002, S. 32 u. S. 34; Schreiber, Besteuerung, 2005, S. 363f.

1.2 Der Einfluss des EG-Rechts

1.2.1 Grundfreiheiten

Das Europarecht ist supranationales Recht und geht daher dem nationalen Recht der Mitgliedstaaten vor. Die Rechtsquellen sind das primäre Europarecht in Gestalt des Vertragrechts[259] und das sekundäre Europarecht, welches aus dem Vertragsrecht abgeleitet wird. Die Grundfreiheiten sind primäres EG-Recht.[260]

Von besonderer Relevanz für die Unternehmensbesteuerung und damit auch die Konzernbesteuerung sind die Kapitalverkehrsfreiheit und die Niederlassungsfreiheit.[261]

Die **Niederlassungsfreiheit** (Art. 43 EGV, vormals Art. 52 EGV) sichert natürlichen Personen und Gesellschaften eines EU-Mitgliedstaates das Recht zur freien Niederlassung im Hoheitsgebiet anderer Mitgliedstaaten zu. Die Niederlassungsfreiheit umfasst „die Aufnahme und Ausübung selbständiger Erwerbstätigkeiten sowie die Gründung und Leitung von Unternehmen".[262] Die spezielle Norm Niederlassungsfreiheit beinhaltet die allgemeinen Regelungen Beschränkungsverbot (Art. 19 EGV) und Diskriminierungsverbot (Art. 12 EGV). Das Beschränkungsverbot bezieht sich sowohl auf den Tätigkeitsstaat als auch auf den Wohnsitzstaat. Der Tätigkeitsstaat darf natürliche Personen und Gesellschaften anderer EU-Mitgliedstaaten bei ihrer Niederlassung nicht benachteiligen. Der Wohnsitzstaat darf die freie Niederlassung seiner natürlichen Personen und Gesellschaften in anderen EU-Mitgliedstaaten nicht behindern. Das Diskriminierungsverbot verpflichtet die EU-Mitgliedstaaten als Tätigkeitsstaaten im Falle der Niederlassung ausländischer natürlicher Personen und Gesellschaften die gleichen Rechtsvorschriften anzuwenden, denen auch inländische natürliche Personen und Gesellschaften unterliegen. In diesem Zusammenhang wird auch vom Gebot der Inländergleichbehandlung gesprochen.[263]

---

[259] Neben dem Vertrag über die Europäische Gemeinschaft gehören dazu auch die beigefügten Protokolle und die Beitrittsverträge neuer Mitgliedstaaten.

[260] Vgl. Jacobs, Unternehmensbesteuerung, 2002, S. 99; Schreiber, Besteuerung, 2005, S. 363.

[261] Vgl. Schreiber, Besteuerung, 2005, S. 365f.

[262] Dies gilt nur, sofern der Gesellschafter wesentlichen Einfluß auf die Unternehmenspolitik ausübt, indem er Kontroll- und Leitungsfunktionen innehat. Vgl. EuGH v. 13.04.2000 (C-251/98), EuGHE 2000, S. I-2787.

[263] Vgl. Englisch, Dividendenbesteuerung, 2004, S. 216f.; Hey, StuW 2004, S. 194-196; Jacobs, Unternehmensbesteuerung, 2002, S. 193-199; Jaeger, Körperschaftsteuersysteme, 2001, S. 52-72.

Für die Feststellung eines Eingriffs in die Niederlassungsfreiheit sind – vereinfacht dargestellt – Vergleichspaare zu bilden und zu fragen, ob der inländische Steuerpflichtige besser als der ausländische Steuerpflichtige mit Aktivitäten im Inland (Inbound-Fall) bzw. ob eine inländische Aktivität besser als eine ausländische Aktivität (Outbound-Fall) behandelt wird.[264]

Die **Kapitalverkehrsfreiheit** (Art. 56 Abs. 1 EGV, vormals Art. 73b EGV) verbietet „alle Beschränkungen des Kapitalverkehrs zwischen den Mitgliedstaaten sowie zwischen den Mitgliedstaaten und dritten Staaten". Das Kapital soll ungehindert dahin fließen können, wo die größtmögliche Rendite erreicht werden kann. Die spezielle Norm Kapitalverkehrsfreiheit umfasst wie die Niederlassungsfreiheit die allgemeinen Regelungen Beschränkungsverbot (Art. 19 EGV) und Diskriminierungsverbot (Art. 12 EGV). Das Beschränkungsverbot wie auch das Diskriminierungsverbot verbieten die Benachteiligung von Auslandskapitalanlagen sowohl seitens des Wohnsitzstaats gegenüber Steuerinländern, die im Ausland investieren, als auch seitens des Tätigkeitsstaats gegenüber Steuerausländern, die im Inland investieren.[265] Die Feststellung eines Eingriffs in die Kapitalverkehrsfreiheit ist analog zur Niederlassungsfreiheit.

Zur Abgrenzung der beiden Grundfreiheiten ist zwischen Beteiligungen in Form einer Portfolioinvestition und in Form einer Direktinvestition zu unterscheiden. Bei der Portfolioinvestition tritt der Anteilseigener lediglich als passiver Geldgeber ohne Kontroll- und Leitungsrechte auf. In diesem Fall ist nur die Kapitalverkehrsfreiheit relevant. Bei der Direktinvestition nimmt der Anteilseigner aktiv Kontroll- und Leitungsrechte wahr. In diesem Fall sind Kapitalverkehrsfreiheit und Niederlassungsfreiheit relevant, deren Anwendungsbereiche sich überschneiden. Die beiden Grundfreiheiten schützen also unterschiedliche Bereiche einer unternehmerischen Betätigung. Die Niederlassungsfreiheit schützt die Niederlassung und die Kapitalverkehrsfreiheit den Kapitaltransfer. Natürliche Personen oder Gesellschaften der EU-Mitgliedstaaten können sich auf beide Grundfreiheiten berufen. Sobald eine Grundfreiheit verletzt wird, auch wenn die Verletzung in den Anwendungsbereich beider Grundfreiheiten fällt, wird der EG-Vertrag insgesamt verletzt. Es ist von einer parallelen Anwendbarkeit auszuge-

[264] Vgl. Rödder, Unternehmensbesteuerung, 2005, S. 166.

[265] Vgl. Englisch, Dividendenbesteuerung, 2004, S. 217f.; Hey, StuW 2004, S. 194-196; Jacobs, Unternehmensbesteuerung, 2002, S. 199-203; Jaeger, Körperschaftsteuersysteme, 2001, S. 72-92.

hen.[266] Ist die Beteiligung als Portfolioinvestition zu werten, werden beide Grundfreiheiten nach der Funktion der Kapitalverkehrsfreiheit beurteilt. Kann Einfluss auf die Geschäftspolitik der Beteiligung ausgeübt werden, werden beide Grundfreiheiten nach der Funktion der Niederlassungsfreiheit interpretiert.[267]

1.2.2 Die Rechtsprechung des EuGH zu den Grundfreiheiten

Eine entscheidende Rolle für die Entwicklung im Bereich der direkten Steuern spielt der EuGH.[268] Die Grundfreiheiten genießen uneingeschränkten Vorrang.[269] Der EuGH wacht über die Einhaltung der Grundfreiheiten durch die nationalen Steuergesetzgeber.[270] Rechtfertigungsgründe[271] für einen Eingriff werden regelmäßig nicht anerkannt.[272] Urteilt der EuGH über eine konkrete nationale Vorschrift, entsteht für den unterlegenen EU-Staat unmittelbarer und für die übrigen EU-Staaten mittelbarer Handlungsbedarf. Der betroffene EU-Staat muss seine nationalen Vorschriften dahingehend revidieren, dass diese konform mit dem EG-Recht gestaltet werden. Harmonisierung durch Reduktion oder Harmonisierung durch Extension stellen die beiden möglichen Reaktionen dar.[273] Aus fiskalischem Kalkül tendieren die Mitgliedstaaten

[266] Die widersprüchlichen Verweise der Art. 43 Abs. 2 EGV und Art. 58 Abs. 2 EGV sind nicht als Vorrangregelungen gegenüber der jeweils anderen Grundfreiheit zu interpretieren.

[267] Vgl. Arndt, Europarecht, 2006, S. 244; Englisch, Dividendenbesteuerung, 2004, S. 219-223; Jacobs, Unternehmensbesteuerung, 2002, S. 203f.; Jaeger, Körperschaftsteuersysteme, 2001, S. 92-97.

[268] Vgl. Hey, StuW 2004, S. 194.

[269] Dieser Vorrang weist in zwei Richtungen. Einerseits gilt der Vorrang gegenüber in der Rangordnung nach unten folgenden gemeinschaftsrechtlichen Rechtsquellen und andererseits gegenüber dem Recht der Mitgliedstaaten. Vgl. Forsthoff, IStR 2006, S. 698; Lüdicke/Hummel, IStR 2006, S. 695.

[270] Vgl. Hey, StuW 2004, S. 194; Jacobs, Unternehmensbesteuerung, 2002, S. 192; Rödder, Unternehmensbesteuerung, 2005, S. 163f.; Vogel, StuW 2005, S. 374.

[271] Zu den abgelehnten Rechtfertigungsgründen zählen fehlende Steuerharmonisierung, Übereinstimmung mit den Vorgaben eines Doppelbesteuerungsabkommens, Verlust von Steueraufkommen, fehlende Reziprozität von Steuervorteilen, wirksame steuerliche Kontrolle, Territorialitätsprinzip und verwaltungstechnische Schwierigkeiten bei der wirksamen Durchsetzung des Steueranspruchs. Vereinzelt wurden die Bekämpfung von Gestaltungsmissbräuchen und Kohärenz des Steuersystems akzeptiert. Vgl. Englisch, Dividendenbesteuerung, 2004, S. 286-97; Schön, IStR 2004, S. 289; Spengel/Braunagel, StuW 2006, S. 35f.

[272] Diskriminierungen werden zumeist als unverhältnismäßig qualifiziert. Vgl. Rödder, Unternehmensbesteuerung, 2005, S. 166.

[273] Bei der erstgenannten Möglichkeit wird die Konformität mit dem Europarecht dadurch erzielt, dass die Inländerbegünstigung abgeschafft wird. Bei der zweitgenannten Möglichkeit wird die Inlandsbegünstigung auch auf EU-Ausländer ausgedehnt. Vgl. Dörr, IStR 2004, S. 268.

eher zur erstgenannten Reaktionsmöglichkeit.[274] Die übrigen EU-Staaten können einer Klage zuvorkommen oder eine Klage abwarten. Ein EuGH-Urteil kann auch Anstoß für ein Tätigwerden der EU-Kommission sein.[275]

Nachfolgende Urteile der jüngeren Vergangenheit haben u.a. die direkte Besteuerung betroffen und Handlungsbedarf ausgelöst.

In der **Rs. „Lankhorst-Hohorst"**[276] wurde die deutsche Regelung zur Gesellschafter-Fremdfinanzierung behandelt, welche von einer Ungleichbehandlung im Inbound- und Inlandsfall geprägt war. Der EuGH sah darin einen Verstoß gegen die Niederlassungsfreiheit.[277] Der deutsche Gesetzgeber reagierte durch Harmonisierung durch Reduktion, d.h. die zulässige Fremdkapital-Eigenkapital-Relation wurde für den Inlandsfall (vormals 3:1) auf die strengere Relation für den Inbound-Fall (1,5:1) angepasst.[278] Die Gesetzgeber anderer Mitgliedstaaten folgten dem deutschen Reaktionsmuster und verschärften die Vorschriften für den Inlandsfall bzw. führten die Gesellschafter-Fremdfinanzierung neu ein (Italien und Niederlande).[279]

In der **Rs. „Bosal"**[280] wurde die niederländische Regelung zu den Beteiligungsaufwendungen behandelt, welche von einer Ungleichbehandlung inländischer und grenzüberschreitender Sachverhalte geprägt war. Der niederländische Gesetzgeber akzeptierte nur solche Beteiligungsaufwendungen der Muttergesellschaft, die im Zusammenhang mit Beteiligungen standen, die in den Niederlanden steuerpflichtige Erträge erzielten. Der EuGH sah in dieser Regelung einen Verstoß gegen die Niederlassungsfreiheit.[281] Der niederländische Gesetzgeber reagierte durch Harmonisierung durch Extension, d.h. Beteiligungsaufwendungen sind auch dann abzugsfähig, wenn sie im Zusammenhang mit ausländischen Beteiligungen stehen.[282]

---

[274] Vgl. Hey, StuW 2005, S. 321.
[275] Die Europäische Kommission erarbeitet als Reaktion auf das Urteil in der Rechtssache Marks & Spencer (C-446/03) einen Vorschlag für eine Verlustrichtlinie. Vgl. Hinder, FAZ v. 21.12.2005, S. 23.
[276] Vgl. EuGH v. 12.12.2002 (C-324/00), IStR 2003, S. 55-57.
[277] Vgl. Cordewener, ET 2004, S. 102-113; Körner, Intertax 2003, S. 162-168.
[278] Vgl. Endres, PIStB 2004, S. 33.
[279] Vgl. Kessler/Obser, IStR 2004, S. 187f.
[280] Vgl. EuGH v. 18.09.2003 (C-168/01), IStR 2004, S. 666-669.
[281] Vgl. Körner, BB 2003, S. 2436-2442; Weber, ECTR 2003, S. 220-230.
[282] Im gleichen Zuge wurden Unterkapitalisierungsregeln eingeführt und die Verlustverrechnung von Holdinggesellschaften eingeschränkt. Vgl. Rubbens/Baaijens, IStR-Länderbericht 23/2003, S. 2f.

In der **Rs. „Lasteyrie du Saillant“**[283] wurde die französische Regelung zur Wegzugsbesteuerung behandelt, welche eine Sofortbesteuerung der Wertzuwächse wesentlicher Beteiligungen im Veranlagungszeitraum des Wegzugs unabhängig von der Veräußerung vorsah. Es wurden also Steuern auf nicht realisiertes Einkommen erhoben. Der EuGH sah in dieser Regelung einen Verstoß gegen die Niederlassungsfreiheit, weil ein Umzug ins Ausland gegenüber einem Umzug im Inland benachteiligt wurde.[284] Das Urteil löste Handlungsbedarf in Dänemark, Deutschland, den Niederlanden und Österreich aus, die vergleichbare Regelungen anwendeten.[285]

Das Urteil in der **Rs. „Manninen“**[286] bedeutet den endgültigen Abschied vom Körperschaftsteuersystem[287] der Vollanrechnung. In den letzten Jahren war ein Trend zu Shareholder-Relief-Systemen zu verzeichnen.[288] Finnland (2005), Frankreich (2005) und Italien (2004) waren die letzten Mitgliedstaaten, die nach der Vollanrechnung verfuhren.[289] Der EuGH sah wie erwartet in der Regelung einen Verstoß gegen die Niederlassungsfreiheit, da das Anrechnungsguthaben nur für die von inländischen Gesellschaften ausgeschütteten Dividenden gewährt wurde.[290] Inzwischen verfährt Finnland nach dem Shareholder-Relief-System.[291]

In der **Rs. „Marks & Spencer“**[292] wurde die Regelung zum Verlustausgleich von Tochtergesellschaften im Vereinigten Königreich behandelt. Es wurden nur Verluste zum Ausgleich zugelassen, die von inländischen Tochtergesellschaften stammten; Verluste ausländischer Tochtergesellschaften blieben außen vor.[293] Der EuGH sah in dieser Regelung einen Verstoß gegen die Niederlassungsfreiheit und kam zu dem

---

283 Vgl. EuGH v. 11.03.2004 (C-9/02), IStR 2004, S. 236-240.

284 Vgl. Ettinger/Ebert, GmbHR 2005, S. 158; Schindler, IStR 2004, S. 301-310; Schnitger, BB 2004, S. 805-807.

285 Vgl. BMF, SEStEG-Entwurf v. 17.07.2006, S. 38-40; Ettinger/Ebert, GmbHR 2005, S. 158; Rubbens/Baaijens, IStR-Länderbericht 13/2004, S. 2f.; Schindler, IStR 2004, S. 300; Schnitger, BB 2004, S. 812f.

286 Vgl. EuGH v. 07.09.2005 (C-319/02), IStR 2005, S. 680-686.

287 Eine Übersicht über Körperschaftsteuersysteme findet sich in Jacobs, Unternehmensbesteuerung, 2002, S. 116-118; Spengel, Unternehmensbesteuerung, 2003, S. 22-25.

288 Vgl. Jacobs, Unternehmensbesteuerung, 2002, S. 127f.; Spengel, Unternehmensbesteuerung, 2003, S. 24.

289 Vgl. Hagert, IStR-Länderbericht 23/2004, S. 4 (Finnland); IBFD, ETH 2006, S. 215 (Frankreich); Romani/Strnad/Grabbe, IStR 2004, S. 155 (Italien).

290 Vgl. Schön, IStR 2004, S. 2004, S. 299.

291 Vgl. Hagert, IStR-Länderbericht 23/2004, S. 5.

292 Vgl. EuGH v. 13.12.2005 (C-446/03), IStR 2006, S. 19-23.

293 Vgl. Gammie, Intertax 2005, S. 486f.; Meussen, ECTR 2003, S. 144f.

Schluss, dass Sitzstaaten der Muttergesellschaft Verluste anerkennen müssen, wenn diese von der ausländischen Tochtergesellschaft nicht geltend gemacht werden können (etwa durch fehlende Verrechnungsmöglichkeiten oder bei Aufgabe der Niederlassung).[294] Die EU-Kommission kündigte an, einen Richtlinienvorschlag für die grenzüberschreitende Verlustverrechnung zu erarbeiten.[295]

In der **Rs. „Cadbury Schweppes“**[296] stand die Hinzurechnungsbesteuerung im Vereinigten Königreich auf dem Prüfstand. Das klagende Unternehmen unterhält Tochtergesellschaften in Irland, deren Gewinne von der Muttergesellschaft nachversteuert werden sollten. Der EuGH sah in der Vorschrift einen Verstoß gegen die Niederlassungsfreiheit.[297]

1.3 Der Einfluss der EU-Kommission

1.3.1 Richtlinien-Initiativrecht der EU-Kommission

Die EU-Kommission kann die Unternehmensbesteuerung durch Richtlinien gemäß Art. 249 Abs. 3 EGV beeinflussen, für die sie ein Vorschlagsrecht gemäß Art. 250 Abs. 1 EGV besitzt.

Richtlinien zählen zum sekundären[298] Europarecht. Sie müssen in nationales Recht transformiert werden. Sie besitzen die größte praktische Relevanz für das Steuerrecht.[299]

Ein Richtlinienvorschlag muss gemäß Art. 94 und 95 Abs. 2 EGV einstimmig vom Europäischen Rat, in dem alle 27 Mitgliedstaaten vertreten sind, nach obligatorischer

---

[294] Vgl. Englisch, IStR 2006, S. 23; Scheunemann, IStR 2006, S. 145f.; Sedemund/Sterner, DStZ 2006, S. 29. Im Vorfeld wurde erwartet, dass der Gesetzgeber im Vereinigten Königreich nur durch Harmonisierung durch Extension, d.h. eine Ausdehnung der Abzugsfähigkeit auf die Verluste ausländischer Tochtergesellschaften, oder durch Harmonisierung durch Reduktion, d.h. sogar ein Abzugsverbot für Verluste inländischer Tochtergesellschaften, reagieren könnte. Vgl. Dörr, IStR 2004, S. 269-271.

[295] Vgl. O.V., FAZ v. 14.12.2005, S. 11.

[296] Vgl. EuGH v. 12.09.2006 (C-196/04), IStR 2006, S. 670-675.

[297] Vgl. Körner, IStR 2006, S. 675; Sedemund, BB 2006, S. 2118.

[298] Neben den Richtlinien zählen dazu Verordnungen, Entscheidungen, Empfehlungen und Stellungnahmen.

[299] Vgl. Jacobs, Unternehmensbesteuerung, 2002, S. 98f.; Scheffler, Besteuerung, 2002, S. 32f.; Schreiber, Besteuerung, 2005, S. 363f.

Anhörung des Europäischen Parlaments angenommen werden (Einstimmigkeitsprinzip).[300]

Eine Möglichkeit zur Umgehung des Einstimmigkeitsprinzips stellt die verstärkte Zusammenarbeit gemäß Art. 43-45 EUV dar.[301] Im Rahmen der verstärkten Zusammenarbeit müssen sich mindestens acht EU-Mitgliedstaaten für eine Maßnahme (z.B. Pilotregelung der Sitzlandbesteuerung für KMU, die Einführung der CCTB oder nur die Vereinheitlichung der Gewinnermittlungsregeln)[302] zusammenschließen (Art. 43 Abs. 1 lit. g EUV). Die verstärkte Zusammenarbeit ist von einer qualifizierten Ratsmehrheit zu genehmigen (Art. 44 Abs. 1 EUV).[303]

Seit der Gründung der Europäischen Gemeinschaften wurde die Unternehmensbesteuerung stets als bedeutend – erst für die Schaffung und später für die Vollendung des Binnenmarktes – angesehen.[304] Wie im Anschluß gezeigt wird, stellen die wenigen erfolgreichen Bemühungen der EU-Kommission, die Bedeutung der Unternehmensbesteuerung für den Binnenmarkt EG-rechtlich durch Richtlinien zu manifestieren, bisher nur politisch machbare Einzelmaßnahmen dar. Aktuell befasst sich die EU-Kommission jedoch mit einem systematischen Gesamtkonzept zur Harmonisierung.

Die Initiativen der EU-Kommission nach Steuerneutralität erfolgen unter der Prämisse der Entscheidungsneutralität. Das geht aus den 1990 formulierten Leitlinien zur Unternehmensbesteuerung hervor.[305]

1.3.2 Verabschiedete Richtlinien

Die einzigen erfolgreich verabschiedeten Richtlinien im Bereich der Ertragsteuern sind

---

[300] Vgl. Jacobs, Unternehmensbesteuerung, 2002, S. 99f.; Vogel, StuW 2005, S. 374.
[301] Vgl. EU-Kommission, KOM(2001)260, S. 26; ders., KOM(2001)582, S. 20.
[302] Vgl. EU-Kommission, KOM(2003)726, S. 30; Herzig, StuW 2006, S. 163; Mussler, FAZ v. 06.04.2006, S. 11.
[303] Vgl. Geiger, EUV/EGV, 2004, Art. 43, Rn. 7 u. Art. 44 EUV, Rn. 3.
[304] Vgl. EU-Kommission, KOM(2001)582, S. 4.
[305] Vgl. EU-Kommission, SEC(90)601, S. 1f.

die Mutter-Tochter-Richtlinie[306] und die Fusionsrichtlinie[307] (beide 1990) sowie die Zinsrichtlinie[308] (2003).[309]

Gemäß der **Mutter-Tochter-Richtlinie** muss die Mehrfachbesteuerung bei Dividenden verbundener Unternehmen – wenn auch nicht unbedingt vollständig[310] – von dem Staat, in dem die Muttergesellschaft ansässig ist, beseitigt werden. Den Ansässigkeitsstaaten der Muttergesellschaften steht dazu die Anrechnungsmethode oder die Freistellungsmethode zur Verfügung. Der Staat, in dem die Tochtergesellschaft ansässig ist, darf auch keine Quellensteuern auf ausgeschüttete Gewinne erheben.[311]

Die **Fusionsrichtlinie** dient der Erleichterung grenzüberschreitender Umstrukturierungen. Zu den Umstrukturierungsfällen zählen Fusionen, Spaltungen, Abspaltungen, die Einbringung von Unternehmensteilen und der Austausch von Anteilen. Für aufgedeckte stille Reserven gilt ein Besteuerungsaufschub.[312]

Die **Zins- und Lizenzrichtlinie** verhindert die Mehrfachbelastung bei Zins- und Lizenzgebührzahlungen. Danach ist die Erhebung von Quellensteuern untersagt.[313]

1.3.3 Gescheiterte Richtlinien

Die Liste verworfener Initiativen bzw. nicht verabschiedeter Richtlinienvorschläge ist lang. Sie wird auszugsweise nachfolgend kurz erörtert.

---

[306] Vgl. Richtlinie 90/435/EWG des Rates v. 23.07.1990 über das gemeinsame Steuersystem der Mutter- und Tochtergesellschaften verschiedener Mitgliedstaaten (zit.: Mutter-Tochter-Richtlinie – MTRL), Abl. EG Nr. L 225/6, zuletzt geändert durch Richtlinie des Rates v. 22.12.2003 (2003/123/EG), Abl. EG Nr. L 7/41.

[307] Vgl. Richtlinie 90/434/EWG des Rates v. 23.07.1990 über das gemeinsame Steuersystem für Fusionen, Spaltungen, die Einbringung von Unternehmensteilen und den Austausch von Anteilen, die Gesellschaften verschiedener Mitgliedstaaten betreffen (zit.: Fusionsrichtlinie – FRL), Abl. EG Nr. L 225/1, zuletzt geändert durch Richtlinie des Rates v. 17.02.2005 (2005/19/EG), Abl. EG Nr. L 58/19.

[308] Vgl. Richtlinie des Rates v. 03.06.2003 (2003/49/EG) über eine gemeinsame Steuerregelung für Zahlungen von Zinsen und Lizenzgebühren zwischen verbundenen Unternehmen verschiedener Mitgliedstaaten (zit.: Zins- und Lizenzrichtlinie – ZLRL), Abl. EG Nr. L 157/49.

[309] Vgl. Schreiber, Besteuerung, 2005, S. 364.

[310] Den Steuerhoheiten ist es vorbehalten, maximal 5% der Beteiligungserträge pauschal, d.h. unabhängig davon, ob tatsächlich Kosten oder Minderungen entstanden sind, als nicht-abzugsfähige Betriebsausgaben festzusetzen (Art. 4 Abs. 2 MTRL).

[311] Vgl. Jacobs, Unternehmensbesteuerung, 2002, S. 163-168; Schreiber, Besteuerung, 2005, S. 364.

[312] Vgl. Jacobs, Unternehmensbesteuerung, 2002, S. 168-175; Schreiber, Besteuerung, 2005, S. 364.

[313] Vgl. Schreiber, Besteuerung, 2005, S. 364.

Der erste **Vorschlag einer Konzern-Richtlinie**[314] seitens der EU-Kommission aus dem Jahre 1969 sah als einen Regelungskomplex in Art. 7 Abs. 1 die Option zur Besteuerung eines „konsolidierten Gewinns“ für Muttergesellschaften und ihre im Binnenmarkt ansässigen Tochtergesellschaften vor. Allerdings war nur eine einfache Konsolidierung, nämlich eine Zusammenfassung der Einzelergebnisse (d.h. keine Zwischenergebniseliminierung) vorgesehen.[315] Im Jahr 1970 wurde Art. 7 komplett aus dem Vorschlag gestrichen.[316] Erst über 20 Jahre später konnte der zweite Regelungskomplex nach mehrfacher Änderung (heutige Mutter-Tochter-Richtlinie) eine Mehrheit im Ministerrat finden.[317]

Der **Vorschlag einer Richtlinie zur Harmonisierung der Körperschaftsteuersysteme**[318] seitens der EU-Kommission aus dem Jahre 1975, der u.a. ein grenzüberschreitendes Anrechnungssystem, einheitliche Körperschaftsteuersätze und ein Clearingsystem, jedoch keine vereinheitlichte Bemessungsgrundlage vorsah, wurde offiziell nie im Ministerrat verhandelt. Die vereinheitlichte Bemessungsgrundlage sollte in einer späteren, separaten Richtlinie erfolgen. Ein Vorschlag wurde jedoch nicht mehr vorgelegt.[319]

Auch die Idee, über die Vereinbarung eines **Mindeststeuersatzes** die Bandbreite der Körperschaftsteuersätze zumindest zu verringern, konnte bisher nicht verwirklicht werden. Diese Idee wurde 1996 zwar im sog. Verona-Memorandum[320] festgehalten, aber im nachfolgenden Monti-Bericht[321] verworfen.[322]

---

[314] Vgl. EU-Kommission, KOM(69)6.

[315] Vgl. Genschel, Steuerharmonisierung, 2002, S. 162 u. S. 166-170; Pullen, Körperschaftsbesteuerung, 1994, S. 126f.; Salzberger, Konzernunternehmung, 1994, S. 122f. u. S. 212; Scheuchzer, Konzernbesteuerung, 1994, S. 223.

[316] Vgl. Pullen, Körperschaftsbesteuerung, 1994, S. 128; Scheunemann, Konzernbesteuerung, 2005, S. 295.

[317] Vgl. ausführlich Genschel, Steuerharmonisierung, 2002, S. 189-196; Scheuchzer, Konzernbesteuerung, 1994, S. 223f.; Scheunemann, Konzernbesteuerung, 2005, S. 293.

[318] Vgl. EU-Kommission, KOM(75)392.

[319] Vgl. Genschel, Steuerharmonisierung, 2002, S. 184-188; Herzig, StuW 2006, S. 157; Jaeger, Körperschaftsteuersysteme, 2001, S. 10f.; Schreiber, StuW 2002, S. 113.

[320] Vgl. EU-Kommission, SEK(96)487.

[321] Vgl. EU-Kommission, KOM(96)546.

[322] Vgl. Genschel, Steuerharmonisierung, 2002, S. 219-223; Jaeger, Körperschaftsteuersysteme, 2001, S. 19f.; O.V., HB v. 05.12.1996.

Ein **Vorschlag für eine Richtlinie zur grenzüberschreitenden Verlustberücksichtigung**[323] wurde von der EU-Kommission im November 1990 präsentiert.[324] Für Tochtergesellschaften war die Nachversteuerungsmethode (Verrechnung mit Nachversteuerung) vorgesehen.[325] Er wurde 2001 im Rahmen einer Mitteilung[326] zurückgezogen.[327] Bereits kurz zuvor kündigte die Kommission aber an, nach neuen Wegen für den grenzüberschreitenden Verlustausgleich zu suchen.[328]

Bei der Erstellung des Richtlinienvorschlags wurde zwar die Ergebniszusammenfassung (Anrechnungsmethode) für Tochtergesellschaften diskutiert, aber letztlich verworfen.[329]

Im Bereich der direkten Besteuerung pochen die Mitgliedstaaten auf ihre Souveränität, was Fortschritte aufhält.[330] Offiziell gaben die Mitgliedstaaten im Falle gescheiterter Richtlinien an, aufgrund von Flexibilitätseinbußen, Kontrollverlusten und Anpassungskosten keine Einigung erzielt zu haben.[331]

1.3.4 Geplante Richtlinien

Im Jahr 2001 äußerte die EU-Kommission in einer Mitteilung, die auf eine umfassende Studie zur Unternehmensbesteuerung im Binnenmarkt Bezug nimmt,[332] die Absicht, einen Binnenmarkt ohne steuerliche Hindernisse durch eine zweigleisige Strategie zu schaffen. Zuerst will sie kurz- und mittelfristig durch gezielte, einzelne Maßnahmen die dringlichsten Probleme lösen (gezielte Lösung), bevor sie langfristig durch eine umfassende Lösung die meisten Probleme schlagartig und systematisch löst (umfas-

[323] Vgl. EU-Kommission, KOM(90)595.
[324] Vgl. Genschel, Steuerharmonisierung, 2002, S. 210f.; Jaeger, Körperschaftsteuersysteme, 2001, S. 16f.
[325] Vgl. Scheffler, DBW 1996, S. 596.
[326] Vgl. EU-Kommission, KOM(2001)763, S. 23.
[327] Vgl. Herzig/Wagner, DB 2005, S. 2, FN 10; Scheffler, BFuP 2005, S. 157.
[328] Vgl. EU-Kommission, KOM(2001)582, S. 15.
[329] Vgl. Scheffler, DBW 1996, S. 595f.
[330] Die Mitgliedsstaaten fürchten um den finanziellen Spielraum bei der Finanzierung ihrer Hoheitsaufgaben. Vgl. Fohr, Holdinggesellschaften, 2001, S. 75; Herzig, WPg 1998, S. 283; Salzberger, Konzernunternehmung, 1994, S. 145 u. S. 228; Schönfeld, Hinzurechnungsbesteuerung, 2005, S. 29f.; Schreiber, StuW 2002, S. 113.
[331] Vgl. Genschel, Steuerharmonisierung, 2002, S. 184-188.
[332] Vgl. EU-Kommission, SEC(2001)1681.

sende Lösung).[333] In einer weiteren Mitteilung aus dem Jahre 2003 bestätigte die EU-Kommission ihre Strategie und berichtete von bereits erfolgten Fortschritten.[334]

Zu den dringlichsten Problemen zählte die EU-Kommission 2001 (1) die hohen Befolgungskosten und die mögliche Doppelbesteuerung im Rahmen der Verrechnungspreisfindung, (2) die Erhebung von Quellensteuern bei konzerninternen Zahlungen von Zinsen, Lizenzen und Dividenden, (3) den fehlenden grenzüberschreitenden Verlustausgleich, insb. bei Tochtergesellschaften, (4) steuerliche Belastungen bei grenzüberschreitenden Umstrukturierungen, (5) vielschichtige Probleme im Zusammenhang mit den DBA im Binnenmarkt, (6) die Inlandsinvestitionen begünstigenden Anrechnungsverfahren und (7) die hohen Erhebungskosten, die sich durch die divergierenden steuerlichen Regelwerke aller EU-Mitglieder ergeben.[335]

Im Rahmen der **gezielten Lösung** konnten bereits durch die Überarbeitung der Mutter-Tochter-Richtlinie und die Verabschiedung der Zins- und Lizenzrichtlinie die Erhebung von Quellensteuern (ad 2) unterbunden werden. Durch die Überarbeitung der Fusionsrichtlinie werden grenzüberschreitende Umstrukturierungen (ad 4) erleichtert.[336] Inzwischen sind alle Anrechnungssysteme (ad 6) abgeschafft worden (Rs. „Manninen").

Gegenwärtig strebt die EU-Kommission eine Lösung für den fehlenden grenzüberschreitenden Verlustausgleich (ad 3) an. Diskutiert werden die erneute, technisch überarbeitete Vorlage des Verlustausgleichsrichtlinien-Vorschlags und die Orientierung an der dänischen Konzernbesteuerung (*Sambeskatning*).[337] Kürzlich kündigte die EU-Kommission die Erarbeitung eines neuen Verlustausgleichsrichtlinien-Vorschlags an. Die Ankündigung stellt eine Reaktion auf das Urteil in der Rechtssache „Marks & Spencer" dar.[338] Unilateral bietet Österreich bereits seit 2004 einen grenzüberschrei-

[333] Vgl. EU-Kommission, KOM(2001)582, S. 12f.; Oestreicher, Konzernbesteuerung, 2005, S. 28-30; Schön, Organschaft, 2003, S. 613.
[334] Vgl. EU-Kommission, KOM(2003)726.
[335] Vgl. EU-Kommission, KOM(2001)582, S. 11f.
[336] Vgl. EU-Kommission, KOM(2003)726, S. 9f.
[337] Vgl. EU-Kommission, KOM(2001)582, S. 15; EU-Kommission, KOM(2003)726, S. 10f.
[338] Vgl. Hinder, FAZ v. 21.12.2005, S. 23. Gerade weil Handlungsbedarf für mehrere Mitgliedstaaten besteht, strebt die EU-Kommission eine gemeinsame Lösung, d.h. eine Richtlinie, an. Vgl. O.V., FAZ v. 21.12.2006, S. 13.

tenden Verlustausgleich, was u.a. ebenfalls als vorbeugende Reaktion auf das EuGH-Urteil zu werten ist.[339]

Die **umfassende Lösung**, die konsolidierte Körperschaftsteuerbemessungsgrundlage, kann die Probleme im Bereich der Verrechnungspreisfindung (ad 1), des grenzüberschreitenden Verlustausgleichs (ad 3), der DBA (ad 5) und der Erhebungskosten (ad 7) lösen.

In der Mitteilung werden vier Varianten zur Schaffung einer konsolidierten Körperschaftsteuerbemessungsgrundlage vorgestellt. Die erste Variante, *Home State Taxation* (HST), sieht eine optionale Besteuerung nach dem Recht des Sitzstaates der Muttergesellschaft vor. Die zweite Variante, *Common Consolidated Tax Base* (CCTB), zeichnet sich durch eine optionale Besteuerung nach neuen, einheitlichen Gewinnermittlungsvorschriften aus. Die dritte Variante, *European Union Company Income Tax* (EUCIT), geht über die zweite Variante hinaus und beinhaltet eine womöglich zentrale Erhebung einer EU-Körperschaftsteuer mit einheitlichen Sätzen. Die vierte Variante, *Single Compulsory Harmonised Tax Base* (SCHTB), strebt eine für alle körperschaftsteuerpflichtigen Unternehmen verpflichtende harmonisierte Bemessungsgrundlage an.[340]

Alle vier Varianten gleichen sich grundsätzlich in der Vorgehensweise. Im ersten Schritt erfolgt eine separate Gewinnermittlung der einzelnen Konzerngesellschaften (und Betriebsstätten) nach einheitlichen Vorschriften. Im zweiten Schritt wird der Konzerngewinn durch Konsolidierung der Einzelgewinne ermittelt. Im dritten Schritt wird der Konzerngewinn über einen mehrdimensionalen Schlüssel auf die Mitgliedstaaten verteilt, die ihren Anteil nach ihren Vorschriften besteuern. Die Mitgliedstaaten legen eigenmächtig den nationalen Körperschaftsteuersatz fest.[341]

Bei der ersten Variante gelten für alle Konzerngesellschaften die Gewinnermittlungsvorschriften des Sitzstaates der Muttergesellschaft. Die Sitzstaaten erkennen ihre Ge-

---

[339] Vgl. Eicker/Droscha, IStR-Länderbericht 7/2004, S. 1.

[340] Vgl. EU-Kommission, KOM(2001)582, S. 19; ausführlich Oestreicher, StuW 2002, S. 347f.

[341] Vgl. ausführlich EU-Kommission, SEC(2001)1681, S. 373-378; Herzig/Gellrich, IStR 2006, S. 758; Scheffler, CCTB, 2005, S. 309; Spengel, Gewinnabgrenzung, 2005, S. 60.

winnermittlungsvorschriften gegenseitig an. Bei den übrigen Varianten werden neue, gemeinsame Gewinnermittlungsvorschriften geschaffen.[342]

CCTB wird derzeit von der Europäischen Kommission in den Vordergrund gestellt. Ein Gesetzesvorschlag soll Anfang 2008 gemacht werden.[343] Gegenwärtig wirbt die EU-Kommission dafür, die Variante HST für KMU in einer Pilotregelung durch interessierte Mitgliedstaaten testen zu lassen.[344]

Zur Umsetzung der CCTB hat die EU-Kommission 2004 eine Arbeitsgruppe, die Common Consolidated Corporate Tax Base – Working Group (CCCTB-WG), eingesetzt.[345] Gegenwärtig wird an den ersten beiden Schritten einer gemeinsamen, konsolidierten Bemessungsgrundlage (gemeinsame Gewinnermittlungsvorschriften und Konsolidierungsmechanismus) gearbeitet, wobei die Arbeit am ersten Schritt weiter fortgeschritten ist. Der dritte Schritt (Aufteilungsmechanismus) wurde noch nicht tiefergehend behandelt.[346] Vorläufige Ergebnisse sind die Anknüpfung an die IAS/IFRS als Ausgangspunkt (*starting point*) der Diskussion über die Gewinnermittlungsvorschriften, die Aufgabe der Maßgeblichkeit der Handelsbilanz für die Steuerbilanz und die fakultative Einführung der CCTB.[347] Arbeiten an der Auswirkung einer konsolidierten Bemessungsgrundlage auf die DBA (ad 7) müssen ebenfalls noch vertieft werden.[348] Die Arbeitgruppe soll sich auch der Variante HST widmen.[349]

---

342 Vgl. Oestreicher, StuW 2002, S. 347f.

343 Vgl. EU-Kommission, KOM(2005)532, S. 6; ders., KOM(2006)157, S. 9. Die EU-Kommission hält an ihrem Zeitplan fest. Noch stehen einige osteuropäische EU-Staaten sowie Großbritannien und Irland dem Vorschlag ablehnend gegenüber. Sie befürchten, dass die CCTB ein Einstieg für die Vereinheitlichung der Körperschaftsteuersätze ist. Vgl. Mussler, FAZ v. 31.01.2007, S. 13.

344 Vgl. EU-Kommission, KOM(2005)702, S. 13f.

345 Die Arbeitsgruppe hat fünf Untergruppen, die von Deutschland („Abschreibung von Vermögenswerten“, SG1), Italien („Rücklagen, Rückstellungen und Schulden“, SG2), Frankreich („Steuerbares Einkommen“, SG3), Spanien („Internationale Aspekte“, SG4) und Dänemark („Konzernbesteuerung“, SG5) ausgerichtet werden. Mitglieder sind die Sachverständigen der zuständigen Ministerien. Vgl. Czakert, IStR 2006, S. 562f.; EU-Kommission, KOM(2006)157, S. 6; Herzig/Gellrich, IStR 2006, S.757.

346 Vgl. Czakert, IStR 2006, S. 563. Die Arbeit der Untergruppen ist transparent. Die Arbeitspapiere sind online abrufbar unter http://ec.europa.eu/taxation_customs/taxation/company_tax/common_tax_base/index_en.htm#meetings.

347 Vgl. Czakert, IStR 2006, S. 562f.; EU-Kommission, KOM(2006)157, S. 11; Herzig/Gellrich, IStR 2006, S.758.

348 Vgl. Czakert, IStR 2006, S. 565f.

349 Vgl. O.V., HB v. 13.09.2004, S. 3.

Im Zuge der Diskussionen über die umfassende Lösung wurde wieder die Einführung eines Mindeststeuersatzes seitens der Politik gefordert[350] bzw. seitens der Wissenschaft erwogen.[351]

Das Minimalziel des Vorhabens stellen vereinheitlichte Gewinnermittlungsvorschriften dar. Dadurch sinken die hohen Steuererhebungskosten, steigen Planungssicherheit und Transparenz und reduzieren sich Probleme wie die Doppelbesteuerung oder Verlustverrechnung.[352] Außerdem vermeiden die Mitgliedstaaten die Gefahr, dass sie Verluste aus dem Ausland erben, weil beispielsweise uneinheitliche Fristen für Verlustvorträge gelten.[353] Hier erscheint eine Einigung realistischer als die Verständigung über die Aufteilungsformel. Lässt sich das Vorhaben vollständig umsetzen, kann dies als großer Schritt in Richtung einer vollständigen Harmonisierung gewertet werden.[354]

1.4 Zwischenergebnis

Das Streben der EU-Kommission nach Harmonisierung der direkten Steuern wird dadurch erschwert, dass sie über kein im EG-Vertrag kodifiziertes Mandat verfügt und die Verabschiedung einer Richtlinie an das Einstimmigkeitsprinzip gebunden ist, welches erfahrungsgemäß schwer und nur nach langjährigen Konsultationen zu erfüllen ist. Ein weiterer Grund ist das Festhalten der Mitgliedstaaten an ihrer Souveränität.

Die EU-Kommission strebt gegenwärtig eine gemeinsame, konsolidierte Bemessungsgrundlage an. Die Vereinheitlichung der Körperschaftsteuersätze wird dabei nicht angestrebt. Ein realistisches Minimalziel des Vorhabens stellt eine gemeinsame Bemessungsgrundlage dar.

Die Initiativen der EU-Kommission folgen i.G.z. der Rechtsprechung des EuGH einem ökonomischen Leitbild.

Die Urteile des EuGH verpflichten die Mitgliedstaaten zum Handeln. Das gilt direkt für die in die Rechtssachen involvierten Staaten und indirekt für solche, die bei ver-

---

[350] So geschehen durch Regierungschefs und Finanzminister der sog. Hochsteuerländer Deutschland und Frankreich. Vgl. Czakert, IStR 2006, S. 561; O.V., HB v. 28.05.2004.

[351] Vgl. Schreiber, StuW 2004, S. 226; Wellisch, StuW 2004, S. 275; Wiegard, HB v. 09.03.2004, S. 8.

[352] Vgl. Deutsche Bank Research, EU-Monitor 03/2003, S. 14; Herzig, StuW 2006, S. 156 u. S. 161.

[353] Vgl. O.V., HB v. 08.04.2005, S. 1.

[354] Vgl. Herzig/Gellrich, IStR 2006, S. 764.

gleichbaren Sachverhalten einem Urteil zuvorkommen möchten. Allerdings steht es den Mitgliedstaaten offen, wie sie einen Verstoß gegen EG-Recht heilen.

Besonders die Rs. „Marks & Spencer“ sorgt für Bewegung im Bereich der grenzüberschreitenden Verlustverrechnung. Die EU-Staaten sind zum Handeln aufgefordert. Wenn die EU-Kommission die Mitgliedstaaten zusammenbringen kann, könnte eine Richtlinie zum grenzüberschreitenden Verlustausgleich verabschiedet werden.

2. Konzernbesteuerung de lege ferenda

Die Analyse im ersten Teil hat ergeben, dass sowohl das Modell DK als auch das Modell Mod. CCTB die theoretische Anforderung der Steuerneutralität grundsätzlich erfüllen können.

Darüber hinaus ergeben sich aus der Untersuchung der Rahmenbedingungen keine Hinweise, die eine Implementierung eines der beiden Modelle ex ante unmöglich erscheinen lassen.

Dies ist auch nicht weiter überraschend, da das Modell DK in seinen Grundzügen schon von drei Mitgliedstaaten weltweit angewendet wird und das Modell Mod. CCTB eine Variante des Modells CCTB ist, an dessen Umsetzung intensiv seitens der EU-Kommission gearbeitet wird.

Aus diesen Gründen stellen beide Modelle zunächst gleichberechtigte Alternativen der Konzernbesteuerung de lege ferenda im Binnenmarkt dar.

Bevor den beiden Modellen jedoch eine Eignung für den Binnenmark zugesprochen werden kann, müssen diese erst genau konkretisiert und anschließend auf ihre praktische Implementierbarkeit hin untersucht werden.

3. Konkretisierung des Modells DK

3.1 Methoden der Erfolgsallokation

An der gängigen Praxis der Verrechnungspreisfindung sollen keine Änderungen vorgenommen werden. Mit anderen Worten sind alle Methoden geeignet, die nach der direkten Vorgehensweise verfahren, nämlich die Standardmethoden und die geschäftsfallbezogenen Gewinnmethoden.

3.2 Gewinnermittlungsvorschriften

Es ist ökonomisch und steuerrechtlich nicht vertretbar, den Konzerngewinn zu ermitteln, indem Einzelergebnisse, die nach unterschiedlichen Gewinnermittlungsvorschriften ermittelt wurden, zusammengefasst werden.[355]

Es stellt sich die Frage, ob die Gewinnermittlungsvorschriften im Rahmen dieses Modells zwangsläufig vereinheitlicht werden müssen, eine Vereinheitlichung vorteilhaft ist oder weiterhin sich von Mitgliedstaat zu Mitgliedstaat unterscheidende Gewinnermittlungsvorschriften bestehen bleiben können.

Zur Erfüllung der Steuerneutralität ist eine Vereinheitlichung nicht zwingend notwendig, weil der Sitzstaat der Muttergesellschaft die Höhe der ausländischen Einkünfte nach seinem Steuerrecht ermitteln kann.[356]

Vermutlich ist in Hinblick auf eine einfache Administrierbarkeit eine Vereinheitlichung anzustreben.[357] Dennoch wird eine verpflichtende Anwendung für alle Unternehmungen kritisch gesehen, da nicht jede Unternehmung als Konzern organisiert ist. Eine verpflichtende Anwendung neuer Gewinnermittlungsvorschriften auch für solche Unternehmen würde die Kosten der Administrierbarkeit unnötig in die Höhe treiben.[358]

---

355 Allenfalls sind unterschiedliche Gewinnermittlungsvorschriften beim Verlustausgleich tolerierbar, sofern die Verluste nur temporär die inländische Bemessungsgrundlage reduzieren. Vgl. Schreiber, StuW 1994, S. 252.

356 Vgl. Homburg, Steuerlehre, 2005, S. 286.

357 Vgl. dieser Teil, Punkt 4.1.1.

358 Vgl. EU-Kommission, KOM(2006)157, S. 8f.

3.3 Konsolidierungstechnik

3.3.1 Art der Konsolidierung

Der Rückgriff auf die Handelsbilanz (derivative Konzernsteuerbilanz) erscheint aufgrund der notwendigen steuerlichen Korrekturen (z.B. beim Ansatz der Wirtschaftsgüter aus Beteiligungen) wenig reizvoll.[359] Darüber hinaus besteht zwischen Konzernhandelsbilanz und Konzernsteuerbilanz keine Zielkonformität. Erstere erfüllt eine Informationsfunktion und Letztere eine Funktion der rechtssicheren Ermittlung des ausschüttbaren Gewinns. Außerdem gilt für die Konzernhandelsbilanz das Weltabschlussprinzip, während die Reichweite einer Konzernbesteuerung wie beim Modell Mod. CCTB auf den Binnenmarkt begrenzt ist.[360]

Gegen die Konsolidierung von Einzelsteuerbilanzen (ebenfalls eine derivative Konzernsteuerbilanz) spricht, dass neben der handelsrechtlichen Vollkonsolidierung auch eine steuerliche Vollkonsolidierung erfolgen muss. Die Unternehmen müssten folglich doppelte (volle) Konsolidierungsarbeiten vornehmen.[361]

Darüber hinaus reicht die einfache Konsolidierung aus, um der Anforderung Organisationsformneutralität zu genügen. Eine Vollkonsolidierung, die zur Erstellung einer Konzernsteuerbilanz erforderlich ist, ist verzichtbar. Die von den Orientierung gebenden Staaten praktizierte Zusammenfassung der Einzelergebnisse wird also um eine Zwischenergebniseliminierung ergänzt.

Die Ergebniskorrekturen, die aus der einheitstheoretischen Besteuerung resultieren, werden auf Ebenen der Einzelsteuerbilanzen berücksichtigt. Schließlich bilden die Einzelsteuerbilanzen bei Separate Entity Accounting auch die Bemessungsgrundlage für die Besteuerung der involvierten Fisci. Der Verlustausgleich wirkt sich in der Steuerbilanz der Muttergesellschaft aus, die Zwischenergebniseliminierung bei der liefernden Konzerngesellschaft, d.h. bei Upstream-Lieferungen bei der Tochtergesellschaft und bei Downstream-Lieferungen bei der Muttergesellschaft.

[359] Vgl. Schreiber, StuW 2004, S. 223f.
[360] Vgl. Salzberger, Konzernunternehmung, 1994, S. 158; Schreiber, StuW 2004, S. 222.
[361] Vgl. Gassner, DB 2004, S. 842.

3.3.2 Umfang der Konsolidierung

Die Anteile der Tochtergesellschaften werden quotal, d.h. in der Höhe des Kapitalanteils, in die Konsolidierung einbezogen, sofern sie die Voraussetzungen für die Zugehörigkeit zum Konsolidierungskreis, die weiter unten spezifiziert werden, erfüllen. Diese Vorgehensweise folgt der italienischen, französischen und österreichischen Praxis.[362]

3.3.3 Vermeidung der Doppelbesteuerung

Im Rahmen des Modells DK wird die Vermeidung der Doppelbesteuerung durch die Anrechnungsmethode bewirkt.

Tabelle II.3.1: Begrenzte Anrechnung

	Fall 1	Fall 2	Fall 3
Steuersatz im Ausland	20%	20%	40%
Gewinn der Tochtergesellschaft	100	100	100
Steuern im Ausland	20	20	40
Steuersatz im Inland	20%	40%	20%
Konzerngewinn	200	200	200
davon Gewinn der Muttergesellschaft	100	100	100
Steuern im Inland	40	80	40
Korb inländisches Einkommen	100	100	100
Korb ausländisches Einkommen	100	100	100
Anrechnungshöchstbetrag	20	40	20
anrechenbare ausländische Steuern	20	20	20
verbleibende inländische Steuern	20	60	20
Anrechnungsüberhang	0	0	20
Steuerzahlung im Inland	20	60	20
Steuerzahlung im Ausland	20	20	40
Summe der Steuerzahlungen	40	80	60
Steuerbelastung des Konzerns	20%	40%	30%

Quelle: Eigene Darstellung.

Das Auftreten von Anrechnungsüberhängen beeinträchtigt das Wohnsitzprinzip und damit auch die Entscheidungsneutralität.[363] Diese treten jedoch im Rahmen der begrenzten Anrechnung auf, sofern das ausländische über dem inländischen Steuerniveau liegt (Tabelle II.3.1, Fall 3). Im umgekehrten Fall profitiert das Inland von der An-

[362] Vgl. Eicker/Droscha, IStR-Länderbericht 7/2004, S. 2; Russo, ET 2003, S. 309 (Italien); Scheunemann, Konzernbesteuerung, 2005, S. 429 (Frankreich). Vermutlich sieht Dänemark nach der Umstellung von einer Beteiligungsgröße i.H.v. 100% auf das Kontroll-Konzept ebenfalls eine Aliquotierung vor. Vgl. Kessler/Daller, IStR-Länderbericht 15/2005, S. 2.

[363] Vgl. Schreiber, Standortflexibilität, 1999, S. 57.

rechnung (Fall 2). Gleichen sich die Steuerniveaus, haben die ausländischen Aktivitäten keinen zahlungswirksamen Einfluss auf die inländische Besteuerung (Fall 1).

Der **Anrechnungshöchstbetrag** errechnet sich folgendermaßen (Gleichung 1).[364]

(1) Anrechnungshöchstbetrag = (Einkommen aus ausländischer Quelle / Welteinkommen) * Inländische Einkommensteuer auf Welteinkommen.

Da die inländische Einkommensteuer das Produkt aus Steuersatz im Inland und Welteinkommen ist, vereinfacht sich die Berechnung des Anrechnungshöchstbetrages (Gleichung 2).

(2) Anrechnungshöchstbetrag = Einkommen aus ausländischer Quelle * Steuersatz im Inland.

Die **anrechenbaren Steuern** sind das Minimum aus den tatsächlich gezahlten Steuern im Ausland und dem Anrechnungshöchstbetrag (Gleichung 3).

(3) anrechenbare Steuern = min (Steuern im Ausland ; Anrechnungshöchstbetrag).

Die **verbleibenden inländischen Steuern** sind die Differenz aus veranschlagten Steuern im Inland und den anrechenbaren Steuern (Gleichung 4).

(4) verbleibende inländische Steuern = Steuern im Inland – anrechenbare Steuern.

Der **Anrechnungsüberhang** ergibt sich aus der Differenz aus Steuern im Ausland und den davon anrechenbaren Steuern (Gleichung 5).

(5) Anrechnungsüberhang = Steuern im Ausland – anrechenbare Steuern.

Systematisch werden Anrechnungsüberhänge nur bei der unbegrenzten Anrechnung vermieden. In praxi findet die unbegrenzte Anrechnung keine Anwendung.[365] Diese ist für souveräne Staaten nicht akzeptabel, weil nicht nur die Gefahr besteht, dass das ge-

[364] Vgl. Scholes et al., Business Strategy, 2002, S. 272.
[365] Vgl. Lornsen, Doppelbesteuerung, 1987, S. 97; Schaumburg, Steuerrecht, 1998, Rz. 14.27.

samte inländische Steueraufkommen auf null reduziert wird (Tabelle II.3.2, Fall 1), sondern auch, dass gar Steuererstattungen geleistet werden müssen (Fall 2).[366]

Tabelle II.3.2: Unbegrenzte Anrechnung

	Fall 1	Fall 2
Steuersatz im Ausland	40%	50%
Gewinn der Tochtergesellschaft	100	100
Steuern im Ausland	40	50
Steuersatz im Inland	20%	20%
Konzerngewinn	200	200
davon Ergebnis der Muttergesellschaft	100	100
Steuern im Inland	40	40
anrechenbare ausländische Steuern	40	50
verbleibende inländische Steuern	0	0
Steuererstattung	0	10
Steuerzahlung im Inland	0	-10
Steuerzahlung im Ausland	40	50
Summe der Steuerzahlungen	40	40
Steuerbelastung des Konzerns	20%	20%

Quelle: Eigene Darstellung.

Deshalb muss über alternative Möglichkeiten nachgedacht werden, um der kapitalexportneutralen Besteuerung zu gereichen. Anstelle Anrechnungsüberhänge wie bei der unbegrenzten Anrechnung systematisch zu vermeiden, könnte die Anrechnung so begrenzt werden, dass zumindest die Wahrscheinlichkeit des Auftretens von Anrechnungsüberhängen reduziert wird.

Zwei Alternativen sind denkbar, die zwischen der üblichen begrenzten und der unbegrenzten Anrechnung liegen, nämlich die Lockerung zwischen getrennten Körben und die Aufhebung getrennter Körbe.

Die **Lockerung zwischen getrennten Körben** wird in den USA angewendet. Sie sieht vor, Anrechnungsüberhänge aus Dividenden, die aus aktiver Geschäftstätigkeit stammen, mit den fälligen Steuern auf Zinsen (oder auch Lizenzen) zu verrechnen, die von Tochtergesellschaften gezahlt werden. Die Trennung der Körbe wird dadurch gelockert, dass das Kapitaleinkommen in Form von Zinsen oder Lizenzen vom inländischen in den ausländischen Korb verschoben werden kann. Diese Möglichkeit gilt jedoch nur, sofern die Zinszahlung aus aktiv und nicht passiv erwirtschafteten Einkommen geleistet wird. Die Zinserträge oder Lizenzentgelte gehen als *foreign income* im

[366] Theoretisch besteht sogar die Gefahr, dass ein Quellenstaat seinen Körperschaftsteuersatz im Wissen der Steuererstattung im Wohnsitzstaat erhöht, was als *moral-hazard-problem* bezeichnet wird. Praktisch verhindert der Standortwettbewerb die Erhöhung der Körperschaftsteuersätze.

general active basket in die Berechnung des Anrechnungshöchstbetrags ein.[367] Dorthin werden auch die Dividenden, die aus aktiver Geschäftstätigkeit stammen, zugeordnet.[368] Der Anrechnungshöchstbetrag erhöht sich, weil er nicht nur auf Basis der ausländischen Einkünfte, sondern auch auf Basis der Zinszahlungen ermittelt wird.

Tabelle II.3.3: Lockerung zwischen getrennten Körben

	Fall 1	Fall 2	Fall 3
Steuersatz im Ausland	40%	40%	40%
Gewinn vor Zinsen der Tochtergesellschaft	100	100	100
Gewinn der Tochtergesellschaft	100	50	50
Steuern im Ausland	40	20	20
Steuersatz im Inland	20%	20%	20%
Konzerngewinn	200	200	200
davon Gewinn vor Zinsen der Muttergesellschaft	100	100	100
davon Gewinn der Muttergesellschaft	100	150	150
Steuern im Inland	40	40	40
Korb inländisches Einkommen	100	150	100
Korb ausländisches Einkommen	100	50	100
Anrechnungshöchstbetrag	20	10	20
anrechenbare ausländische Steuern	20	10	20
verbleibende inländische Steuern	20	30	20
Anrechnungsüberhang	20	10	0
Steuerzahlung im Inland	20	30	20
Steuerzahlung im Ausland	40	20	20
Summe der Steuerzahlungen	60	50	40
Steuerbelastung des Konzerns	30%	25%	20%

Quelle: Eigene Darstellung.

Durch Fremdfinanzierung (Tabelle II.3.3, Fall 2) kann der Anrechnungsüberhang zwar gegenüber der reinen Eigenfinanzierung (Fall 1) reduziert werden. Da die Fremdfinanzierung häufig limitiert ist, verbleibt immer noch ein Anrechnungsüberhang. Werden die aus dem Ausland stammenden, im Inland steuerpflichtigen Zinsen jedoch dem ausländischen Korb zugeordnet, kann ein Anrechungsüberhang vermieden werden (Fall 3).

Die **Aufhebung getrennter Körbe** hat zur Folge, dass bei der Bestimmung des Anrechnungshöchstbetrags kein Unterschied zwischen inländischem und ausländischem Einkommen gemacht wird. Im Extremfall muss der Sitzstaat der Muttergesellschaft sein gesamtes Aufkommen abtreten (Tabelle II.3.4, Fall 1). Die Erstattung ist also auf die insgesamt im Inland zu zahlende Steuer begrenzt. Reicht diese nicht aus, entsteht ein Anrechnungsüberhang (Fall 2). Der Anrechnungshöchstbetrag wird dadurch er-

---

367 Vgl. Grubert, NTJ LIV, S. 813; Grubert/Newlon, Taxing, 1997, S. 19.

368 Vgl. Scholes et al., Business Strategy, 2002, S. 278.

höht, dass er auf Basis des gesamten Konzerngewinns berechnet wird. Der Unterschied zur unbegrenzten Anrechnung besteht darin, dass Anrechnungsüberhänge nicht erstattet werden.

Tabelle II.3.4: Aufhebung getrennter Körbe

	Fall 1	Fall 2
Steuersatz im Ausland	40%	50%
Gewinn der Tochtergesellschaft	100	100
Steuern im Ausland	40	50
Steuersatz im Inland	20%	20%
Konzerngewinn	200	200
davon Gewinn der Muttergesellschaft	100	100
Steuern im Inland	40	40
Anrechnungshöchstbetrag	40	40
anrechenbare ausländische Steuern	40	40
verbleibende inländische Steuern	0	0
Anrechnungsüberhang	0	10
Steuerzahlung im Inland	0	0
Steuerzahlung im Ausland	40	50
Summe der Steuerzahlungen	40	50
Steuerbelastung des Konzerns	20%	25%

Quelle: Eigene Darstellung.

Bei Lockerung zwischen getrennten Körben und Aufhebung getrennter Körbe verzichtet der Sitzstaat der Muttergesellschaft zum Teil auf sein Steueraufkommen. Der Unterschied zwischen beiden Alternativen ist, dass bei der ersten Alternative der Besteuerungsverzicht auf Einkommensteile begrenzt ist, die aus ausländischer Quelle stammen, nämlich auf die zufließenden Zinsen oder Lizenzen. Diese werden im Ergebnis begünstigt besteuert. Bei der zweiten Alternative kann die ausländische Geschäftstätigkeit dazu führen, dass der Verzicht auch bei Gewinnen, die aus inländischer Quelle stammen, geübt werden muss.

Auch wenn die beiden Alternativen das Auftreten von Anrechnungsüberhängen deutlich reduzieren, so sind sie aus fiskalischen Gründen abzulehnen. Es ist nicht denkbar, dass ein Fiskus Verzicht auf sein inländisches Steueraufkommen übt.

Vereinzelt wird noch die Alternative diskutiert, Anrechnungsüberhänge nicht nur mit der Steuerschuld im Sitzstaat der Muttergesellschaft zu verrechnen, sondern für alle Konzerngesellschaften nutzbar zu machen.[369] Diese Möglichkeit wird im Rahmen dieser Arbeit aufgrund mangelnder Praktikabilität nicht näher betrachtet.

[369] Vgl. Hernler, DB 2003, S. 61.

Folglich verbleibt nur, die Begrenzung der Anrechnung möglichst großzügig zu gestalten, ohne jedoch einen Verzicht auf Steuern auf inländisches Einkommen zu üben. Dazu bietet sich die *overall-limitation* an, welche von den USA angewendet wird.[370] Sie wird jedoch nicht von der Staatengruppe um Dänemark, Frankreich und Italien angewendet. Frankreich und Dänemark setzen auf die *per-country-limitation* und Italien auf die *per-company-limitation*.[371] Durch die *overall-limitation* wird erreicht, dass Gewinne aus Hochsteuerländern und Niedrigsteuerländern gepoolt werden können (Tabelle II.3.5, Fall 2),[372] was bei der *per-country-limitation* nicht möglich ist (Fall 1). In Fällen, wo aufgrund der hohen ausländischen Vorbelastung – selbst nach Pooling – Anrechnungsüberhänge entstehen (Fall 3), ist der Vortrag oder Rücktrag von Anrechnungsüberhängen zu gestatten.

Tabelle II.3.5: Begrenzte Anrechnung – *per-country-limitation* vs. *overall-limitation*

	Fall 1	Fall 2	Fall 3
Steuersatz im Ausland (Staat X / Staat Y)	10% / 30%	10% / 30%	10% / 40%
Gewinn der Tochtergesellschaft	100 /100	100 /100	100 /100
Steuern im Ausland	10 / 30	10 / 30	10 / 40
Steuersatz im Inland	20%	20%	20%
Konzerngewinn	300	300	300
davon Gewinn der Muttergesellschaft	100	100	100
Steuern im Inland	60	60	60
Korb inländisches Einkommen	100	100	100
Korb ausländisches Einkommen	100 / 100	200	200
Anrechnungshöchstbetrag	20 / 20	40	40
anrechenbare ausländische Steuern	10 / 20	40	40
verbleibende inländische Steuern	30	20	20
Anrechnungsüberhang	0 / 10	0	10
Steuerzahlung im Inland	30	20	20
Steuerzahlung im Ausland	10 / 30	10 / 30	10 / 40
Summe der Steuerzahlungen	70	60	70
Steuerbelastung des Konzerns	23%	20%	23%

Quelle: Eigene Darstellung.

In Abhängigkeit von der Drittstaatenlösung muss die *overall-limitation* womöglich auf eine *per-community-limitation* reduziert werden. Sie erzielt die gleiche Wirkung,

---

[370] Die USA verfahren nach einer *overall-limitation*, die sie mit einer *income-basket-limitation* kombinieren. Vgl. Kowallik, Investitionsstrukturen, 2003, S. 837. Die Anzahl der Körbe für ausländisches Einkommen wird ab dem 01.01.2007 von neun auf zwei Körbe, nämlich aktives und passives Einkommen, reduziert. Vgl. Zschiegner, IWB 2005, S. 1334. Zusätzlich besteht wie oben dargestellt eine Lockerung zwischen den Körben.

[371] Vgl. IBFD, ETH 2006, S. 169 (Dänemark), S. 222 (Frankreich) und S. 369 (Italien).

[372] Zur Optimierung der Anrechnungsposition in Anrechnungsländern vgl. Spengel, Unternehmensbesteuerung, 2003, S. 51f.

bringt jedoch die Einschränkung der räumlichen Anwendung von der ganzen Welt auf den Binnenmarkt zum Ausdruck.

3.3.4 Verlustausgleich

(Vertikaler Verlustausgleich von unten nach oben:) Anders als bei der Freistellung ist bei Anrechnung keine Nachversteuerung für den Fall notwendig, dass die Tochtergesellschaft im Ausland einen intertemporalen Verlustausgleich vornimmt. Im Verlustentstehungsjahr t_1 (Tabelle II.3.6) mindert der Verlust im Ausland die inländische Steuer. Wird der Verlust im Ausland im Folgejahr t_2 über einen Vortrag verwertet, fällt bis zur Höhe des Betrags des Verlustes keine ausländische Steuer an. Im Zuge der Anrechnung wird dies automatisch berücksichtigt, weil die ausländischen Gewinne keine anrechenbare Steuer tragen.[373] Jedoch muss der Gewinn der Tochtergesellschaft vor Nutzung des Verlustvortrags in den Konzerngewinn einfließen.

Tabelle II.3.6: Verlustausgleich bei einer Tochtergesellschaft

	t_1	t_2
Steuersatz im Ausland	20%	20%
Gewinn der Tochtergesellschaft	-100	0
Gewinn vor Nutzung des Verlustvortrags		100
Steuern im Ausland	0	0
Steuersatz im Inland	20%	20%
Konzerngewinn	0	200
davon Gewinn der Muttergesellschaft	100	100
Steuern im Inland	0	40
Korb inländisches Einkommen	0	100
Korb ausländisches Einkommen	0	100
Anrechnungshöchstbetrag	0	20
anrechenbare ausländische Steuern	0	0
verbleibende inländische Steuern	0	40
Anrechnungsüberhang	0	0
Steuerzahlung im Inland	0	40
Steuerzahlung im Ausland	0	0
Summe der Steuerzahlungen	0	40
Steuerbelastung des Konzerns	0%	20%

Quelle: Eigene Darstellung.

Bei der angestrebten *overall-limitation* besteht ohne Modifikation die Gefahr, dass im Falle von beispielsweise zwei Tochtergesellschaften die Verluste der einen Gesellschaft zu einer Verringerung des Anrechnungshöchstbetrags führen (Tabelle II.3.7, Jahr t_1).

373 Vgl. Jacobs, Unternehmensbesteuerung, 2002, S. 177.

Wie die Berechnung des Anrechnungshöchstbetrags zeigt, reduziert der Verlust der einen Tochtergesellschaft, der dem Gewinn der anderen Gesellschaft betragsmäßig gleicht, den Anrechnungshöchstbetrag auf null (Gleichung 6).

(6) Anrechnungshöchstbetrag = (-100 + 100) / 100 * 20% * 100 = 0.

Abhilfe könnte in diesem Fall ein Wahlrecht zwischen *overall-limitation* und *per-country-limitation* leisten. Jedoch ist hier einschränkend zu bemerken, dass dieses Wahlrecht dann nicht zum gewünschten Ergebnis führt, wenn die Tochtergesellschaften beide im gleichen Staat ansässig sind. Außerdem ist die *overall-limitation* zu bevorzugen, weil sie das Pooling von Gewinnen aus Hochsteuerländern und Niedrigsteuerländern erlaubt.

Tabelle II.3.7: Verlust bei einer von zwei Tochtergesellschaften

	t_1	t_2
Steuersatz im Ausland (Staat X / Staat Y)	20% / 20%	20% / 20%
Gewinn der Tochtergesellschaft	-100 / 100	0 / 100
Gewinn vor Nutzung des Verlustvortrags		100 / 100
Steuern im Ausland	0 / 20	0 / 20
Steuersatz im Inland	20%	20%
Konzerngewinn	100	300
davon Gewinn der Muttergesellschaft	100	100
Steuern im Inland	20	60
Korb inländisches Einkommen	100	100
Korb ausländisches Einkommen	0	200
Anrechnungshöchstbetrag	0	40
anrechenbare ausländische Steuern	0	20
Vortrag des Anrechnungsüberhangs		20
verbleibende inländische Steuern	20	20
Anrechnungsüberhang	20	0
Steuerzahlung im Inland	20	20
Steuerzahlung im Ausland	20	20
Summe der Steuerzahlungen	40	40
Steuerbelastung des Konzerns	40%	13%

Quelle: Eigene Darstellung.

Deshalb ist die Möglichkeit eines Vortrags oder Rücktrags von Anrechnungsüberhängen (Jahr t_2) zu gestatten, wenn im Ausland Verluste entstehen. Der Nachteil ist, dass das Nettoprinzip immer noch abschnittsweise verletzt wird (40% bzw. 13% Steuerbelastung des Konzerns). Über die Totalperiode ist die Steuerbelastung mit dem Nettoprinzip vereinbar. Die Summe der Steuerzahlungen beträgt 80 GE und der Konzerngewinn 400 GE, was einer Steuerbelastung des Konzerns von 20% entspricht. Es verbleibt jedoch immer noch der Nachteil negativer Zins- und Liquiditätseffekte.

(Vertikaler Verlustausgleich von oben nach unten:) Ein grenzüberschreitender Verlustausgleich von der Muttergesellschaft zur Tochtergesellschaft ist bei begrenzter Anrechnung problematisch. Sobald der Quotient aus ausländischem Einkommen und Welteinkommen größer eins wird,[374] ist dieser durch eins zu ersetzen (Gleichung 7).[375] Der Quotient ist dann größer als eins, wenn im Inland Verluste anfallen. Die inländischen Verluste reduzieren dann den Anrechnungshöchstbetrag (Gleichung 8).

(7) Anrechnungshöchstbetrag = min (Einkommen aus ausländischer Quelle / Welteinkommen ; 1) * Inländische Einkommensteuer auf Welteinkommen.

(8) Anrechungshöchstbetrag = min (100 / 50 ; 1) * 20% * 50 = 10.

Durch den verminderten Anrechnungshöchstbetrag entsteht ein Anrechungsüberhang, so dass sich im skizzierten Fall die Steuerbelastung des Konzerns gegenüber dem Gewinnfall verdoppelt (Tabelle II.3.8).

Tabelle II.3.8: Verlust der Muttergesellschaft

	t_1	t_2
Steuersatz im Ausland	20%	20%
Gewinn der Tochtergesellschaft	100	100
Steuern im Ausland	20	20
Steuersatz im Inland	20%	20%
Konzerngewinn	50	350
davon Gewinn der Muttergesellschaft	-50	250
Steuern im Inland	10	70
Korb inländisches Einkommen	-50	250
Korb ausländisches Einkommen	100	100
Anrechnungshöchstbetrag	10	20
anrechenbare ausländische Steuern	10	20
verbleibende inländische Steuern	0	50
Anrechnungsüberhang	10	0
Steuerzahlung im Inland	0	50
Steuerzahlung im Ausland	20	20
Summe der Steuerzahlungen	20	70
Steuerbelastung des Konzerns	40%	20%

Quelle: Eigene Darstellung.

[374] Dies gilt auch für den Fall, dass der Quotient nicht definiert ist, weil sich der inländische Verlust und die ausländischen Gewinne betragsmäßig gleichen.

[375] Vgl. Cordewener/Schnitger, StuW 2006, S. 75; Scholes et al., Business Strategy, 2002, S. 272.

Angenommen, der Konzerngewinn ändert sich zwar absolut nicht, jedoch fallen Erträge der Muttergesellschaft i.H.v. 150 GE einen Veranlagungszeitraum früher an (Tabelle II.3.9).

Tabelle II.3.9: Temporale Verschiebung der Erträge der Muttergesellschaft

	t_1	t_2
Steuersatz im Ausland	20%	20%
Gewinn der Tochtergesellschaft	100	100
Steuern im Ausland	20	20
Steuersatz im Inland	20%	20%
Konzerngewinn	200	200
davon Gewinn der Muttergesellschaft	100	100
Steuern im Inland	40	40
Korb inländisches Einkommen	100	100
Korb ausländisches Einkommen	100	100
Anrechnungshöchstbetrag	20	20
anrechenbare ausländische Steuern	20	20
verbleibende inländische Steuern	20	20
Anrechnungsüberhang	0	0
Steuerzahlung im Inland	20	20
Steuerzahlung im Ausland	20	20
Summe der Steuerzahlungen	40	40
Steuerbelastung des Konzerns	20%	20%

Quelle: Eigene Darstellung.

Obwohl sich die Konzerngewinne absolut über die beiden betrachteten Veranlagungszeiträume gleichen, führt die Besteuerung zu einem unterschiedlichen und nicht dem Nettoprinzip gerecht werdenden Ergebnis (90 GE Steuern vs. 80 GE Steuern auf Konzerngewinn i.H.v. 400 GE). Da die konsolidierte Besteuerung sich systembedingt nur im Sitzstaat der Muttergesellschaft auswirkt, setzt der Sitzstaat der Tochtergesellschaft seinen Besteuerungsanspruch temporär nicht aus.[376]

Um Belastungen zu vermeiden, die das Nettoprinzip verletzen, müssen Anrechnungsüberhänge, die aufgrund von Verlusten der Muttergesellschaft entstehen, vorgetragen oder rückwirkend verwendet werden können.[377] An einen Verlustvortrag der Muttergesellschaft ist nicht zu denken, da der Verlust der Muttergesellschaft schon bei der Bemessung der Steuer auf den Konzerngewinn berücksichtigt wurde und damit als verwendet gilt (Tabelle II.3.10, Jahr t_1). Der Vortrag kann aber nur Verwendung finden, wenn im Inland eine Nachversteuerung erfolgt, etwa bei einer Steuersatzsenkung

[376] Eine solche Lösung ist womöglich schwer zu implementieren. Allein schon die Frage, welcher Sitzstaat einer gewinnerzielenden Tochtergesellschaft die Verluste tragen soll, kann kaum begründet werden.

[377] Vgl. Cordewener/Schnitger, StuW 2006, S. 76. Beispielsweise in Dänemark ist eine solche Lösung nicht vorgesehen. Vgl. Oestreicher, Konzernbesteuerung, 2005, S. 28.

im Ausland (Jahr $t_{2,\ \text{Fall b}}$). Im Fall b wird das Nettoprinzip in der Totalperiode nicht verletzt (80 GE Steuern auf Konzerngewinn i.H.v. 400 GE). Ansonsten muss der Anrechnungsüberhang in einer anderen Periode Verwendung finden (Jahr $t_{2,\ \text{Fall a}}$).

Tabelle II.3.10: Verlust der Muttergesellschaft mit Anrechnungsvortrag

	t_1	$t_{2,\ \text{Fall a}}$	$t_{2,\ \text{Fall b}}$
Steuersatz im Ausland	20%	20%	10%
Gewinn der Tochtergesellschaft	100	100	100
Steuern im Ausland	20	20	10
Steuersatz im Inland	20%	20%	20%
Konzerngewinn	50	350	350
davon Gewinn der Muttergesellschaft	-50	250	250
Steuern im Inland	10	70	70
Korb inländisches Einkommen	-50	250	250
Korb ausländisches Einkommen	100	100	100
Anrechnungshöchstbetrag	10	20	20
anrechenbare ausländische Steuern	10	20	10
Vortrag des Anrechnungsüberhangs			10
verbleibende inländische Steuern	0	50	50
Anrechnungsüberhang	10	0	0
Steuerzahlung im Inland	0	50	50
Steuerzahlung im Ausland	20	20	10
Summe der Steuerzahlungen	20	70	60
Steuerbelastung des Konzerns	40%	20%	17%

Quelle: Eigene Darstellung.

Die Möglichkeit des Vortrags bzw. Rücktrags der Anrechnungsüberhänge in den beschriebenen Verlustfällen dient der Kapitalexportneutralität und ist gleichzeitig mit den fiskalischen Interessen der Sitzstaaten vereinbar.

(Horizontaler Verlustausgleich:) Ein horizontaler Verlustausgleich kann erforderlich sein, wenn die Muttergesellschaft einen Gewinn i.H.v. null erzielt und eine Tochtergesellschaft einen Gewinn und eine andere einen Verlust erzielt. Problematisch ist, dass die ausländischen Sitzstaaten der Tochtergesellschaften im Gewinnfall unabhängig von der Gewinnsituation anderer Konzerngesellschaften Steuern erheben. Der horizontale Verlustausgleich funktioniert nur, wenn eine inländische Tochtergesellschaft mindestens einen Gewinn erzielt, der dem Verlust der ausländischen Schwestergesellschaft betragsmäßig entspricht.

3.3.5 Vermeidung der Besteuerung von Zwischengewinnen

Transaktionen zwischen Konzerngesellschaften müssen steuerneutral abgewickelt werden, d.h. Zwischenergebnisse dürfen nicht besteuert werden.[378] Ein Zwischengewinn ist der Ertrag aus einer konzerninternen Veräußerung beim Ansatz eines Fremdvergleichspreises.[379] Ein Zwischengewinn besteht aus der Differenz zwischen Marktpreis und historischen Anschaffungskosten oder dem marktüblichen Gewinnaufschlag auf die Herstellungskosten im Zeitpunkt der Übertragung. Bei selbsterstellten immateriellen Wirtschaftgütern betragen die Herstellungskosten null, so dass der Zwischengewinn dem Marktpreis gleicht.

Die Folge der Neutralisierung von Zwischenergebnissen ist, dass keine Besteuerung erfolgt, wenn ein Wirtschaftsgut, das stille Reserven trägt, innerhalb des Binnenmarkts über die nationale Grenze eines Mitgliedstaats verbracht wird.

Der konzerninterne Lieferungs- und Leistungsverkehr wird grundsätzlich nach dem Fremdvergleichsgrundsatz abgewickelt. Bei konzerninternen Dienstleistungen steht dem Zwischengewinn der leistenden Gesellschaft der Aufwand der empfangenden Gesellschaft gegenüber. Zwischengewinn und Aufwand egalisieren sich, so dass der Konzerngewinn sich nicht durch eine konzerninterne Leistung erhöht. Es entstehen keine steuerlichen Wirkungen. Bei konzerninternen Lieferungen, also der Übertragung von Wirtschaftsgütern, aktiviert die empfangende Konzerngesellschaft das Wirtschaftsgut. Die Aktivierung erfolgt erfolgsneutral zu Anschaffungskosten. Bei der liefernden Konzerngesellschaft entsteht jedoch ein Zwischengewinn, sofern der abgerechnete Marktpreis über dem Buchwert des Wirtschaftsguts liegt. Die Lieferung ist erfolgswirksam. Der Konzerngewinn erhöht sich.

Beispiel 1 dient im Folgenden als Grundlage zur Erklärung der Möglichkeiten der Zwischenergebniseliminierung.

Beispiel 1: Der Konzern besteht aus der Muttergesellschaft M und der Tochtergesellschaft T. M verkauft T eine Maschine am Ende der Periode t_1, die sie zu Beginn der Periode t_1 für 3.000 GE gekauft hat. Die Maschine hat eine wirtschaftliche Nutzungsdauer von sechs Jahren. Die Maschine darf innerhalb von drei Jahren abgeschrieben werden. Der Buchwert beträgt im Verkaufszeitpunkt folglich

[378] Vgl. erster Teil, Punkt 5.1.1.3.
[379] Vgl. Scheuchzer, Konzernbesteuerung, 1994, S. 247.

2.000 GE. Am Markt könnte ein Preis von 2.500 GE erzielt werden. M orientiert sich am Marktpreis. T schreibt die Maschine in den folgenden zwei Perioden um jeweils 1.250 GE ab. Der Restbuchwert beträgt zu Beginn der Periode t_3 0 GE. T kann die Maschine am Markt für 1.500 GE verkaufen. In dieser Höhe entsteht ein Veräußerungsgewinn.

Erfolgt keine Zwischenergebniseliminierung, entsteht im Beispiel ein Zwischengewinn von 500 GE bei der Muttergesellschaft, der zu diesem Zeitpunkt noch nicht am Markt bestätigt ist (Tabelle II.3.11).

Tabelle II.3.11: Keine Zwischenergebniseliminierung

	t_0	t_1	t_2	t_3	Σ
Kaufpreis der Maschine (Muttergesellschaft)	3.000				
Ertrag aus Nutzung der Maschine		1.000			
Abschreibung		-1.000			
Veräußerungsgewinn		500			
(Zwischen-)Gewinn		500			500
Kaufpreis der Maschine (Tochtergesellschaft)		2.500			
Ertrag aus Nutzung der Maschine			1.000	1.000	
Abschreibung			-1.250	-1.250	
Veräußerungsgewinn				1.500	
Gewinn			-250	1.250	1000
Konzerngewinn		500	-250	1.250	1500

Quelle: Eigene Darstellung.

Es gibt mehrere Möglichkeiten, die Besteuerung der Zwischengewinne zu verhindern, um damit eine erfolgsneutrale konzerninterne Lieferung zu garantieren. Auf Ebenen der Einzelsteuerbilanzen kann eine Zwischenergebniseliminierung über die Ausgleichspostenmethode, die Abwertungsmethode oder die Fortführung der AHK vorgenommen werden.

Die **Ausgleichspostenmethode** (auch Korrekturpostenmethode oder Merkpostenmethode genannt) hat zum Ziel, die Zwischenergebnisse solange zu neutralisieren, bis die Realisation gegenüber Dritten am Markt erfolgt ist. Technisch geschieht dies bei der Ermittlung der Einzelergebnisse über einen passiven Ausgleichsposten bei der liefernden Konzerngesellschaft in Höhe des Zwischengewinns. Die liefernde Gesellschaft muss über den Realisationszeitpunkt informiert werden,[380] damit sie den Ausgleichsposten auflösen kann. Die stillen Reserven werden dem ehemaligen Belegenheitsstaat zugeordnet. Bei der empfangenden Gesellschaft sind keine Korrekturen vorzunehmen.

[380] Die AfA sind bekannt, da von einer Stetigkeit in der Bewertung auszugehen ist. Eine Ausnahme stellen außerplanmäßigen Abschreibungen dar.

Der marktorientierte Verrechnungspreis stellt die Anschaffungskosten dar (Tabelle II.3.12).[381]

Tabelle II.3.12: Ausgleichspostenmethode

	t_0	t_1	t_2	t_3	Σ
Kaufpreis der Maschine (Muttergesellschaft)	3.000				
Ertrag aus Nutzung der Maschine		1.000			
Abschreibung		-1.000			
Veräußerungsgewinn		500			
Ausgleichsposten		-500			
Auflösung des Ausgleichspostens			250	250	
(Zwischen-)Gewinn		0	250	250	500
Kaufpreis der Maschine (Tochtergesellschaft)		2.500			
Ertrag aus Nutzung der Maschine			1.000	1.000	
Abschreibung			-1.250	-1.250	
Veräußerungsgewinn				1.500	
Gewinn			-250	1.250	1.000
Konzerngewinn		0	0	1.500	1.500

Quelle: Eigene Darstellung.

Der Realisationszeitpunkt hängt davon ab, ob ein einmaliger oder ein ratierlicher Auflösungsvorgang vorliegt. Der Realisationszeitpunkt ist bei einem nicht abschreibungsfähigen Wirtschaftsgut der Zeitpunkt, an dem das Wirtschaftsgut am Markt verkauft wird. Den anderen denkbaren einmaligen Auflösungsvorgang stellt das Ausscheiden einer Konzerngesellschaft aus dem Konsolidierungskreis dar. Im Zeitpunkt des Ausscheidens sind neutralisierte Zwischengewinne zu reintegrieren. Bei abschreibungsfähigen Wirtschaftsgütern liegt ein ratierlicher Auflösungsvorgang vor. Die Realisation des Zwischengewinns orientiert sich an den Abschreibungen.[382]

Im untersuchten Beispiel wird eben ein solches abschreibungsfähiges Wirtschaftsgut des Anlagevermögens übertragen. Die Abschreibungen der empfangenden Konzerngesellschaft sind um den vergüteten Zwischengewinn zu hoch. Der Betrag des Ausgleichspostens, der aufgelöst wird, entspricht dem Betrag, um den sich die Abschreibung einer Periode aufgrund des Zwischengewinns erhöht. Der Betrag (im Bespiel 250 GE) ergibt sich wie folgt (Gleichung 9):[383]

[381] Vgl. Lüdicke/Rödel, IStR 2004, S. 552; Oestreicher, Konzernbesteuerung, 2005, S. 26f.; Salzberger, Konzernunternehmung, 1994, S. 215-217; Schreiber, StuW 2004, S. 224.
[382] Vgl. BMF, SEStEG-Entwurf v. 17.07.2006, S. 39; Rödder/Schumacher, DStR 2006, S. 1485; Salzberger, Konzernunternehmung, 1994, S. 240; Scheuchzer, Konzernbesteuerung, 1994, S. 248.
[383] Vgl. Scheuchzer, Konzernbesteuerung, 1994, S. 248f.

(9) Auflösung der Ausgleichspostens = (Abschreibung einer Periode * Veräußerungsgewinn) / verrechneter Kaufpreis.

Etwaige Wertänderungen nach der Übertragung wirken sich im Staat der Verbringung aus. Dort ist das Wirtschaftsgut auf Basis des gemeinen Werts abzuschreiben.[384]

Eine andere Vorgehensweise wird bei der **Abwertungsmethode** verfolgt, die nicht bei der liefernden, sondern bei der empfangenden Konzerngesellschaft ansetzt. Bei dieser Methode werden die gelieferten Wirtschaftsgüter bei der empfangenden Konzerngesellschaft abgewertet. Die empfangende Gesellschaft muss über den Gewinnaufschlag informiert werden (Tabelle II.3.13).[385]

Tabelle II.3.13: Abwertungsmethode

	t_0	t_1	t_2	t_3	Σ
Kaufpreis der Maschine (Muttergesellschaft)	3.000				
Ertrag aus Nutzung der Maschine		1.000			
Abschreibung		-1.000			
Veräußerungsgewinn		500			
(Zwischen-)Gewinn		500			500
Kaufpreis der Maschine (Tochtergesellschaft)		2.500			
Abwertung der Maschine		-500			
Ertrag aus Nutzung der Maschine			1.000	1.000	
Abschreibung			-1.000	-1.000	
Veräußerungsgewinn				1.500	
Gewinn		-500	0	1.500	1000
Konzerngewinn		0	0	1.500	1500

Quelle: Eigene Darstellung.

Die Abwertungsmethode ist aus betriebswirtschaftlichen und fiskalischen Gründen abzulehnen. Die Methode führt zu einer Verzerrung der Einzelergebnisse. Auch wenn der Konzerngewinn bei der Abwertungsmethode richtig ermittelt wird, entsteht ohne ökonomische Rechtfertigung bei der liefernden Gesellschaft ein Gewinn und bei der empfangenden Gesellschaft ein Verlust.[386]

Denkbar ist auch, dass die Übertragung der Wirtschaftsgüter zu Buchwerten erfolgt. Die Übertragung zum Buchwert hat zur Folge, dass regelmäßig von einem marktorientierten Verrechnungspreis abgewichen wird. Auf diese Weise entstehen erst gar keine Zwischenerfolge. Dabei werden die stillen Reserven verschoben.[387] Die übernehmende

[384] Vgl. BMF, SEStEG-Entwurf v. 17.07.2006, S. 39.
[385] Vgl. Salzberger, Konzernunternehmung, 1994, S. 216.
[386] Vgl. Scheuchzer, Konzernbesteuerung, 1994, S. 261.
[387] Vgl. Lüdicke/Rödel, IStR 2004, S. 552.

Gesellschaft führt die Buchwerte fort. Diese Vorgehensweise wird als **Fortführung der AHK** bezeichnet. Weicht der Verrechnungspreis vom Buchwert ab, sind auf Ebene der Einzelsteuerbilanzen der involvierten Gesellschaften Korrekturen vorzunehmen (Tabelle II.3.14).

Das Vereinigte Königreich wählt im Rahmen seiner als *group relief* bezeichneten Konzernbesteuerung als Methode der Zwischenergebniseliminierung die Fortführung der AHK. Die Gesellschaften sind angewiesen, Wirtschaftsgüter zu Buchwerten zu übertragen, so dass erst gar keine zu korrigierenden Veräußerungsgewinne entstehen.[388]

Tabelle II.3.14: Fortführung der AHK

	t_0	t_1	t_2	t_3	Σ
Kaufpreis der Maschine (Muttergesellschaft)	3.000				
Ertrag aus Nutzung der Maschine		1.000			
Abschreibung		-1.000			
Veräußerungsgewinn		500			
Korrektur		-500			
(Zwischen-)Gewinn		0			0
Kaufpreis der Maschine (Tochtergesellschaft)		2.000			
Ertrag aus Nutzung der Maschine			1.000	1.000	
Abschreibung			-1.000	-1.000	
Veräußerungsgewinn				1.500	
Gewinn			0	1.500	1.500
Konzerngewinn		0	0	1.500	1.500

Quelle: Eigene Darstellung.

Im Rahmen des Modells DK wird die Ausgleichpostenmethode gegenüber der Fortführung der AHK vorgezogen, weil sie den fiskalischen Ansprüchen der souveränen Mitgliedstaaten gerecht werden kann.

Schließlich stellt Erstere sicher, dass die stillen Reserven dem alten Belegenheitsstaat zugeordnet werden. Somit hat dieser für den Fall der Realisation am Markt die Aussicht auf die Besteuerung der stillen Reserven.

Wenn man von der Annahme ausgeht, dass der gesamte konzerninterne Lieferungsverkehr im Veranlagungszeitraum am Markt abgewickelt wird, kann auf eine Zwischenergebniseliminierung verzichtet werden.[389] Diese Annahme hält für Wirtschaftsgüter des Umlaufvermögens, nicht aber für Wirtschaftsgüter des Anlagevermögens.

[388] Vgl. Endres, Konzernbesteuerung, 2003, S. 468.
[389] Vgl. Salzberger, Konzernunternehmung, 1994, S. 240f.

Wirtschaftsgüter des Umlaufvermögens verlassen regelmäßig schneller den Konsolidierungskreis. Die Wirkung der Zwischenergebniseliminierung, nämlich ein Zins- und Liquiditätsvorteil aus dem Steueraufschub, darf bei Wirtschaftsgütern des Umlaufvermögens als gering eingeschätzt werden.

Deshalb wird die Ausgleichspostenmethode auf Wirtschaftsgüter des Anlagevermögens beschränkt.

Die neue deutsche Vorgehensweise bei der Übertragung der Wirtschaftsgüter ist weder mit dem Realisationsprinzip vereinbar, noch ist sie durch Steuerneutralität gekennzeichnet. Bei der Übertragung wird der gemeine Wert der Wirtschaftsgüter festgestellt. Dabei entstehende Zwischengewinne werden nicht neutralisiert, sondern sofort besteuert. Auf Antrag kann die Besteuerung zumindest ratierlich über fünf Jahre erfolgen (§ 4g EStG).[390] Die Regelung stellt eine Verschärfung bereits existierender Verwaltungsgrundsätze dar.[391]

Eine Schuldenkonsolidierung ist grundsätzlich nicht notwendig, da sich Forderungen und Verbindlichkeiten - ähnlich wie bei Dienstleistungen – im Konzernverbund regelmäßig ausgleichen. Ist das nicht der Fall, kann ebenfalls die Ausgleichpostenmethode angewendet werden. Statt einer Rückstellung ist bei der Fremdkapital gebenden Konzerngesellschaft ein passiver Ausgleichsposten zu bilden.[392]

[390] Das dem neu eingeführten § 4g EStG zugrunde liegende SEStEG trat am 13.12.2006 in Kraft. Die Bildung des Ausgleichspostens ist an zahlreiche Bedingungen, wie die Verbringung in eine Betriebsstätte desselben Steuerpflichtigen in einen EU-Staat, geknüpft. Das Wirtschaftsgut muss außerdem Teil des Anlagevermögens sein. Vgl. Benecke/Schnitger, IStR 2007, S. 22f.; Förster, DB 2007, S. 72-74.

[391] Demnach ist eine ratierliche Besteuerung über maximal zehn Jahre möglich. Maßgebend ist die tatsächliche Restnutzungsdauer. Vgl. BMF-Schreiben v. 24.12.1999 (sog. Betriebsstättenerlass), Tz. 2.6.1; Strunk, PIStB 2005, S. 181. Gemäß § 4g Abs. 2 ist ein pauschaler Auflösungszeitraum vorgesehen. Vgl. Benecke/Schnitger, IStR 2007, S. 23.

[392] Vgl. Salzberger, Konzernunternehmung, 1994, S. 241; Scheuchzer, Konzernbesteuerung, 1994, S. 47f.

3.4 Zugehörigkeit zum Konsolidierungskreis

3.4.1 Kriterium für die Zugehörigkeit

Zum Konsolidierungskreis gehören Konzerngesellschaften im Rechtskleid einer Kapitalgesellschaft i.S.d Mutter-Tochter-Richtlinie[393] sowie Betriebsstätten.

Konzernobergesellschaft ist regelmäßig eine Kapitalgesellschaft. Es spielt dabei keine Rolle, ob die Kapitalgesellschaft mehrheitlich von inländischen oder ausländischen Anteilseignern (natürliche Personen) kontrolliert wird. Innerhalb der EU darf die Konzernobergesellschaft ihrerseits nicht Tochtergesellschaft sein. Sehr wohl aber kann sie Tochtergesellschaft einer Gesellschaft aus einem Drittstaat sein. Im Ergebnis muss sie die Spitze des EU-(Teil-)Konzerns sein.

Gruppenträger kann auch die Betriebsstätte einer Kapitalgesellschaft aus einem Drittstaat sein, sofern die nachgeordneten europäischen Konzerngesellschaften zu dem Vermögen der Betriebsstätte gehören.[394]

Fraglich ist, unter welchen Voraussetzungen eine Tochtergesellschaft zum Konsolidierungskreis gehören soll. Bei Betriebsstätten steht die Zugehörigkeit zum Konsolidierungskreis außer Frage – sie sind rechtlich unselbständig.[395]

Zu den Möglichkeiten der Bestimmung der Zugehörigkeit zählen u.a. das Erreichen einer Beteiligungsgröße, das Kontroll-Konzept und der Test über die wirtschaftliche Einheit.

In der aktuellen Praxis genügt in den Staaten, die bei Einzelabrechnung eine grenzüberschreitende Konsolidierung anbieten, nämlich die Gruppe aus Dänemark, Frank-

---

393 Vgl. Anhang zu Art. 2 lit. a) MTRL.

394 Bei der österreichischen Gruppenbesteuerung können ebenfalls Betriebsstätten die Teilkonzernobergesellschaft bilden. Vgl. Hirschler/Schindler, IStR 2004, S. 509. In Dänemark, Italien und Frankreich ist dies nicht möglich. In Dänemark können aber Teilkonzerne für die weltweite Gruppenbesteuerung optieren, sofern die dänische Teilkonzernspitze eine Kapitalgesellschaft ist. In Italien und Frankreich muss der Gruppenträger an der Spitze des Konzerns stehen. Vgl. Grotherr, IWB 1995, S. 114 (Dänemark); Hirschler/Schindler, IStR 2004, S. 507 (Frankreich); Romani/Strnad/Grabbe, IStR 2004, S. 159 (Italien); Die Untergruppe „Konzernbesteuerung" der CCCTB-WG tendiert ebenfalls zu der Möglichkeit, dass eine EU-Betriebsstätte eines Drittstaaten-Unternehmens und die Beteiligungen, die sie an EU-Tochtergesellschaften hält, konsolidiert werden können. Vgl. EU-Kommission, CCCTB wp044, 2006, S. 4; ders., CCCTB wp048, 2006, S. 3f.

395 Die Betriebsstätte kann als Betriebsteil des investierenden Unternehmens gesehen werden, der aber zu einem gewissen Grad wirtschaftlich selbständig ist. Vgl. Jacobs, Unternehmensbesteuerung, 2002, S. 370.

reich und Italien (Gewinne und Verluste) bzw. Österreich (Verluste), im Wesentlichen das Erreichen einer Beteiligungsquote.

In Dänemark muss die Muttergesellschaft die Mehrheit der Stimmrechte innehaben. In diesem Fall wird angenommen, dass sie die Tochtergesellschaft kontrollieren kann. Alternativ genügt auch die Möglichkeit der Muttergesellschaft, die Mehrheit der Gesellschaftsorgane einzusetzen bzw. abzuberufen oder das operative Geschäft samt Finanzierungsaktivitäten bestimmen zu können.[396]

Frankreich sieht eine direkte oder indirekte Beteiligung von mindestens 50% der Stimmrechte vor.[397]

Eine direkte oder indirekte Beteiligung von mindestens 50% an den Stimm- und Gewinnbezugsrechten ist in Italien Voraussetzung für die Konsolidierung.[398]

Bei der österreichischen Gruppenbesteuerung muss eine finanzielle Eingliederung der Tochtergesellschaft vorliegen. Diese ist ab einer unmittelbaren oder mittelbaren Beteiligung von mehr als 50% am Kapital und den Stimmrechten gegeben. Denkbar sind auch Beteiligungsgemeinschaften[399], die eine finanzielle Eingliederung begründen.[400]

Sind die Qualifikationsvoraussetzungen nur an die Beteiligung am Kapital gebunden, wird man nicht der wirtschaftlichen Einheit gerecht. Es ist zweckmäßig, eine Tochtergesellschaft darauf zu prüfen, ob sie wirtschaftlich von der Muttergesellschaft abhängig ist und ob sie unter einheitlicher Leitung steht.[401]

Die Zugangsvoraussetzungen zur deutschen Organschaft kamen diesem Gedanken sehr nahe, indem neben einem Gewinnabführungsvertrag die finanzielle, wirtschaftliche und organisatorische Eingliederung einer Organgesellschaft gefordert wurde.[402]

---

[396] Vgl. Kessler/Daller, IStR-Länderbericht 15/2006, S. 2.

[397] Vgl. Borrat/Bassière, IFA 89b, 2004, S. 279; Hirschler/Schindler, IStR 2004, S. 507; Masui, IFA 89b, 2004, S. 56.

[398] Vgl. Giaconia, IFA 89b, 2004, S. 379; Hirschler/Schindler, IStR 2004, S. 508; Romani/Strnad/Grabbe, IStR 2004, S. 159; Scheunemann, Konzernbesteuerung, 2005, S. 393.

[399] Der Hauptbeteiligte muss mindestens 40% und jeder weitere, wovon mindestens einer erforderlich ist, muss mindestens 15% der Anteile an den Stimmrechten und am Kapital auf sich vereinen.

[400] Vgl. Hirschler/Schindler, IStR 2004, S. 509f.

[401] Vgl. Scheuchzer, Konzernbesteuerung, 1994, S. 39.

[402] Inzwischen wird auf die wirtschaftliche und organisatorische Eingliederung verzichtet. Vgl. Endres/Oestreicher, Intertax 2000, S. 410f.

Auch Österreich stellte vergleichbare Forderungen zur Aufnahme einer Tochtergesellschaft in die inzwischen abgeschaffte Organschaft.[403]

In den USA wird im Rahmen der *unitary taxation* dem einheitstheoretischen Gedanken gefolgt. Allerdings unterscheiden sich die Definitionen vom *unitary business* von Bundesstaat zu Bundesstaat. Das oberste Gericht des Bundesstaates Kalifornien hat sich bei der Entwicklung einer Definition, nämlich dem *three unities test*, hervorgetan. Die drei Kriterien lauten (1) Einheit infolge der Beteiligungsverhältnisse (*unity of ownership*), (2) Einheit infolge der gemeinsamen Nutzung verschiedener betrieblicher Abteilungen (*unity of operation*) und (3) Einheit infolge einer zentralen Führungsinstanz (*unity of use*).[404]

Die Überprüfung der wirtschaftlichen Einheit ist zwar aus ökonomischer Sicht einleuchtend, jedoch aus praktischer Sicht mit Problemen behaftet. Die Problematik liegt in der Streitanfälligkeit, der Manipulierbarkeit und dem hohen administrativen Aufwand.[405] Deshalb wird ein solcher Test im Rahmen dieser Arbeit abgelehnt.

Als Kriterium für die Zugehörigkeit zum Konsolidierungskreis wird nach französischem Vorbild der Stimmrechtsanteil favorisiert.[406] Dieser ist einfach zu administrieren und klagefest. Um eine einfache Manipulierbarkeit auszuschließen, ist ein hoher Stimmrechtsanteil zu fordern.

Bei einem Verzicht auf einen Test über die wirtschaftliche Einheit ist ein Stimmrechtsanteil von 50% nicht ausreichend hoch.[407] Der Stimmrechtsanteil muss garantieren, dass die Muttergesellschaft zivilrechtlich auf die Gewinne der Tochtergesellschaf-

---

[403] Vgl. Gassner, DB 2004, S. 842.

[404] Vgl. Martens-Weiner, Formulary Apportionment, 2005, S. 28-32; Riecker, Körperschaftsbesteuerung, 1997, S. 190-195; Salzberger, IStR 1999, S. 99f.

[405] Vgl. Oestreicher, Gewinnabgrenzung, 2005, S. 84; Schreiber, StuW 2004, S. 223.

[406] Im Regelfall stimmen Kapitalanteil und Stimmrechtsanteil überein (Stammaktien). Es gibt jedoch auch Ausnahmen in Gestalt von Vorzugsaktien. Diese können beispielsweise mehr Stimmrechte gegen weniger Dividendenrechte und vice versa (relative Vorzugsaktien) oder ohne Nachteile (absolute Vorzugsaktien) verbriefen. Vgl. Perridon/Steiner, Finanzwirtschaft, 2007, S. 359. Deshalb ist der Stimmrechtsanteil gegenüber dem Kapitalanteil als strengeres Kriterium zu werten. Von einer kumulativen Voraussetzung, also Stimmrechtsanteil und Kapitalanteil wird abgesehen, weil ansonsten größerer Spielraum für die Gestaltung des Konsolidierungskreises besteht. Vgl. EU-Kommission, CCCTB wp048, 2006, S. 2f.

[407] Vgl. Endres, Konzernbesteuerung, 2005, S. 25; Schreiber, StuW 1994, S. 252; a.A. Fohr, Holdinggesellschaften, 2001, S. 97f.

ten zugreifen kann. Ansonsten ist die laufende Besteuerung der Gewinne, die im Zuge der Aufhebung des Trennungsprinzips bewirkt wird, nicht zu rechtfertigen.[408]

Grundsätzlich wird nach deutschem Aktienrecht gemäß § 133 AktG eine einfache Mehrheit für einen Beschluss der Hauptversammlung benötigt. Diese entscheidet gemäß § 174 AktG über die Gewinnverwendung. Jedoch kann eine Tochtergesellschaft betriebswirtschaftlich vollends erst dann beherrscht werden, wenn man die nötige Mehrheit für eine Satzungsänderung hält.[409] Dazu muss grundsätzlich gemäß § 179 Abs. 2 Satz 1 eine Dreiviertelmehrheit vorliegen. Die Satzung kann aber auch eine höhere Mehrheit (Satz 2) oder weitere Erfordernisse (Satz 3) vorsehen. Trotz dieser Ausnahmen und auch wenn sich das Handelsrecht von Mitgliedstaat zu Mitgliedstaat unterscheidet, soll die Dreiviertelmehrheit der Stimmrechte als Heuristik dienen.

Absolute Garantie für die Möglichkeit der Satzungsänderung sichert nur eine einhundertprozentige Beteiligung am Kapital als Qualifikationsvoraussetzung, wie sie vormals in Dänemark verlangt wurde.[410] Diese hat außerdem den Vorteil, dass keine Probleme in Zusammenhang mit dem Schutz der Minderheitsgesellschafter entstehen.[411] Die einhundertprozentige Mehrheit am Kapital ist jedoch als zu restriktiv zu bewerten.[412]

3.4.2 Tiefe der Beteiligungsebenen

Auf jeder Ebene in der Beteiligungskette muss die übergeordnete Konzerngesellschaft an der untergeordneten Konzerngesellschaft den zur Satzungsänderung berechtigenden Stimmrechtsanteil kontrollieren.

Hat eine untergeordnete Konzerngesellschaft zwei oder mehr übergeordnete Konzerngesellschaften, können die kontrollierbaren Stimmrechte der übergeordneten Konzerngesellschaften addiert werden.

---

[408] Vgl. Schön, DB 2001, S. 946; Schönfeld, StuW 2005, S. 169.

[409] Beispielhaft sind Maßnahmen der Kapitalbeschaffung gemäß §§ 182-221 AktG oder der Kapitalherabsetzung gemäß §§ 221-240 AktG zu nennen. Außerdem kann die Satzung mehr als eine einfache Mehrheit für den Beschluss über die Gewinnverwendung vorsehen.

[410] Vgl. Kessler/Daller, IStR-Länderbericht 15/2006, S. 2.

[411] Vgl. Grotherr, IWB 1995, S. 122.

[412] Vgl. Endres, Konzernbesteuerung, 2005, S. 25; Schreiber, StuW 2004, S. 223.

Die Tiefe der Beteiligungsebene ist damit solange nicht begrenzt, wie der zur Satzungsänderung berechtigende Stimmrechtsanteil (hier annahmegemäß 75%) auf jeder Ebene kontrolliert wird.

Das bedeutet nicht, dass sich die erforderliche Beteiligungsgrenze auf jeder Ebene ergeben muss, wie beispielsweise in Frankreich. Dort muss die Multiplikation der Anteile effektiv 50% ergeben.[413]

Deshalb kann das Ergebnis nach der französischen Praxis von dem hier formulierten Vorschlag abweichen (Beispiel 2).

Beispiel 2: Gesellschaft A hält 75% der Stimmrechte der Gesellschaft B. Diese hält ebenfalls 75% der Stimmrechte der Gesellschaft C, die wiederum 75% der Gesellschaft D hält. An E hält A unmittelbar 25% der Stimmrechte und mittelbar 20% über B und 25% über D.

Effektiv hält A 75% der Stimmrechte an B, 56% der Stimmrechte an C, nur 42% der Stimmrechte an D und 51% der Stimmrechte an E. A kann 75% der Stimmrechte an B unmittelbar kontrollieren, an C mittelbar über B und an D mittelbar über B und C. An E kann A über nur 70% der Stimmrechte kontrollieren, nämlich 25% unmittelbar, sowie 20% über B und 25% durch B über C über D.

Nach der französischen Praxis sind die Gesellschaften A, B, C und E zu konsolidieren, nach dem Vorschlag Modell DK sind dagegen die Gesellschaften A, B, C, und D zu konsolidieren.

Der Nachteil der Messung auf jeder Beteiligungsebene (Modell DK) gegenüber der effektiven Beteiligung (Frankreich) ist, dass sich größere Anteile von Minderheitsgesellschaftern ergeben.[414] Im Beispiel 2 halten Minderheitsgesellschafter effektiv nur 49% der Stimmrechte an Gesellschaft E, aber schon 58% der Stimmrechte an Gesellschaft D.

Österreich versuchte einen Sonderweg zu gehen, indem nur die Konsolidierung der ersten ausländischen Beteiligungsebene zulässig war. Durch Steuerplanung kann diese Einschränkung leicht umgangen werden.[415] Ohnehin steht eine Begrenzung der Tiefe der Beteiligungsebenen im Konflikt mit EG-Recht.[416]

---

[413] Vgl. Scheunemann, Konzernbesteuerung, 2005, S. 401.
[414] Vgl. EU-Kommission, CCCTB wp048, 2006, S. 8.
[415] Vgl. Kessler/Daller, IStR 2006, S. 290f.
[416] Vgl. Kessler/Daller, IStR 2006, S. 296.

Die USA begrenzen die Anrechnung auf sechs Ebenen (*tiers*).[417]

3.4.3 Obligatorische Zugehörigkeit

In Dänemark gibt es seit 2005 ein Wahlrecht für die Anwendung der internationalen Gruppenbesteuerung. Es besteht jedoch keine Selektionsmöglichkeit für die Aufnahme qualifizierter Gesellschaften – sie müssen alle in den Konsolidierungskreis aufgenommen werden. Dieses Prinzip wird als *all in – all out principle* bezeichnet. Auf nationaler Ebene herrscht eine Zwangsorganschaft. Vorher galt im nationalen und grenzüberschreitenden Fall ein Wahlrecht (*cherry picking*) über die Aufnahme qualifizierter Gesellschaften.[418]

In Frankreich wird im Rahmen der grenzüberschreitenden Gruppenbesteuerung ebenfalls nach dem *all in – all out principle* verfahren. Alternativ kann auch nur für die nationale Gruppenbesteuerung optiert werden, wo ein *cherry picking* über die Aufnahme qualifizierter Gesellschaft gilt.[419]

Italien folgt im grenzüberschreitenden und nationalen Fall dem französischen Vorbild.[420]

Österreich dagegen, dessen Gruppenbesteuerung im grenzüberschreitenden Fall auf den Ausgleich von Verlusten beschränkt ist, erlaubt für qualifizierte Gesellschaften ein *cherry picking*, was aus fiskalischen Gründen abzulehnen ist.[421]

Österreich sieht eine Bindungsdauer von nur drei Jahren vor.[422] Frankreich sieht immerhin eine Dauer der Gruppenbesteuerung von fünf Jahren vor,[423] genauso wie Italien.[424] Dänemark setzt nun gar eine Dauer der Gruppenbesteuerung von zehn Jahren (vormals keine vorgegebene Bindungsdauer) voraus.[425]

---

417 Vgl. IBFD, ETH 2006, S. 758.

418 Vgl. Kessler/Daller, IStR-Länderbericht 15/2006, S. 2; Scheunemann, Konzernbesteuerung, 2005, S. 384f.

419 Vgl. Borrat/Bassière, IFA 89b, 2004, S. 279; Scheunemann, Konzernbesteuerung, 2005, S. 383.

420 Vgl. Romani/Strnad/Grabbe, IStR 2004, S. 158f.; Scheunemann, Konzernbesteuerung, 2005, S. 384.

421 Vgl. Gassner, DB 2004, S. 842; Scheunemann, Konzernbesteuerung, 2005, S. 383-385.

422 Vgl. Gassner, DB 2004, S. 842; Hirschler/Schindler, IStR 2004, S. 510.

423 Vgl. Borrat/Bassière, IFA 89b, 2004, S. 279; Hirschler/Schindler, IStR 2004, S. 507.

424 Vgl. Hirschler/Schindler, IStR 2004, S. 508; Romani/Strnad/Grabbe, IStR 2004, S. 159.

425 Vgl. Hirschler/Schindler, IStR 2004, S. 506; Kessler/Daller, IStR-Länderbericht 15/2006, S. 2.

Die EU-Kommission strebt für ihren Reformvorschlag, dem Modell CCTB, eine fakultative Anwendung an, weil sie sich davon eher die Zustimmung aller Mitgliedstaaten erhofft.[426]

Für das Modell DK wird abweichend von der geltenden Praxis der diskutierten Staaten und den Plänen der Kommission eine obligatorische Anwendung der Konzernbesteuerung ohne Selektionsmöglichkeit vorgesehen.

Der Grund dafür liegt in der Anforderung der Steuerneutralität. Wahlrechte ermöglichen den Konzernen die Möglichkeit, darüber zu entscheiden, ob Gewinn abschließend im Inland oder Ausland versteuert werden soll. Dies ist mit der angestrebten Standortneutralität nicht vereinbar.[427]

3.4.4 Beendigung der Zugehörigkeit

Für den Fall, dass eine Konzerngesellschaft den Konsolidierungskreis (z.B. wegen einer Desinvestition im Beteiligungsportfolio) verlässt, werden vorgenommene Konsolidierungsmaßnahmen rückgängig gemacht.

Im Falle des Verlustausgleichs gilt, dass Steuerminderungen bzw. Steuererstattungen aufgrund von Verlusten, die die Muttergesellschaft ausgeglichen hat und die Tochtergesellschaft noch intertemporal nutzen kann, hinzugerechnet bzw. zurückerstattet werden müssen.[428]

Im Falle der Zwischenergebniseliminierung werden neutralisierte Zwischengewinne reintegriert. Verlässt die empfangende Konzerngesellschaft den Konsolidierungskreis und ist der fiktive Veräußerungsgewinn größer oder gleich dem Zwischengewinn, wird der gesamte Ausgleichsposten aufgelöst. Der fiktive Veräußerungsgewinn wird im Zeitpunkt des Verlassens des Konsolidierungskreises festgestellt. Verlässt die liefernde Konzergesellschaft den Konsolidierungskreis, wird der Ausgleichsposten vollstän-

[426] Vgl. EU-Kommission, KOM(2006)157, S. 9.
[427] Vgl. Schreiber, StuW 1994, S. 252.
[428] Diese Vorgehensweise entspricht der französischen und österreichischen (dort Nachversteuerung) Vorgehensweise. Vgl. Scheunemann, Konzernbesteuerung, 2005, S. 453-459.

dig aufgelöst. Der vereinbarte Verrechnungspreis wird zum Marktpreis unter unabhängigen Dritten.[429]

Die Rückgängigmachung von Konsolidierungsmaßnahmen (*recapture mechanism*) ist besonders bei konzerninternen Veräußerungsgeschäften notwendig, um gegen das Risiko eines potentiellen Missbrauchs vorzusorgen.[430]

Darüber hinaus sind stille Reserven, die bei der verlassenden Konzerngesellschaft entstanden und dort immer noch verhaftet sind, zum Zeitpunkt des Verlassens des Konsolidierungskreises zu versteuern.

3.5 Zwischenergebnis

Abbildung II.3.1 gibt einen Überblick über die Eckpunkte der Konkretisierung des Modells DK. Die Methoden der Erfolgsallokation beschränken sich auf solche, die direkter Natur sind und von der OECD anerkannt werden. Um der zentralen Anforderung Steuerneutralität zu genügen, ist beim Modell DK die Bemessungsgrundlage zwar nicht zwangsläufig zu vereinheitlichen; dies wird jedoch dennoch angestrebt.

Die Konsolidierung erfolgt über eine Zusammenfassung der Einzelergebnisse mit Zwischenergebniseliminierung (Teilkonsolidierung). Die Konsolidierungsmaßnahmen wirken sich hauptsächlich in der Einzelsteuerbilanz der Muttergesellschaft aus. Die Anrechnung wird durch eine *overall-limitation* begrenzt. Generell können Anrechnungsüberhänge zeitlich unbegrenzt vor- und zurückgetragen werden. Es wird um der Standortneutralität und auch der einfachen Administrierbarkeit willen keine Fallunterscheidung nach Ursachen (Verluste, zu hohe Vorbelastung) vorgenommen. Laufende Verluste können nur vertikal von unten nach oben berücksichtigt werden. Die Zwischenergebniseliminierung wird über die Ausgleichspostenmethode vorgenommen, so dass ein marktorientierter Verrechnungspreis gewählt wird. Sie gilt nur für Wirtschaftsgüter des Anlagevermögens. Die Tochtergesellschaften werden nur quotal in die Konsolidierung einbezogen.

Einziges Qualifikationsmerkmal für die Zugehörigkeit zum Konsolidierungskreis ist die Kontrolle eines Stimmrechtsanteils i.H.v. 75%. Die Aufnahme aller qualifizierten

---

[429] Vgl. Lüdicke/Rödel, IStR 2004, S. 552.
[430] Vgl. EU-Kommmission, CCCTB wp048, 2006, S. 5.

Gesellschaften ist obligatorisch. Beim Ausscheiden einer Tochtergesellschaft müssen Steuerminderungen aufgrund von Verlusten der Tochtergesellschaft, die von der Muttergesellschaft ausgeglichen wurden, hinzugerechnet werden. Wenn die Konzerngesellschaft, die geliefert hat, oder die Konzergesellschaft, die empfangen hat, den Konsolidierungskreis verlässt, wird eine Marktrealisation der neutralisierten Zwischengewinne angenommen.

Abbildung II.3.1: Konkretisierung des Modells DK – Binnenmarktfall

Aspekt	Konktretieserung
Methode der Erfolgsallokation	direkt über Verrechnungspreise auf Basis des Fremdvergleichs
Gewinnermittlungsvorschriften	Vereinheitlichung fakultativ
Konsolidierungstechnik	
Art der Konsolidierung	Teilkonsolidierung
Anrechnung	*overall-limitation* und Vortrag bzw. Rücktrag von Anrechnungsüberhängen
Verlustausgleich	intratemporal nur vertikal von unten nach oben
Zwischenergebniseliminierung	Ausgleichspostenmethode
Umfang der Zurechnung	quotal
Konsolidierungskreis	
Beteiligungsquote	75% der Stimmrechte
Zugehörigkeit	obligatorisch
Beendigung	Rückgängigmachung von Konsolidierungsmaßnahmen

Quelle: Eigene Darstellung.

4. Analyse der praktischen Implementierbarkeit des Modells DK

4.1 Administrierbarkeit

4.1.1 Administrierbarkeit im Allgemeinen

Die Erfolgsallokation über Verrechnungspreisfindung verursacht hohe administrative Kosten.[431] Ursache dafür ist, dass Verrechnungspreise eben erst gefunden werden müssen. Dafür ist ein Konsens notwendig. Ansonsten resultiert Doppelbesteuerung, beispielsweise wenn der Fiskus im Sitzstaat der empfangenden Konzerngesellschaft den Transferpreis nach unten korrigiert.[432] Dieser Konsens muss für jede einzelne Transaktion gefunden werden. Zusätzlich lastet auf den Verrechnungspreisen Druck, was den notwendigen Konsens erschwert. Einerseits üben die Konzerne Druck auf die Verrechnungspreise aus, weil die Erfolgsallokation ihre Steuerlast beeinflusst.[433] Andererseits üben die involvierten Fisci Druck aus, weil die Erfolgsallokation ihr Steueraufkommen beeinflusst. Die Motivation reicht von den natürlich konträren Interessen der Fisci hin bis zur Verteidigung des Steueraufkommens, besonders seitens der Hochsteuerländer.[434] Als Antwort der Fisci auf die Steuerplanung ist der internationale Trend einer Verschärfung der Dokumentationsvorschriften über Verrechnungspreise zu verzeichnen, welche zusätzliche Kosten verursachen.[435] Nach einer Studie der EU-Kommission sind 80% der Zusatzkosten der ausländischen Geschäftstätigkeit auf die Dokumentationsvorschriften zurückzuführen.[436]

Die vereinheitlichten Gewinnermittlungsvorschriften stellen eine erhebliche Vereinfachung dar, weil keine doppelte Gewinnermittlung vorgenommen werden muss.

Bei der Vermeidung der Doppelbesteuerung im Wege der Anrechnungsmethode muss die Vorbelastung der Tochtergesellschaft ermittelt werden. Anrechnungsguthaben und Anrechnungsüberhänge müssen verwaltet werden. Nach einer Studie in den USA gilt

---

431 Vgl. EU-Kommission, SEC(2001)1681, S. 16.
432 Vgl. Herzig, WPg 1998, S. 282f.; Schreiber, Besteuerung, 2005, S. 460. Theoretisch kann sich bei einer Korrektur nach oben auch eine Doppelnichtbesteuerung ergeben.
433 Vgl. SVR, Jahresgutachten, 2004, S. 534.
434 Vgl. Herzig, WPg 1998. S. 282.
435 Zur Erhöhung der Durchsetzbarkeit gehen mit den Dokumentationsvorschriften Sanktionsvorschriften einher. Vgl. Endres/Oestreicher, IStR-Beihefter 15/2003, S. 6; Lüdicke, IStR 2003, S. 435 u. S. 444.
436 Vgl. Martens-Weiner, Company Tax Reform, 2006, S. 21.

die Anrechnung als der wesentliche Kostentreiber der Steuererhebungskosten i.Z.m. der ausländischen Geschäftstätigkeit für US-amerikanische multinationale Unternehmen.[437]

Der Verlustausgleich verursacht zwar administrativen Aufwand, ist aber in Verbindung mit der Anrechnungsmethode vergleichsweise einfach zu administrieren. Der Verlustausgleich wird bei der laufenden Besteuerung festgestellt. Die Nachbelastung ergibt sich automatisch, weil bei einer späteren Nutzung im Ausland keine anrechenbaren Steuern vorhanden sind.[438] Um die Gefahr einer doppelten Verlustnutzung abzuwenden, müssen Kontrollen unternommen werden.[439]

Die Zwischenergebniseliminierung über die Ausgleichspostenmethode stellt eine vergleichsweise komplexe Methode dar, um eine zeitlich und zwischenstaatlich korrekte Erfolgsabgrenzung zu garantieren. Es muss ständig überprüft werden, ob die Voraussetzungen für den Steueraufschub noch gegeben sind. Deshalb ist der alte Belegenheitsstaat auf die Informationen aus dem Verbringungsstaat über die Veräußerung des Wirtschaftsguts am Markt oder außerplanmäßige Abschreibungen angewiesen. Die Konzerngesellschaft muss durch die Erfüllung von Melde-, Dokumentations- und Nachweispflichten mitwirken.[440] Die deutsche Finanzverwaltung spricht dieser Art der Zwischenergebniseliminierung die Administrierbarkeit ab.[441]

Die Zugehörigkeit zum Konsolidierungskreis wird nur über einen erforderlichen Stimmrechtsanteil determiniert. Die Kontrolle eines Stimmrechtsanteils ist einfach zu überprüfen. Auch besteht seitens des Steuerpflichtigen keine Unsicherheit über die Erfüllung des Kriteriums.

---

437 Vgl. Blumenthal/Slemrod, ITPF 1995, S. 46.

438 I.G.d. muss die Finanzverwaltung i.V.m. der Freistellungsmethode die ausländischen Verluste gesondert feststellen und festhalten und eine Nutzung im Sitzstaat der Tochtergesellschaft überprüfen. So geschehen beispielsweise in Deutschland bei Verlusten einer ausländischen Betriebsstätte nach § 2a Abs. 3 EStG a.F. Vgl. Deutscher Bundestag, BT-Drs. 14/23, S. 167; ders., BT-Drs. 14/2070, S. 22.

439 Dies gilt nicht für den intertemporalen Verlustausgleich bei der Tochtergesellschaft, der bei der Ermittlung der Vorbelastung offenkundig ist. Vielmehr besteht die Gefahr, dass der Verlustvortrag von einer anderen Gesellschaft verwendet wird.

440 Vgl. BMF, SEStEG-Entwurf v. 17.07.2006, S. 40.

441 Sie meldet außerdem aufgrund mangelnder Durchsetzbarkeit verfassungsrechtliche Bedenken an. Aus ihrer Sicht könnte ein Verstoß gegen Art. 3 GG vorliegen. Vgl. BMF, SEStEG-Entwurf v. 17.07.2006, S. 40; a.A. Körner, IStR 2006, S. 469. Körner bemerkt, dass eine Stundungsregelung für § 6 AStG vorgesehen ist und nach Tz. 2.6.1 Betriebsstättenerlass schon besteht.

4.1.2 Administrierbarkeit und Minderheitsgesellschafter

Unter **Minderheitsgesellschaftern** werden im Rahmen dieser Arbeit solche Gesellschafter verstanden, die Anteile einer Kapitalgesellschaft halten, die von einer anderen Kapitalgesellschaft beherrscht wird. Mit anderen Worten sind Minderheitsgesellschafter nicht an der Muttergesellschaft, sondern an einer nicht hundertprozentigen Tochtergesellschaft des Konzerns beteiligt.

Ihr Interesse besteht darin, dass der konzerninterne Lieferungs- und Leistungsverkehr wie unter fremden Dritten abgerechnet wird, damit sich der Wert ihrer Anteile durch den beherrschenden Einfluss der Muttergesellschaft nicht nachteilig verändert.[442] Damit ist eine Erfolgsallokation auf Basis des Fremdvergleichsgrundsatzes konform mit den Interessen der Minderheitsgesellschafter.[443]

Im Modell DK führt die Tochtergesellschaft grundsätzlich eine isolierte Gewinnermittlung durch, so dass ein steuerlicher Gewinnausweis entsteht, der den konzerninternen Lieferungs- und Leistungsverkehr verursachungsgerecht – also wie den allgemeinen Geschäftsverkehr – reflektiert. Die Berücksichtigung der wirtschaftlichen Einheit findet im Rahmen der einheitstheoretischen Besteuerung grundsätzlich nur bei der Muttergesellschaft, nicht aber bei der Tochtergesellschaft statt.

Eine Ausnahme stellt die Zwischenergebniseliminierung dar. Liefert die Tochtergesellschaft, an der Minderheitsgesellschafter beteiligt sind, ein Wirtschaftsgut innerhalb des Konzerns an die Muttergesellschaft und entsteht ihr dabei ein Zwischengewinn, so ist dieser über einen Ausgleichsposten zu neutralisieren. Der Minderheitsgesellschafter muss – wie auch der Fiskus – befürchten, dass die Zwischengewinne spät oder gar nicht erfolgswirksam aufgelöst werden. Der Minderheitsgesellschafter wird benachteiligt, weil aus seiner Sicht die konzerninterne Übertragung eine gewinnbringende Veräußerung an Dritte darstellt. Deshalb ist der Gewinnanteil des Minderheitsgesellschaf-

[442] Vgl. Scheuchzer, Konzernbesteuerung, 1994, S. 213f.
[443] Vgl. Salzberger, Konzernunternehmung, 1994, S. 144f.

ters um den anteiligen Zwischengewinn abzüglich der darauf anfallenden Steuern zu korrigieren,[444] was administrativen Aufwand verursacht.

4.2 Gestaltungsresistenz

4.2.1 Anreiz zur Steuerplanung

Zunächst sind die Fragen zu klären, welchem Ziel Steuerplanung dient und worin für Konzerne überhaupt der Anreiz besteht, Steuerplanung zu betreiben.

Die Zielsetzung der **Steuerplanung** ist die Steuerbarwertminimierung bei gegebenem Investitionsprogramm.[445] Die Ausnutzung des internationalen Steuergefälles ist der wichtigste Ansatzpunkt multinationaler Konzerne für die Steuerplanung.[446] Mit Hilfe der effektiven Steuerbelastung[447] können verschiedene Standorte verglichen werden.[448] Die wichtigste Determinante der Steuerbelastung bei Investitionen, mit denen sich eine **ökonomische Rente**[449] erzielen lässt, ist der Steuersatz.[450] Folglich ist der Steuersatz

---

[444] Dieses Problem kann theoretisch zumindest partiell reduziert werden, wenn im nationalen Teilkonzern die Zwischengewinne außerbilanziell korrigiert werden. Vgl. Scheuchzer, Konzernbesteuerung, 1994, S. 261.

[445] Vgl. Herzig, WPg 1998, S. 289; Jacobs, Unternehmensbesteuerung, 2002, S. 708; Schreiber, Besteuerung, 2005, S. 493.

[446] Vgl. Endres/Oestreicher, IStR-Beihefter 15/2003, S. 11; Jacobs, Unternehmensbesteuerung, 2002, S. 708.

[447] Der Standard für die Berechnung der effektiven Grenzsteuerbelastung ist das Modell von King und Fullerton. Vgl. King/Fullerton, Taxation of Income, 1984. Für die Berechnung der effektiven Durchschnittssteuerbelastung gibt es keinen Standard. Die Berechnung kann formelmäßig nach dem Modell von Devereux und Griffith (DG-Modell), einer Weiterentwicklung des Modells von King und Fullerton, erfolgen. Vgl. Devereux/Griffith, Discrete Investment Choices, 1999; Schreiber/Spengel/Lammersen, SBR 2002. Alternativ kann die Berechnung auf Basis eines Finanzplans vorgenommen werden. Vgl. Jacobs/Spengel, European Tax Analyzer, 1996.

[448] Zu Standortvergleichen nach der effektiven Grenzsteuerbelastung vgl. Baker & McKenzie, Tax Burden, 2001; EU-Kommission, Company Taxation, 1992; OECD, Profits, 1991. Zum Standortvergleich nach der effektiven Durchschnittssteuerbelastung auf Basis des DG-Modells vgl. EU-Kommission, SEC(2001)1681; Jacobs et al., Company Taxation, 2003; Spengel, Unternehmensbesteuerung, 2003, S. 59-190. Zum Standortvergleich nach der effektiven Durchschnittssteuerbelastung nach dem European Tax Analyzer vgl. ebenfalls EU-Kommission, SEC(2001)1681; Jacobs/Spengel, Tax Burden, 2002; Jacobs et al., ZEW DP 05-37, 2005.

[449] Der Teil der Rendite einer Investition, der über die Rendite einer alternativen Finanzinvestition am Kapitalmarkt hinausgeht, wird als ökonomische Rente bezeichnet. Vgl. Schreiber, Besteuerung, 2005, S. 498; Spengel, Unternehmensbesteuerung, 2003, S. 65.

[450] Vgl. EU-Kommission, KOM(2001)582, S. 9; Spengel, Unternehmensbesteuerung, 2003, S. 132 u. S. 183; Spengel/Braunagel, StuW 2006, S. 45. Der Grund dafür ist, dass die ökonomische Rente mit dem tariflichen Steuersatz belastet wird. Die steuerliche Gewinnermittlung wirkt sich nur bis zu dem Teil der Rendite aus, der einer Grenzinvestition entspricht (alternative Finanzinvestition am Kapitalmarkt). Je rentabler die Investition ist, desto mehr nähert sich die effektive Durchschnittssteuerbelastung an den tariflichen Satz an. Vgl. Schreiber/Spengel/Lammersen, SBR 2002, S. 14.

die entscheidende Determinante für die Standortwahl.[451] Auch die Steuerplanungsstrategien der multinationalen Konzerne werden vornehmlich durch die internationale Differenz der Steuersätze getrieben.[452]

Der Erfolg der Konzerne bei der Steuerplanung wird am Finanzmarkt durch die **Konzernsteuerquote**[453] transparent gemessen. Eine niedrige Konzernsteuerquote wirkt sich positiv auf den Marktwert des Eigenkapitals aus und ist darüber hinaus eine wichtige Determinante bei der erfolgsabhängigen Vergütung von Führungskräften.[454] Sie ist nach den internationalen Rechnungslegungsvorschriften IAS/IFRS (IAS 12) und US-GAAP (SFAS 109) offenzulegen.[455]

Grundsätzlich gilt, dass beim Wohnsitzprinzip i.G.z. Quellenprinzip das internationale Steuergefälle nicht ausgenutzt werden kann. Folglich besteht nur beim Quellenprinzip Anreiz zur Steuerplanung über Ausnutzung des internationalen Steuergefälles.

Beim Wohnsitzprinzip spielt das internationale Steuergefälle keine Rolle. Das Welteinkommen wird im Wohnsitzstaat zum dort herrschenden Steuersatz versteuert. Der Konzernettogewinn bleibt unverändert, unabhängig davon, auf welche Sitzstaaten der Konzerngesellschaften sich der Konzernbruttogewinn verteilt. Unter dem Quellenprinzip ist das genaue Gegenteil der Fall. Unter diesem fällt der Konzernnettogewinn um so höher aus, desto größer der Anteil am Konzernbruttogewinn ist, der von Konzerngesellschaften erwirtschaftet wird, die in niedrig besteuernden Staaten ansässig sind, und desto kleiner der Anteil ist, der von Konzerngesellschaften erwirtschaftet wird, die in hoch besteuernden Staaten ansässig sind.

---

451 Dies gilt für rentable Investitionen. An bestehenden Standorten entscheidet dann die Grenzsteuerbelastung über die Höhe des Investitionsvolumens. Vgl. Richter/Seitz/Wiegard, Standortfaktoren, 1996, S. 19.

452 Vgl. Haufler/Schjelderup, OEP 2000, S. 307; Huizinga/Laeven, Profit Shifting, 2005, S. 2; SVR/MPI/ZEW, Unternehmensbesteuerung, 2006, S. 161.

453 Die Konzernsteuerquote ist der Quotient aus Steueraufwand und Vorsteuerergebnis des Konzerns. Der Steueraufwand setzt sich aus dem tatsächlichen und latenten Steueraufwand des Konzerns zusammen. Vgl. Herzig, WPg 2003, S. S81; Herzig/Dempfle, DB 2002, S. 2; Müller, DStR 2002, S. 1684; Ortgies, Konzernsteuerquote, 2006, S. 6.

454 Vgl. Herzig, WPg 2003, S. S80; Keuchel, HB v. 07.12.2005, S. 18; Spengel, Konzernsteuerquoten, 2005, S. 89; Schreiber, Standortflexibilität, 1999, S. 53.

455 Die Konzernsteuerquote wird in den Standards als *effective tax rate* bezeichnet. Vgl. Herzig, WPg 2003, S. S81; Ortgies, Konzernsteuerquote, 2006, S. 51-54; Spengel, Konzernsteuerquoten, 2005, S. 89.

Anders ausgedrückt hat die Erfolgsallokation beim Wohnsitzprinzip keinen Einfluss auf den Konzernnettogewinn und somit haben die Konzerne keinen Anreiz, diese zu beeinflussen.[456] Auf die Erfolgallokation wird kein Druck seitens des Konzerns ausgeübt. Es verbleibt jedoch für die involvierten Staaten der Anreiz, einen möglichst großen Teil des Konzerngewinns als Steuereinnahmen zu vereinnahmen.[457]

Umgekehrt hat die Erfolgsallokation beim Quellenprinzip sehr wohl einen Einfluss auf den Konzernnettogewinn. Ergo haben die Konzerne sehr wohl den Anreiz, die Erfolgsallokation zu beeinflussen.[458] Der Anreiz zur Steuerplanung steigt mit der Steuersatzdifferenz.

4.2.2 Instrumentarium der internationalen Steuerplanung

Das Instrumentarium der internationalen Steuerplanung ist äußerst umfangreich.[459] An dieser Stelle werden einige Strategien vorgestellt, die besonders relevant für die behandelten Modelle der internationalen Konzernbesteuerung sind. Es wird davon ausgegangen, dass bereits Direktinvestitionen im Ausland getätigt wurden.

Dabei ist zwischen nachfolgenden Steuerplanungsstrategien zu unterscheiden: Verlagerung von Buchgewinnen, Funktionsverlagerung, Sitzverlegung und Gestaltung des Konsolidierungskreises.

Buchgewinne können verlagert werden, indem auf die Methoden der Erfolgsallokation eingewirkt wird, die Allokation von Aufwendungen und Verlusten beeinflusst wird und Finanzierungsgestaltungen vorgenommen werden.[460]

Im Falle der **Manipulation der Erfolgsallokationsmethoden (V1)** werden bei Separate Entity Accounting die Verrechnungspreise bei konzerninternen Exporten in Niedrigsteuerländer künstlich vermindert und die Verrechnungspreise bei konzerninternen Importen aus Niedrigsteuerländern künstlich erhöht bzw. wird bei Formula Apporti-

[456] Vgl. Scheffler, Besteuerung, 2002, S. 14-16.
[457] Vgl. Schreiber, StuW 1994, S. 252.
[458] Vgl. Scheffler, Besteuerung, 2002, S. 14-16.
[459] So nimmt bei Jacobs, Unternehmensbesteuerung, 2002, das Kapitel zur grenzüberschreitenden Steuerplanung über 600 Seiten ein.
[460] Vgl. Grubert, CESifo wp964, 2003, S. 5; Huizinga/Laeven, Profit Shifting, 2005, S. 2f.; Scholes et al., Business Strategy, 2002, S. 275; SVR/MPI/ZEW, Unternehmensbesteuerung, 2006, S. 161.

onment die Formel so gestaltet, dass Anteile in Hochsteuerländern zu Gunsten der Anteile in Niedrigsteuerländern künstlich vermindert werden.[461]

Bei der **Allokation von Aufwendungen und Verlusten (V2)** ist das Ziel, dass Aufwendungen und Verluste innerhalb des Konzerns dahin wandern, wo sie die größte steuerliche Entlastung erzielen.[462]

Im Falle von **Finanzierungsgestaltungen (V3)** wird der Gewinn von Konzerngesellschaften aus Hochsteuerländern abgeschöpft, indem die entsprechenden Gesellschaften mit Fremdkapital ausgestattet werden. Kein Anreiz zur Gewinnverlagerung besteht dagegen bei Gesellschaften aus Niedrigsteuerländern. Sie werden folglich mit Eigenkapital ausgestattet.[463]

Im Falle der **Funktionsverlagerung**[464] **(F)** werden unternehmerische Tätigkeiten (Funktionen und Risiken) von einer Konzerngesellschaft aus einem Hochsteuerland an eine Konzerngesellschaft aus einem Niedrigsteuerland verlagert. Für die Erbringung der Funktionen oder Übernahme von Risiken bzw. die Nutzung der übertragenen Wirtschaftsgüter berechnet die Konzerngesellschaft aus dem Niedrigsteuerland der Konzerngesellschaft aus dem Hochsteuerlandsteuerland ein Entgelt. Die Funktionsverlagerung beinhaltet regelmäßig die Übertragung von Wirtschaftsgütern.[465]

Bei der **Sitzverlegung (S)** sind theoretisch zwei Extrema vorstellbar. Das eine Extremum stellt die bloße Sitzverlegung dar. Im ehemaligen Sitzstaat bleibt beispielsweise eine Betriebsstätte zurück, der sämtliche Wirtschaftsgüter zugeordnet werden. Es kommt zu einer Veränderung von der unbeschränkten zur beschränkten Steuerpflicht. Der Buchwert der Wirtschaftgüter wird beibehalten, weil der ehemalige Sitzstaat das

[461] Vgl. Grubert/Newlon, Taxing, 1997, S. 22; Scholes et al., Business Strategy, 2002, S. 279f.; Weichenrieder, Direktinvestitionen, 1999, S. 95.

[462] Vgl. Scholes et al., Business Strategy, 2002, S. 282f.; Spengel/Wiegard, DB 2005, S. 520.

[463] Vgl. Scholes et al., Business Strategy, 2002, S. 282f.; Spengel/Wiegard, DB 2005, S. 520; Weichenrieder, Direktinvestitionen, 1999, S. 97.

[464] Die Funktionsverlagerung kann bei bestimmten Fällen auch den Steuerplanungsstrategien der Buchgewinnverlagerung zugeordnet werden. Dies ist der Fall, wenn lediglich ein immaterielles Wirtschaftsgut übertragen wird, ohne dass dabei unternehmerische Funktionen verlagert werden. Beispielsweise erbringt die Tochtergesellschaft Forschungsleistungen, wobei sie auf Patente, die bei der Muttergesellschaft verhaftet sind, zugreift. Wenn die Muttergesellschaft die Patente nun an eine dritte, bereits bestehende, niedrig besteuerte Tochtergesellschaft überträgt, werden nur Buchgewinne verlagert.

[465] Vgl. Baumhoff/Bodenmüller, Verrechnungspreispolitik, 2003, S. 350; Schreiber, StuW 2004, S. 218f.

Betriebsvermögen, das zur Betriebsstätte gehört, uneingeschränkt besteuern kann (§ 12 Abs. 1 KStG). Das andere Extremum kann als vollständige Sitzverlegung bezeichnet werden. Im ehemaligen Sitzstaat bleibt noch nicht einmal eine Betriebsstätte zurück. Alle Wirtschaftsgüter werden im Zuge der Sitzverlegung übertragen. Die Muttergesellschaft scheidet ganz aus der inländischen Steuerpflicht aus.[466]

In der Praxis liegt die Sitzverlegung wahrscheinlich zwischen den beiden Extrema. Zumindest das erstgenannte Extremum ist undenkbar, sofern immaterielle Vermögensgegenstände oder Beteiligungsbesitz vorliegen. Zum einen erfolgt bei gemeinsam genutzten immateriellen Wirtschaftsgütern tendenziell eine Zuordnung dieser Wirtschaftsgüter zum Stammhaus, was als Zentralfunktion des Stammhauses bezeichnet wird.[467] Andererseits steht aufgrund der mangelnden funktionalen Zuordnung fest, dass Beteiligungen an der Tochtergesellschaft zum Vermögen der Muttergesellschaft zählen. Deshalb wird eine fiktive Veräußerung der Beteiligungen angenommen.[468]

Die **Gestaltung des Konsolidierungskreises (G)** ist im Ergebnis mit der Gewinnthesaurierung bei indirekter Anrechnung vergleichbar, wenn die Abschirmwirkung nicht durch Durchbrechung des Trennungsprinzips aufgehoben wird.

Für den Konzern ist es reizvoll, gewinnbringende Gesellschaften aus einem Sitzstaat, in dem ein niedrigeres Steuerniveau als im Sitzstaat der Muttergesellschaft herrscht, vom Konsolidierungskreis fernzuhalten.

Da den Konzernen keine Option über die Aufnahme einzelner Konzerngesellschaften in den Konsolidierungskreis eingeräumt wird, sind sie bestrebt, auf die Qualifikationsmerkmale einzuwirken. Eine zu Satzungsänderungen ermächtigende Beteiligungsmehrheit schützt vor Gestaltungen. Beabsichtigt der Konzern, eine gewinnerzielende Tochtergesellschaft vom Konsolidierungskreis fernzuhalten, muss er im Gegenzug auf seine umfassenden Beherrschungsmöglichkeiten verzichten.

---

[466] Vgl. Klingberg/Nitzschke, PIStB 2007, S. 15; Rödder/Schumacher, DStR 2006, S. 1488.
[467] Vgl. Rödder/Schumacher, DStR 2006, S. 1488.
[468] Vgl. Klingberg/Nitzschke, PIStB 2007, S. 15.

4.2.3 Konkrete Strategien der Steuerplanung

4.2.3.1 Relativ höheres Steuerniveau im Ausland

Beim Modell DK besteht grundsätzlich kein Anreiz zur Steuerplanung und damit zur Beeinflussung der Erfolgsallokation, weil sich die gleiche ökonomische Wirkung wie beim reinen Wohnsitzprinzip einstellt.

Das größte Problem bei der Umsetzung des Wohnsitzprinzips ist das Auftreten von Anrechnungsüberhängen. Die Gefahr, dass Anrechnungsüberhänge entstehen, ist beim Modell DK gegeben, wenn Verluste den Anrechnungshöchstbetrag reduzieren, oder wenn das Steuerniveau im Ausland dauerhaft über dem Steuerniveau im Inland liegt.[469]

Genau das ist bei diesem Szenario, wo der Körperschaftsteuersatz im Sitzstaat der Muttergesellschaft niedriger als derjenige im Sitzstaat der Tochtergesellschaft ist, der Fall.

Wenn keine Veränderungen der Steuersätze auftreten, lassen sich die Anrechnungsüberhänge nicht abbauen, auch wenn die Möglichkeit zum Vortrag oder Rücktrag wie beim Modell DK eingeräumt wird.

Dann, wenn Anrechnungsüberhänge entstehen, ergibt sich das gleiche Ergebnis wie bei Freistellung,[470] d.h. es herrscht teilweise das Quelleprinzip. Jetzt hat die Muttergesellschaft Anreiz zur Steuerplanung. Dies gilt auch dann, wenn die Aussicht auf Nutzung eines Vortrags besteht. Denn dann verbleiben immer noch negative Zins- und Liquiditätseffekte auf Seiten des Planers.

Um Anrechnungsüberhänge zu vermeiden, werden Gewinne von der Tochtergesellschaft zur Muttergesellschaft verlagert. Die Steuerbelastung des Konzerns soll dem Körperschaftsteuersatz im Sitzstaat der Muttergesellschaft entsprechen.

Sie setzt das Instrumentarium der Steuerplanung ein, um ihren Anteil an der Erfolgsallokation zu Lasten ihrer Tochtergesellschaft zu vergrößern. Sie hört erst dann auf,

[469] Vgl. dieser Teil, Tabelle II.3.5 und Tabelle II.3.10.
[470] Vgl. Keen, FS 1993, S. 27; Schönfeld, StuW 2006, S. 83.

wenn die Anrechnungsüberhänge nicht mehr entstehen, bis also wieder das Wohnsitzprinzip herrscht.

Zur Beeinflussung der Erfolgsallokation kann die Muttergesellschaft das Instrumentarium der Steuerplanung wie folgt nutzen.

(Ad V1:) Im Falle der Verrechnungspreisgestaltung bedeutet das für die Muttergesellschaften aus einem Niedrigsteuerland, dass Preise für konzerninterne Lieferungen und Leistungen an eine Tochtergesellschaft, die in einem höher besteuernden Staat ansässig ist, künstlich erhöht werden und jene von der Tochtergesellschaft künstlich vermindert werden.

Gemäß Art. 9 Abs. 1 OECD-MA können die DBA-Vertragspartner die Verrechnungspreise korrigieren. Korrekturmaßstab ist der Fremdvergleichsgrundsatz. Diese Befugnis zur Gewinnkorrektur muss durch innerstaatliche Vorschriften umgesetzt werden.[471] Außerdem finden zunehmende Dokumentationspflichten der Verrechnungspreise samt Sanktionsmöglichkeiten Verbreitung.[472] Somit wird einer willkürlichen Preissetzung Einhalt geboten.

(Ad V2:) Im Falle der Allokation von Aufwendungen und Verlusten ist das Ziel, dass Aufwendungen und Verluste von der Muttergesellschaft zur Tochtergesellschaft wandern.

Die Muttergesellschaft kann am Markt aufgenommenes Fremdkapital von ihren Büchern in die Bücher der Tochtergesellschaft (*debt-push-down*) verlagern. Dann muss die Tochtergesellschaft das Fremdkapital bedienen. Dazu muss sich die Tochtergesellschaft am Markt verschulden und fortan die Zinsaufwendungen tragen. Das Fremdkapital wird als Sonderausschüttung der Muttergesellschaft zur Verfügung gestellt, welche damit ihrerseits das Fremdkapital ablöst.[473]

---

[471] In Deutschland sind dies die verdeckte Gewinnausschüttung nach § 8 Abs. 3 Satz 2 KStG, die verdeckte Kapitaleinlage nach §§ 8 Abs. 1 KStG, 4 Abs. 1 Satz 1 und 5 EStG und subsidiär die Gewinnkorrektur nach § 1 AStG. Vgl. Eigelshoven, in: Vogel/Lehner, Doppelbesteuerungsabkommen, 2003, Art. 9, Rz. 11 u. Rz. 18f.; Salzberger, Konzernunternehmung, 1994, S. 58f.; Schreiber, Besteuerung, 2005, S. 460f.

[472] Vgl. Endres/Oestreicher, IStR-Beihefter 15/2003, S. 6. In Deutschland sind diese Dokumentationsvorschriften in §§ 90 und 162 AO kodifiziert. Vgl. Lüdicke, IStR 2003, S. 435-437; Wassermeyer, IStR 2001, S. 633-638.

[473] Vgl. Grubert, CESifo wp964, 2003, S. 13f.

Diese Strategie kann grundsätzlich nicht von der Gesellschafter-Fremdfinanzierung abgewehrt werden, weil der Kapitalgeber nicht am Konzern beteiligt ist. Eine Ausnahme stellt in Deutschland das sog. *back-to-back-financing* dar, wo dem Konzern nahestehende Personen gegenüber dem externen Kapitalgeber eine Garantie stellen.[474]

Zur Abwehr müsste über eine allgemeine Fremdfinanzierungsbeschränkung, d.h. eine Regelung ohne Gesellschafterbezug, nachgedacht werden.[475]

Die Strategie *debt-push-down* wird auch dadurch eingeschränkt, dass der Verschuldungsgrad aus nicht steuerlichen, sondern anderen ökonomischen Gründen wie beispielsweise das Signal an den Kapitalmarkt nicht unangemessen hoch gesteigert werden kann.

Werden Aufwendungen so exzessiv auf die Tochtergesellschaft verlagert, dass sie betragsmäßig die vorhandenen Erträge übersteigen, kommt es zum Verlustfall. Verluste der Tochtergesellschaft mindern aber wiederum die Bemessungsgrundlage der Muttergesellschaft, so dass die Planung wirkungslos ist. Die Wirkung der Planung endet, wenn sich Aufwendungen und Erträge betragsmäßig gleichen.

(Ad V3:) Darüber hinaus lohnt es sich, Finanzierungsgestaltungen in der Form vorzunehmen, dass die Tochtergesellschaften mit Fremdkapital (Tabelle II.4.1, Fall 2)[476] statt Eigenkapital (Fall 1) ausgestattet werden.[477] Die Zinsaufwendungen werden so bemessen, dass sie dem zu verlagernden Normalgewinn betragsmäßig gleichen. In Form von Zinserträgen wandert der Normalgewinn in den Zielstaat.

Unterkapitalisierungsregeln (*thin capitalization rules*) begrenzen den Spielraum dieser Vorgehensweise. Diese begrenzen die Gesellschafter-Fremdfinanzierung oder knüpfen an eine Missbrauchsregelung an.[478] Neun Mitgliedstaaten der EU-15[479] wenden eine **Gesellschafter-Fremdfinanzierung** an, bei der das Überschreiten einer fes-

[474] Vgl. Dötsch/Pung, DB 2004, S. 1687; Jacobs, Unternehmensbesteuerung, 2002, S. 809.
[475] In den Plänen zur deutschen Unternehmensteuerreform 2008 ist mit der modifizierten Zinsschranke eine allgemeine Fremdfinanzierungsbegrenzung enthalten. Vgl. dritter Teil, Punkt 7.3.1.
[476] Die Tochtergesellschaft erwirtschaftet mit einem GK i.H.v. 1.000 GE eine Rendite von 10%. Diese Rendite entspricht dem Marktzins und dem Verzinsungsanspruch der Muttergesellschaft. Das EK wurde zu 100% durch FK ersetzt.
[477] Vgl. Schreiber, StuW 1994, S. 252.
[478] Vgl. Spengel, Unternehmensbesteuerung, 2003, S. 38f.; ders., Besteuerung, 2006, S. G32.
[479] Unter der EU-15 wird die EU nach der vierten Erweiterungsrunde verstanden. Vgl. Anhang, Tabelle A.3.

ten Fremdkapital-Eigenkapital-Relation (*safe haven*) zu einer Umqualifizierung der Zinsen in Dividenden (Sonderfall der verdeckten Gewinnausschüttung) führt. Bis zur vorgeschriebenen Relation ist die Gesellschafter-Fremdfinanzierung steuerlich unschädlich (Fall 3)[480]. Drei Mitgliedstaaten sowie die USA sehen eine **Missbrauchsregelung** (*earnings stripping rules*) vor.[481] Innerhalb des Binnenmarkts muss man sich im Zuge der Vereinheitlichung der Gewinnermittlungsvorschriften auf eine Form von Unterkapitalisierungsregeln verständigen, sofern man den Spielraum von Finanzierungsgestaltungen einschränken will.

Tabelle II.4.1: Abbau der Anrechnungsüberhänge – Fremdfinanzierung

	Fall 1	Fall 2	Fall 3	Fall 4
Steuersatz im Ausland	40%	40%	40%	40%
Gewinn vor Steuern und Zinsen im Ausland	100	100	100	100
Gewinn vor Steuern im Ausland	100	0	0	10
verdeckte Gewinnausschüttung			40	30
Steuern im Ausland	40	0	16	16
Steuersatz im Inland	20%	20%	20%	20%
Gewinn vor Steuern im Inland	200	200	200	200
davon Dividenden der Tochtergesellschaft	100	0	40	40
davon Zinsen der Tochtergesellschaft	0	100	60	60
Steuern im Inland	40	40	40	40
Korb inländisches Einkommen	100	200	160	160
Korb ausländisches Einkommen	100	0	40	40
Anrechnungshöchstbetrag	20	0	8	8
anrechenbare ausländische Steuern	20	0	8	8
verbleibende inländische Steuern	20	40	32	32
Anrechnungsüberhang	20	0	8	8
Steuerzahlung im Inland	20	40	32	32
Steuerzahlung im Ausland	40	0	16	16
Summe der Steuerzahlungen	60	40	48	48
Steuerbelastung des Konzerns	30%	20%	24%	24%

Quelle: Eigene Darstellung.

Wird mehr als die Normalverzinsung abgeschöpft, d.h. im Vergleich zum Marktzins ein überhöhter Zinssatz vereinbart, kommt es ebenfalls zu einer allgemeinen **verdeckten Gewinnausschüttung** (Fall 4)[482].[483]

---

480 Dem Beispiel der deutschen Regelung (§ 8a KStG) folgend beträgt der *safe haven* 1,5:1 (FK:EK). Unter Vernachlässigung der Freigrenze darf das GK zu 600 GE aus FK bestehen. Zinsaufwendungen, die für hinausschießendes FK (hier 400 GE) fällig werden (hier 40 GE), sind als verdeckte Gewinnausschüttung umzuqualifizieren. Vgl. Dötsch/Pung, DB 2004, S. 1684-1686.

481 Vgl. Kessler/Obser, IStR 2004, S. 191; Nuernberger/Pelzer, IWB 2003, S. 1248-1254.

482 Das GK der Tochtergesellschaft besteht zu 600 GE aus FK und 400 GE aus EK. Jedoch liegt der Zinssatz i.H.v. 15% zu 50% über dem marktüblichen Zins.

483 Die vGA nach § 8a KStG ist als nachrangiger Sonderfall der vGA nach § 8 Abs. 3 Satz 2 KStG zu sehen, welcher bei unangemessen hohen Zinszahlungen greift. Vgl. Dötsch/Pung, DB 2004, S. 1686.

(Ad F:) Im Falle der Funktionsverlagerung werden unternehmerische Tätigkeiten von der Tochtergesellschaft auf die Muttergesellschaft verlagert. Für die Funktionsverlagerung berechnet die Muttergesellschaft der Tochtergesellschaft ein Entgelt.

Ist beispielsweise eine Tochtergesellschaft produktiv tätig und vereint alle Funktionen und Risiken, ist sie als Eigenproduzent zu klassifizieren. Werden alle Funktionen und Risiken bis auf die operative Tätigkeit auf die Muttergesellschaft verlagert, wird die Tochtergesellschaft zum Lohnhersteller degradiert. Dazu sind beispielsweise immaterielle Wirtschaftsgüter wie Markenrechte, Funktionen wie die Steuerung der Fertigung und Risiken wie die Vermarktung auf die Muttergesellschaft zu verlagern.[484]

Die Verlagerung wird generell durch die Fortschritte im Bereich der Kommunikation und der Logistik begünstigt. Die Verlagerung von Dienstleistungsfunktionen ist standortelastischer als die Verlagerung der Produktion.[485] Deshalb werden zunächst, wie im Beispiel beschrieben, die einfach von der Produktion zu lösenden Teile der Wertschöpfung verlagert.[486]

Für die Ausführung der Tätigkeit ist regelmäßig eine Übertragung von Wirtschaftsgütern notwendig. Dabei werden stille Reserven aufgedeckt und vollständig über einen Ausgleichsposten neutralisiert. Im Zuge der Abschreibung wird der Ausgleichsposten jedoch sukzessive erfolgswirksam aufgelöst. Aus Konzernsicht egalisieren sich die Buchungen. Demzufolge stellt die ratierliche Auflösung grundsätzlich kein Hindernis für die Funktionsverlagerung dar. Allenfalls drohen Anrechnungsüberhänge zu entstehen. Hindernisse ergeben sich für den Fall, dass keine Zwischenergebniseliminierung erfolgt, was beim Modell DK nicht gegeben ist. Dann würde der Zwischengewinn sofort erfolgswirksam werden und die erhöhten Abschreibungen würden erst über die Nutzungsdauer verteilt zu steuerlichen Entlastungen führen.[487]

Insbesondere bei immateriellen Wirtschaftsgütern besteht Unsicherheit hinsichtlich der Höhe der stillen Reserven. Die Fisci gehen regelmäßig von einer höheren Bewertung als der Steuerpflichtige aus. Es bietet sich an, immaterielle Wirtschaftsgüter in einem

[484] Vgl. Burkert, IStR 2003b, S. 356-358; Endres/Oestreicher, IStR-Beihefter 15/2003, S. 11; Jacobs, Unternehmensbesteuerung, 2002, S. 1037-1039.
[485] Vgl. Burkert, IStR 2003a, S. 320; Schreiber, Besteuerung, 2005, S. 702.
[486] Vgl. Endres/Oestreicher, IStR-Beihefter 15/2003, S. 11; Schreiber, StuW 2004, S. 218.
[487] Vgl. Scheffler, CCTB 2005, S. 323.

frühen Stadium zu übertragen, da dann der gemeine Wert noch nicht offensichtlich und nur schwer zu bestimmen ist.[488] Die deutsche Finanzverwaltung arbeitet gegenwärtig an einem BMF-Schreiben, dass die steuerlichen Konsequenzen der Funktionsverlagerung regeln soll. Ziel ist es, die Bewertungsvorschriften für die stillen Reserven zu verschärfen.[489]

Das Entgelt für die Nutzung der überlassenen Wirtschaftgüter unterliegt einer Angemessenheitsprüfung. Die deutsche Finanzverwaltung beispielsweise hält ein Nutzungsentgelt für angemessen, solange dem nutzenden Unternehmen ein Gewinn verbleibt, der der marktüblichen Verzinsung des eingesetzten Kapitals entspricht. Folglich kann die darüber liegende ökonomische Rente abgeschöpft werden.[490] Die verbleibende Normalverzinsung kann über Strategie V3 zusätzlich abgeschöpft werden (Tabelle II.4.2).

Tabelle II.4.2: Abbau der Anrechnungsüberhänge – Funktionsverlagerung

	Fall
Steuersatz im Ausland	40%
Gewinn vor Steuern, Zinsen und Nutzungsentgelten im Ausland	100
Gewinn vor Steuern im Ausland	0
Steuern im Ausland	0
Steuersatz im Inland	20%
Gewinn vor Steuern im Inland	200
davon Dividenden der Tochtergesellschaft	0
davon Zinsen der Tochtergesellschaft	50
davon Nutzungsentgelte der Tochtergesellschaft	50
Steuern im Inland	40
Korb inländisches Einkommen	200
Korb ausländisches Einkommen	0
Anrechnungshöchstbetrag	0
anrechenbare ausländische Steuern	0
verbleibende inländische Steuern	40
Anrechnungsüberhang	0
Steuerzahlung im Inland	40
Steuerzahlung im Ausland	0
Summe der Steuerzahlungen	40
Steuerbelastung des Konzerns	20%

Quelle: Eigene Darstellung.

[488] Vgl. Strunk, PIStB 2005, S. 180.
[489] Vgl. BMF, Funktionsverlagerungen, 2006, S. 1f.
[490] Vgl. Schreiber, StuW 2004, S. 219

4.2.3.2 Relativ niedrigeres Steuerniveau im Ausland

Bei diesem Szenario ist der Körperschaftsteuersatz im Sitzstaat der Muttergesellschaft höher als derjenige im Sitzstaat der Tochtergesellschaft.

Der Konzern ist bestrebt, die Hochschleusung ausländischer Gewinne zu vermeiden. Dazu bietet sich die Sitzverlegung oder die Gestaltung des Konsolidierungskreises an.

(Ad S:) Die Möglichkeit der Sitzverlegung der Muttergesellschaft könnte die Achillesferse des Wohnsitzprinzips aus Sicht des Wohnsitzstaats sein.[491] Zwar gilt nach der Sitzverlegung in einen niedriger besteuernden Sitzstaat immer noch das Wohnsitzprinzip – nur aus steuerlicher Hinsicht zu günstigeren Bedingungen. Der Anreiz bleibt bestehen, selbst wenn sich das Wohnsitzprinzip in Niedrigsteuerländern nicht uneingeschränkt umsetzen lässt,[492] weil Anrechnungsüberhänge entstehen.

Um das Ziel der niedrigeren Besteuerung des Konzerngewinns zu erreichen, könnte der Konzern wie folgt vorgehen. Zunächst ist der Konzernaufbau zu verändern. Dazu bietet sich eine Ausgliederung zur Neugründung gemäß § 123 Abs. 3 Nr. 2 UmwG an.[493] Die neu zu gründende Gesellschaft übernimmt das operative Geschäft und ist Eigentümerin der dazu notwendigen Wirtschaftgüter. Das verbleibende Rumpfunternehmen hält die Anteile an der neu zu gründenden Gesellschaft sowie der bestehenden Tochtergesellschaft und konzentriert sich ausschließlich auf die Konzernleitung. Eben dieses Rumpfunternehmen verlegt seinen Sitz in den Sitzstaat der ausländischen Tochtergesellschaft.[494] Die gemeinen Werte der Beteiligungen an der ausgegliederten und der bestehenden Tochtergesellschaft werden im Zeitpunkt der Übertragung vom alten Belegenheitsstaat festgestellt. Die Steuern auf eventuelle aufgedeckte stille Reserven

[491] Vgl. SVR, Jahresgutachten, 2004, S. 533.

[492] Auch wenn Anrechnungsüberhänge drohen, stellt sich der Konzern besser, weil i.V.z. vorherigen Konstellation mindestens im neuen Sitzstaat kein Hochschleusen mehr erfolgt.

[493] Vgl. Rose/Glorius-Rose, Verbindungen, 2001, Rz. 505.

[494] Gegebenfalls kann in einem weiteren Schritt eine Verschmelzung der beiden Gesellschaften im Niedrigsteuerland erfolgen. Dies ist aber zum Erreichen des Ziels der niedrigeren Besteuerung nicht zwingend notwendig. Nach allen Umstrukturierungen liegt der alte Konzernaufbau mit dem Unterschied vor, dass die Sitzstaaten von Muttergesellschaft und Tochtergesellschaft getauscht wurden.

sind bis zur Veräußerung am Markt zu stunden.[495]

Die Stundungslösung ist grundsätzlich nicht als Hindernis für die Sitzverlegung zu werten. Zur Beurteilung ist zwischen nicht-abschreibungsfähigen und abschreibungsfähigen Wirtschaftsgütern zu unterscheiden. Für die Übertragung von Ersteren (hier Beteiligungen) gibt es kein Hindernis. Ohne eine Veräußerung ergeben sich keine Steuerfolgen. Im Falle einer Veräußerung ergeben sich die gleichen Steuerfolgen unabhängig davon, ob der Sitz der Muttergesellschaft verlegt wurde oder nicht.[496] Für eine eventuelle Übertragung von abschreibungsfähigen Wirtschaftsgütern gilt, dass ein Ausgleichsposten erfolgswirksam im alten Belegenheitsstaat nach Maßgabe der erhöhten Abschreibungen im neuen Belegenheitsstaat aufzulösen ist.[497] Ohne eine Übertragung müssten die stillen Reserven nicht ratierlich aufgelöst werden. Dies kann aber nur eingeschränkt als Hindernis (etwa drohende Anrechnungsüberhänge) gewertet werden, weil der Konzern beeinflussen kann, ob und in welchem Umfang er abschreibungsfähige Wirtschaftsgüter im Rahmen der Sitzverlegung überträgt.

Fortan wird der gesamte Konzerngewinn mit dem günstigeren Steuersatz im neuen Sitzstaat versteuert. Sobald Anrechnungsüberhänge entstehen, ist der Konzern bemüht, diese abzubauen. Zum Abbau der Anrechnungsüberhänge wird auf die Ausführungen zum vorhergehenden Punkt verwiesen. Die zurückbleibende operative Gesellschaft wird jetzt zum Ziel der gleichen Steuerplanungsstrategien, wie vorher beschrieben eine Tochtergesellschaft aus einem Sitzstaat, in dem ein relativ höheres Steuerniveau herrscht.

(Ad G:) Nicht so weitreichend wie die Sitzverlegung ist die Gestaltung des Konsolidierungskreises. Der hohe Stimmrechtsanteil als Qualifikationsmerkmal ist jedoch nicht besonders anfällig für Manipulationen. Der Preis für Gestaltungen über eine Veränderung des Stimmrechtsanteils ist hoch.

---

[495] Die Begründung ist die gleiche wie bei der Zwischenergebniseliminierung. Vgl. erster Teil, Punkt 5.1.1.3. Genauso wenig, wie die Übertragung von Wirtschaftsgütern zwischen zwei Konzernunternehmen eine Realisation am Markt darstellt, ist dies bei der Mitnahme von Wirtschaftsgütern im Rahmen der Sitzverlegung der Fall.

[496] Angenommen, die Anteile werden genau zum festgestellten gemeinen Wert am Markt veräußert. Dann vereinnahmt alleine der alte Belegenheitsstaat die Steuern auf den Veräußerungsgewinn – genauso wie im Falle einer Veräußerung ohne vorherige Übertragung.

[497] Vgl. dieser Teil, Punkt 3.3.5 (insb. Gleichung 9).

Um eine einen großen Verlust erzielende Gesellschaft in den Konsolidierungskreis aufzunehmen, reicht nicht etwa eine einfache Mehrheit der Stimmrechte aus. Es müssen 75% aller Stimmrechte erworben werden. Die Hochschleusung ausländischer Gewinne wird wiederum nur vermieden, wenn der Konzern die uneingeschränkte Kontrolle der Tochtergesellschaft aufgibt, also der Stimmrechtsanteil auf unter 75% reduziert wird.

4.3 Fiskalische Effekte

4.3.1 Indirekte Anrechnung

Analog zum vorangegangenen Punkt muss zur Beurteilung der fiskalischen Effekte, die aus der indirekten Anrechnung resultieren, unterschieden werden, ob im Ausland ein zum Inland relativ höheres oder niedrigeres Steuerniveau herrscht.

Beim erstgenannten Szenario gewinnt der Sitzstaat der Muttergesellschaft an Steueraufkommen hinzu, nämlich in Höhe der Steuersatzdifferenz auf die ausländischen Gewinne.

Beim letztgenannten Szenario gewinnt der Sitzstaat der Muttergesellschaft nicht an Steueraufkommen hinzu. Ein Verlust an Steueraufkommen ist ausgeschlossen, da aufgrund der Begrenzung der Anrechnung kein Erstattungsanspruch auf gezahlte ausländische Steuern besteht. Folglich entstehen Anrechnungsüberhänge, die vor- oder zurückgetragen werden können. Die intertemporale Verwendung von Anrechnungsüberhängen schmälert nicht das inländische Steueraufkommen.[498] Ganz im Gegenteil entstehen dem Fiskus gegenüber einer Erstattung positive Zins- und Liquiditätseffekte.

Vorläufig ist zu konstatieren, dass der Sitzstaat der Muttergesellschaft durch die Anrechnung nur an Steueraufkommen hinzugewinnen kann. Dieses Ergebnis muss jedoch relativiert werden, wenn berücksichtigt wird, dass die Konzerne Steuerplanung betreiben. Im erstgenannten Szenario sind die Konzerne bestrebt, die Hochschleusung ausländischer Gewinne zu vermeiden. Probate Mittel sind wie beschrieben die Gestaltung des Konsolidierungskreises und die Sitzverlegung. Es ist also fraglich, ob der Sitzstaat

---

[498] Vgl. dieser Teil, Tabelle II.3.7.

der Muttergesellschaft durch die indirekte Anrechnung sein Steueraufkommen erhöhen kann.

4.3.2 Verlustausgleich

Durch die konsolidierte Erfolgsermittlung wird ein Verlustausgleich ermöglicht. Beim Modell DK trägt der Sitzstaat alleine die fiskalischen Konsequenzen aus dem Verlustausgleich. Der Verlust einer Tochtergesellschaft geht regelmäßig temporär zu Lasten des Steueraufkommens des Sitzstaats der Muttergesellschaft (Tabelle II.4.3, Jahr $t_{2,\ Fall\ a}$).

Tabelle II.4.3: Ausgleich der Verluste einer Tochtergesellschaft

	t_1	$t_{2,\ Fall\ a}$	$t_{2,\ Fall\ b}$
Steuersatz im Ausland	20%	20%	20%
Gewinn der Tochtergesellschaft	-100	0	0
Gewinn vor Nutzung des Verlustvortrags		100	0
Steuern im Ausland	0	0	0
Steuersatz im Inland	20%	20%	20%
Konzerngewinn	0	200	100
davon Gewinn der Muttergesellschaft	100	100	100
Steuern im Inland	0	40	20
Korb inländisches Einkommen	0	100	100
Korb ausländisches Einkommen	0	100	0
Anrechnungshöchstbetrag	0	20	0
anrechenbare ausländische Steuern	0	0	0
verbleibende inländische Steuern	0	40	20
Anrechnungsüberhang	0	0	0
Steuerzahlung im Inland	0	40	20
Steuerzahlung im Ausland	0	0	0
Summe der Steuerzahlungen	0	40	20
Steuerbelastung des Konzerns	0%	20%	20%

Quelle: Eigene Darstellung.

Der Aufkommensverlust ist permanent, wenn der Verlustvortrag untergeht. Ein Untergang ist denkbar, wenn durch Steuerplanung gezielt darauf hingewirkt wird. Vorstellbar ist auch, dass die Tochtergesellschaft einfach zu geringe Gewinne oder gar chronische Verluste erzielt, so dass sie selbst die Verluste intertemporal nicht ganz oder gar nicht ausgleichen kann (Jahr $t_{2,\ Fall\ b}$).[499]

Ein permanenter Aufkommensverlust droht auch dann, wenn im Sitzstaat der Tochtergesellschaft kein Verlustausgleich gewährt wird.[500] Dieses Szenario ist nur bei unilateraler Implementierung des Modells DK denkbar. Beabsichtigt wird eine Richtlinie, die

499 Vgl. Amby, IFA 89b 2004, S. 254; Balmes/Brück/Ribbrock, BB 2005, S. 970.
500 Vgl. Scheunemann, IStR 2006, S. 148.

die Gewinnermittlungsvorschriften und damit natürlich auch den Verlustausgleich einheitlich regelt.

4.3.3 Zugriff auf stille Reserven

Beim Modell DK ist im Zusammenhang mit dem Zugriff auf stille Reserven auch zwischen zwei Szenarien zu unterscheiden.

Im ersten Szenario werden Wirtschaftsgüter, die mit stillen Reserven versehen sind, am Markt verkauft. Die stillen Reserven werden dort realisiert, wo sie gelegt worden sind. Folglich erhöhen sie auch dort zum Zeitpunkt der Veräußerung die Bemessungsgrundlage (Tabelle II.4.4).

Tabelle II.4.4: Stille Reserven – Verkauf an dritte Gesellschaft

	t_0	t_5	t_{10}
Kaufpreis der Finanzanlage (Muttergesellschaft)	1.000		
Gemeiner Wert der Finanzanlage		2.000	
Veräußerungsgewinn		1.000	
Ausgleichsposten			
Gewinn	0	1.000	0
Kaufpreis der Finanzanlage (dritte Gesellschaft)		2.000	
Gemeiner Wert		2.000	4.000
Veräußerungsgewinn			2.000
Gewinn		0	2.000

Quelle: Eigene Darstellung.

Im zweiten Szenario werden mit stillen Reserven versehene Wirtschaftsgüter innerhalb des Konzerns veräußert. Die Ausgleichspostenmethode garantiert, dass die stillen Reserven auch dann dort versteuert werden, wo sie gelegt worden sind, wenn sie an einem anderen Ort realisiert werden (Tabelle II.4.5, Jahr $t_{10,\ \text{Fall b}}$). Erst dann setzt die Besteuerung ein.

Die Steuereinnahmen aus der Besteuerung der stillen Reserven, die bis zum Übertragungszeitpunkt gelegt worden sind, stehen dem Sitzstaat der übertragenden Konzerngesellschaft zu, da dieser über einen Besteuerungsverzicht zur Erstehung der stillen Reserven maßgeblich beigetragen hat.[501] Der Besteuerungsverzicht äußert sich bei materiellen Wirtschaftsgütern durch einen Aufschub von Steuereinnahmen oder bei immateriellen Wirtschaftsgütern über die Geltendmachung von erfolgswirksamen Aufwendungen durch eine Reduktion von Steuereinnahmen.

[501] Vgl. Hey, StuW 2004, S. 199.

Tabelle II.4.5: Stille Reserven – Verkauf an Konzerngesellschaft

	t_0	t_5	$t_{10, \text{Fall a}}$	$t_{10, \text{Fall b}}$
Kaufpreis der Finanzanlage (Muttergesellschaft)	1.000			
Gemeiner Wert der Finanzanlage		2.000		
Veräußerungsgewinn		1.000		
Ausgleichsposten		-1.000		
Auflösung des Ausgleichspostens				1.000
(Zwischen-)Gewinn	0	0	0	1.000
Kaufpreis der Finanzanlage (Tochtergesellschaft)		2.000		
Gemeiner Wert		2.000	4.000	4.000
Veräußerungsgewinn				2.000
Gewinn				2.000
Konzerngewinn		0	0	3.000

Quelle: Eigene Darstellung.

Bei der Fortführung der AHK werden die stillen Reserven innerhalb des Konzerns verschoben.[502] Diese Methode ist für eine auf nationale Sachverhalte begrenzte Konzernbesteuerung angemessen, nicht jedoch für eine Konzernbesteuerung im Binnenmarkt. Der ehemalige Belegenheitsstaat geht schließlich leer aus, obwohl dort die stillen Reserven gelegt wurden.

Während sich die Ausgleichspostenmethode und die Methode der Fortführung der AHK hinsichtlich der Organisationsformneutralität gleichberechtigt gegenüberstehen, weil in beiden Fällen eine Besteuerung von Zwischenergebnissen vermieden wird, ist Erstere unter dem Aspekt der Sicherung des Steueraufkommens zu bevorzugen.

Die Neutralisierung von Zwischenergebnissen bedeutet, dass aufgedeckte stille Reserven zwar festgestellt, die Steuern darauf jedoch gestundet werden Im Zeitpunkt der Verbringung eines Wirtschaftsguts aus dem Anlagevermögen von einem Mitgliedstaat in den anderen findet keine Besteuerung statt. Der Fiskus des alten Belegenheitsstaats kann die auf seinem Hoheitsgebiet gebildeten stillen Reserven erst dann besteuern, wenn ein Realisationstatbestand eintritt. Denkbar ist, dass ein solcher nie eintritt. Beispielhaft sei die Übertragung von Wertpapieren genannt. Diese sind nicht abschreibungsfähig, so dass der Ausgleichsposten nicht ratierlich aufgelöst wird. Werden die Wertpapiere nicht am Markt veräußert, ist der Ausgleichsposten auch nicht einmalig aufzulösen (Jahr $t_{10, \text{Fall a}}$). Aus diesem Grund könnte darüber nachgedacht werden, die

[502] Vgl. Lüdicke/Rödel, IStR 2004, S. 552.

Zwischenergebniseliminierung nicht nur auf Anlagevermögen, sondern auf abschreibungsfähiges Anlagevermögen zu beschränken.[503]

4.4 Rechtskonformität

4.4.1 EG-Recht

4.4.1.1 Anrechnung bei Feststellung

Ein möglicher Verstoß gegen EG-Recht wiegt schwerer als etwa ein Verstoß gegen Abkommensrecht. Denn Konformität mit dem EG-Recht ist i.G.z. Konformität mit dem Abkommensrecht einklagbar.[504]

Es muss geprüft werden, ob Anrechnung bei Feststellung gegen EG-Recht verstößt. Schließlich bestehen gewisse Gemeinsamkeiten mit der **Hinzurechnungsbesteuerung** (*controlled foreign company legislation, CFC legislation*). Diese steht wiederum im dringenden Verdacht, nicht EG-rechtskonform zu sein.

Anrechnung bei Feststellung kann wahlweise von Konzernen angewendet werden – sowohl für inländische als auch ausländische Tochtergesellschaften (Abbildung II.4.1). Häufig ist eine finanzielle Beteiligung alleinige Qualifikationsvoraussetzung. Das Ergebnis der qualifizierten Tochtergesellschaft wird der Muttergesellschaft unabhängig vom Vorzeichen des Gewinns und von seiner Verwendung zugerechnet. Dazu ist die Abschirmwirkung der ausländischen Kapitalgesellschaft zu durchbrechen. Im Ergebnis wird das Trennungsprinzip aufgehoben. Dividenden erfolgen steuerfrei. Als Leitkonzept fungiert die Kapitalexportneutralität.[505]

Die Hinzurechnungsbesteuerung erfolgt zwangsläufig, sofern gewisse Tatbestandsmerkmale greifen. In Deutschland (§§ 7-14 AStG) muss die ausländische Tochtergesellschaft (1) von Inländern beherrscht werden, (2) in einem Niedrigsteuerland ansäs-

---

[503] Vgl. Scheuchzer, Konzernbesteuerung, 1994, S. 260.
[504] Vgl. Schön, DB 2001, S. 941.
[505] In der Praxis der Konzernbesteuerung gehen Dänemark, Frankreich und Italien auf diese Weise vor. Vgl. erster Teil, Punkt 4.2.1.

sig sein und (3) passive Einkünfte erzielen.[506] Die Abschirmwirkung der Kapitalgesellschaft wird durchbrochen, um dem Anteilseigner die thesaurierten Gewinne der Tochtergesellschaft zuzurechnen. Geleistete Steuern können angerechnet werden. Durch die Hinzurechnungsbesteuerung wird das Ziel der Missbrauchsbekämpfung verfolgt.[507]

Abbildung II.4.1: Anrechnung bei Feststellung und Hinzurechnungsbesteuerung im Vergleich

	Anrechnung bei Feststellung	Hinzurechnungsbesteuerung
Anwendung	fakultativ	obligatorisch
Voraussetzung(en)	finanzielle Eingliederung	Inländerbeherrschung Sitz im Niedrigsteuerland passive Einkünfte
Umfang	Gewinne und Verluste	nur Gewinne
Aufhebung des Trennungsprinzips	Durchbrechung der Abschirmwirkung / Zurechnung	Durchbrechung der Abschirmwirkung / Zurechnung
Ziel	Kapitalexportneutralität	Missbrauchsbekämpfung

Quelle: Eigene Darstellung.

Es bestehen kaum Zweifel, dass deutsche Hinzurechnungsbesteuerung EG-rechtswidrig ist.[508] Die Hinzurechnungsbesteuerung kommt nur bei Beteiligungen an ausländischen Tochtergesellschaften zur Anwendung. Die Verletzung der Niederlassungsfreiheit wird in dem Fehlen einer vergleichbaren Vorschrift für inländische Sachverhalte gesehen.[509] Die Verletzung der Kapitalverkehrsfreiheit wird darin gesehen, dass die Hinzurechnungsbesteuerung nur bei ausländischen Kapitalanlageorten greift.[510] Vor dem Hintergrund der beschriebenen Fassung sind keine potentiellen Rechtfertigungsgründe ersichtlich, die einer Überprüfung durch den EuGH standhalten

[506] Inländerbeherrschung liegt vor, wenn verschiedene, unabhängige deutsche Anteilseigner zusammen mehr als die Hälfte der Anteile auf sich vereinen. Als passive Einkünfte gelten solche, die nicht im Aktivkatalog von § 8 Abs. 1 AStG stehen, beispielsweise Einkünfte aus Kapitalvermögen. Als Obergrenze für eine niedrige Besteuerung gilt eine Steuersatz i.H.v. 25%.

[507] Vgl. Jacobs, Unternehmensbesteuerung, 2002, S. 513-520; Schreiber, Besteuerung, 2005, S. 434-439.

[508] Dies gilt insbesondere nach dem ergangenen Urteil in der Rs. „Cadbury Schweppes“. Vgl. Hahn, IStR 2006, S. 669; Körner, IStR 2006, S. 675; Schönfeld, DB 2007, S. 82; Sedemund, BB 2006, S. 2119.

[509] Vgl. Rättig/Protzen, IStR 2003, S. 196-199; Schön, DB 2001, S. 943; Wassermeyer, IStR 2001, S. 114.

[510] Vgl. Dautzenberg, Unternehmensbesteuerung, 1997, S. 360-362; Frischmuth, IStR 2005, S. 365; Spengel/Jaeger/Müller, IStR 2000, S. 260.

würden.[511] Die Hinzurechnungsbesteuerung im Vereinigten Königreich, die als weniger streng als die in Deutschland gilt,[512] stellt nachweislich einen Eingriff in die Grundfreiheiten dar (Rs. „Cadbury Schweppes"). Der Eingriff lässt sich aber rechtfertigen, wenn sich die Vorschriften nur gegen rein künstliche Gestaltungen richten.[513] Es wird angenommen, dass – zumindest in der EU – keine Hinzurechnungsbesteuerung mehr möglich ist.[514]

In der dargestellten Ausgestaltung dürfte Anrechnung bei Feststellung i.G.z. Hinzurechnungsbesteuerung nicht gegen EG-Recht verstoßen. Gegen einen Verstoß spricht, dass die Vorschrift gleichsam für inländische und ausländische Tochtergesellschaften gilt. Außerdem gilt Anrechnung bei Feststellung unabhängig von der Vorbelastung, vom Typ des Einkommens (aktiv oder passiv) und führt zu einer Gleichstellung mit den Einkünften der Betriebsstätte.[515]

Die Möglichkeit des Vortrags und Rücktrags von Anrechnungsüberhängen ist beim Modell DK vorgesehen. Dieser Umstand ist aus EG-rechtlicher Sicht positiv zu werten, da diese Möglichkeit womöglich geboten ist.[516]

---

[511] Vgl. Jacobs, Unternehmensbesteuerung, 2002, S. 254-259; Wassermeyer, in: Flick/Wassermeyer/Baumhoff, Außensteuerrecht, 1999, Vor §§ 7-14, Anm. 89. Missbrauch stellt einen potentiellen Rechtfertigungsgrund dar. In Deutschland dagegen scheidet dieser Rechtfertigungsgrund aus, weil die Tatbestandsmerkmale nicht darauf schließen lassen, sich gegen rein künstliche Gestaltungen oder laut Verhaltenskodex steuerschädliche Handlungen zu richten. Vgl. Körner, IStR 2006, S. 675; Schönfeld, StuW 2005, S. 170. Die Mitgliedstaaten haben festgelegt, keine unfairen Maßnahmen im Bereich der Unternehmensbesteuerung zu ergreifen. Vgl. Entschließung des Rates und der im Rat vereinigten Vertreter der Regierungen der Mitgliedstaaten v. 1.12.1997 über einen Verhaltenskodex für die Unternehmensbesteuerung (zit.: Verhaltenskodex), Abl. EG Nr. C 2/2.

[512] Vgl. O.V., FAZ v. 13.09.2006, S. 14. Im Vereinigten Königreich sind passive Einkünfte keine Voraussetzung. Außerdem liegt kein Systembruch in Gestalt eines Methodenwechsels bei der Vermeidung der Doppelbesteuerung vor. Vgl. Sedemund, BB 2006, S. 2119.

[513] Vgl. EuGH v. 12.09.2006 (C-196/04), IStR 2006, S. 673, Rn. 51; Körner, IStR 2006, S. 675; Sedemund, BB 2006, S. 2119. Ob dies im Vereinigten Königreich der Fall ist, ist noch nicht abschließend geklärt. Grund dafür sind zulässige Ausnahmen, etwa wenn sich nach einem sog. Motiv-Test eine wirtschaftliche Absicht ergibt. Vgl. EuGH v. 12.09.2006 (C-196/04), IStR 2006, S. 673, Rn. 72; Körner, IStR 2006, S. 675; Sedemund, BB 2006, S. 2119.

[514] Dies gilt für den steuerlichen Durchgriff durch die ausländische Tochtergesellschaft. Vgl. Körner, IStR 2006, S. 675.

[515] Vgl. Lang, IStR 2002, S. 220f.

[516] Vgl. Loukota, SWI 2006, S. 252.

4.4.1.2 Zugriff auf stille Reserven

Eine sofortige Versteuerung der aufgedeckten stillen Reserven bei der Übertragung von Wirtschaftsgütern im grenzüberschreitenden Sachverhalt verstößt gegen EG-Recht, wenn der zu vergleichende inländische Sachverhalt steuerlich unschädlich ist.[517]

Dagegen ist die für das Modell DK vorgesehene Lösung, nämlich eine Stundung ohne Sicherheitsleistungen und ohne Verzinsung der Steuern auf aufgedeckte stille Reserven, konform mit dem EG-Recht.[518] Schließlich erfährt das Vergleichspaar rein nationaler und grenzüberschreitender Sachverhalt die gleiche steuerliche Behandlung.[519] Die Stundungslösung kommt beim Modell DK bei der Übertragung von Wirtschaftsgütern im konzerninternen Lieferungs- und Leistungsverkehr und bei der Sitzverlegung zum Tragen.

Die Stundungslösung ist in Deutschland zumindest für den Fall des Wegzugs natürlicher Personen gemäß § 6 AStG als Reaktion auf das Urteil in der Rs. „Lasteyrie du Saillant" und ein daraufhin gegen Deutschland eingeleitetes Vertragsverletzungsverfahren geplant.[520] Für Wirtschaftsgüter des Betriebsvermögens gilt jedoch gemäß § 4g EStG die Sofortbesteuerung mit Wahlrecht der ratierlichen Besteuerung über fünf Jahre.[521] Im Regierungsentwurf war zunächst die EG-rechtlich problematische Sofortbesteuerung vorgesehen.[522] Fraglich ist, ob nicht schon die jetzt gültige, ratierliche Besteuerung gegen EG-Recht verstößt.[523]

4.4.2 Abkommensrecht

Die Maßnahmen zur Vermeidung der Doppelbesteuerung können unilateral angewendet oder bilateral vertraglich vereinbart werden. Die bilateralen Verträge sind unter

---

517 Vgl. Körner, IStR 2006, S. 469; Rödder/Schumacher, DStR 2006, S. 1485.
518 Vgl. Blumers/Kinzl, BB 2005, S. 973; Körner, IStR 2006, S. 469.
519 Vgl. Schindler, IStR 2004, S. 309.
520 Vgl. BMF, SEStEG-Entwurf v. 17.07.2006, S. 41; Rödder/Schumacher, DStR 2006, S. 1492f.
521 Vgl. Benecke/Schnitger, IStR 2007, S. 22f.; Förster, DB 2007, S. 72-74.
522 Vgl. BMF, SEStEG-Entwurf v. 17.07.2006, S. 38-40.
523 Dies gilt, wenn i.V.z. rein inländischen Sachverhalt höhere oder frühere Steuerzahlungen anfallen. Vgl. Förster, DB 2007, S. 75. Europarechtlich kritisch zu beurteilen ist außerdem die Tatsache, dass im Rahmen der Wegzugsbesteuerung nach § 6 Abs. 5 AStG eine unbegrenzte, zinslose Stundung möglich ist. Vgl. Benecke/Schnitger, IStR 2007, S. 28.

dem Begriff **Doppelbesteuerungsabkommen** bekannt. Unilaterale Vorschriften greifen nur dann, wenn keine Doppelbesteuerungsabkommen bestehen. Doppelbesteuerungsabkommen gehen als spezielle steuerrechtliche Normen allgemeinen steuerrechtlichen Normen im nationalen Steuerrecht vor.[524] Da alle wichtigen Industriestaaten nach Vorlage des **OECD-Musterabkommens**[525] untereinander Doppelbesteuerungsabkommen abgeschlossen haben,[526] wird im Rahmen dieser Arbeit stets der abkommensrechtliche Fall angenommen.

Doppelbesteuerungsabkommen enthalten Normen zur Verteilung der Besteuerungsrechte zwischen Quellenstaat und Wohnsitzstaat (Abschnitt III des OECD-Musterabkommens) und verpflichten gleichzeitig den Wohnsitzstaat zur Vermeidung der Doppelbesteuerung (Abschnitt V des OECD-Musterabkommens).[527]

Danach besitzt der Quellenstaat das uneingeschränkte Besteuerungsrecht für Unternehmensgewinne[528] (Art. 5 i.V.m. Art. 7 OECD-MA), ein begrenztes Besteuerungsrecht für Dividenden (Art. 10 OECD-MA) und Zinsen (Art. 11 OECD-MA) und kein Besteuerungsrecht für Lizenzgebühren (Art. 12 OECD-MA).[529]

Der Wohnsitzstaat kann zur Vermeidung der Doppelbesteuerung entweder die auf Dividenden und Zinsen entfallene Steuer anrechnen und alle weiteren Einkünfte freistellen (Art. 23A OECD-MA) oder bei allen Einkünften die Anrechnung zulassen (Art. 23B OECD-MA). Lizenzgebühren, die im Quellenstaat freigestellt sind, werden im Wohnsitzstaat voll besteuert.[530]

[524] Vgl. Homburg, Steuerlehre, 2005, S. 256-261; Jacobs, Unternehmensbesteuerung, 2002, S. 81-84; Schreiber, Besteuerung, 2005, S. 360-363.

[525] Vgl. OECD-Musterabkommen 2003 zur Vermeidung der Doppelbesteuerung auf dem Gebiet der Steuern vom Einkommen und vom Vermögen (OECD-MA).

[526] So hat Deutschland beispielsweise mit über 80 Staaten ein Doppelbesteuerungsabkommen auf dem Gebiet der Steuern vom Einkommen und vom Vermögen geschlossen, BMF-Schreiben v. 11.01.2006, Anlage.

[527] Vgl. Homburg, Steuerlehre, 2005, S. 256-261; Schreiber, Besteuerung, 2005, S. 360-363.

[528] Dies gilt nur, sofern eine Betriebsstätte vorliegt. Ansonsten hat der Sitzstaat das Besteuerungsrecht für Unternehmensgewinne. Die Betriebsstätte als Voraussetzung für die Quellenbesteuerung wird als Betriebsstättenprinzip bezeichnet. Vgl. Jacobs, Unternehmensbesteuerung, 2002, S. 65.

[529] Vgl. Homburg, Steuerlehre, 2005, S. 256-261; Schreiber, Besteuerung, 2005, S. 360-363.

[530] Vgl. Homburg, Steuerlehre, 2005, S. 256-261; Schreiber, Besteuerung, 2005, S. 360-363.

Richtlinien als sekundäres Gemeinschaftsrecht gehen wiederum Doppelbesteuerungsabkommen vor. Letztere können zwar bestehen bleiben, entfalten jedoch keine Regelungskraft mehr, sobald sie einer Richtlinie entgegenstehen.[531]

De lege lata seien die Amtshilfe-Richtlinie genannt, welche den Informationsaustausch (Art. 26 OECD-MA) überlagert, oder das DBA-Schachtelprivileg, welches von der Mutter-Tochter-Richtlinie verdrängt wird, sowie die Erhebung von Quellensteuern, welche von der Zins- und Lizenzrichtlinie unterbunden wird.[532]

De lege ferenda steht das Wahlrecht bei der Vermeidung der Doppelbesteuerung einer Verpflichtung zur Anwendung der Anrechnungsmethode gegenüber. Außerdem steht das uneingeschränkte Besteuerungsrecht des Quellenstaats für Unternehmensgewinne womöglich der Zurechnung des Gewinns der Tochtergesellschaft zur Muttergesellschaft im Feststellungszeitpunkt entgegen.

Da Richtlinien i.G.z. den Abkommen der richterlichen Kontrolle des EuGH unterliegen, wird die Lösung der Richtlinie gegenüber der Möglichkeit bilateraler oder multilateraler Verträge vorgezogen.[533]

4.5 Legislative Implementierbarkeit

4.5.1 EG-Richtlinie

Es wird angestrebt, das Modell DK über eine EG-Richtlinie im Binnenmarkt zu verankern, also im Wege einer supranationalen Zusammenarbeit. Theoretisch besteht auch die Möglichkeit eines nationalen Alleingangs, welcher keine EG-Richtlinie bedingt. Da bei dieser Vorgehensweise die Zielstaaten der Direktinvestitionen nicht rechtlich eingebunden werden können, potenzieren sich die Probleme bei der Implementierbarkeit. Dies zeigt sich bei den Ausführungen im dritten Teil, wo gezeigt wird, wie das Modell DK im Verhältnis zu Drittstaaten implementiert werden kann. Im Binnenmarkt wird diese Vorgehensweise deshalb nicht weiter verfolgt.

---

531 Vgl. Lehner, Doppelbesteuerungsabkommen, 1995, S. 20f.; Riecker, Körperschaftsbesteuerung, 1997, S. 304f.

532 Vgl. Lehner, Doppelbesteuerungsabkommen, 1995, S. 21f.

533 Vgl. Lang, IStR 2005, S. 297. Die Untergruppe „Internationale Aspekte" der CCCTB-WG zieht für die Umsetzung der CCTB ebenfalls in Erwägung, Bestimmungen, die auf dem Wege von Abkommen getroffen sind, über gemeinschaftsrechtliche Vorschriften anzugleichen. EU-Kommission, CCCTB wp019, 2005, S. 8.

Erfahrungsgemäß vergeht viel Zeit von der Initiative zur Erstellung eines Richtlinienvorschlags seitens der Europäischen Kommission bis zur Verabschiedung einer Richtlinie durch den Rat der Europäischen Gemeinschaft.[534] Der erste Richtlinienentwurf der Mutter-Tochter-Richtlinie und der Fusionsrichtlinie wurde im Januar 1969 präsentiert, die Verabschiedung der Richtlinien erfolgte erst im Juli 1990.[535] Bis zur Verabschiedung vergingen also mehr als 20 Jahre. Obwohl die EU 1969 nur aus den sechs Gründungsmitgliedern bestand, konnte man sich nicht einigen. Die Einigung erfolgte schließlich 1990, als die EU nach drei Erweiterungen nun zwölf Mitgliedstaaten zählte. Seit Anfang 2007 besteht die EU aber schon aus 27 Mitgliedstaaten.[536] Aufgrund der großen Anzahl der Mitgliedstaaten erscheint vor allem ein rascher, einstimmiger Beschluss des Europäischen Rats schwierig.[537] Eine Möglichkeit zur Umgehung des Einstimmigkeitsprinzips stellt die verstärkte Zusammenarbeit dar, welche immerhin eine Einigung von mindestens acht Mitgliedstaaten erfordert.[538]

Gegen eine Einigung spricht, dass die Mitgliedstaaten generell an ihrer Souveränität zur Erhebung der direkten Steuern festhalten.[539] Speziell bei einem Vorhaben wie der Umsetzung des Modells DK kommt erschwerend hinzu, dass die Mitgliedstaaten den Einfluss auf die Gewinnermittlung aufgeben sollen. Damit steigt die Bedeutung des Körperschaftsteuersatzes.[540]

Über den Körperschaftsteuersatz können die Direktinvestitionen gelenkt werden. Durch niedrige Steuersätze werden Direktinvestitionen angezogen, weil dauerhaft[541] Steuern gespart werden können. So erklärt es sich, dass gerade die am niedrigsten besteuernden neuen Mitgliedstaaten aus der EU-Osterweiterung die wichtigsten Zielstaaten für deutsche Direktinvestitionen darstellen.[542]

---

[534] Vgl. Jacobs, Unternehmensbesteuerung, 2002, S. 192.
[535] Vgl. Genschel, Steuerharmonisierung, 2002, S. 164-166 und 196.
[536] Vgl. Anhang, Tabelle A.3.
[537] Vgl. Vogel, StuW 2005, S. 374.
[538] Vgl. dieser Teil, Punk 1.3.1.
[539] Vgl. dieser Teil, Punkt 1.3.3.
[540] Vgl. Schreiber, StuW 2004, S. 220.
[541] Dies gilt uneingeschränkt bei der Freistellungsmethode. Bei der Anrechnungsmethode ist der Steuervorteil auf positive Zins- und Liquiditätseffekte beschränkt, sofern eine Gewinnausschüttung vorgenommen wird.
[542] Vgl. Spengel, IStR 2004, S. 623.

Durch die Anrechnung geht grundsätzlich die Möglichkeit der Lenkung der Direktinvestitionen verloren. Sitzstaaten von Tochtergesellschaften können aufgrund der Standortneutralität keine Direktinvestitionen über den Steuersatz mehr anziehen.[543] Damit steigt wie gewünscht die Relevanz außersteuerlicher Standortfaktoren.

Gegenüber einer Harmonisierung des Körperschaftsteuersatzes verbleiben den Mitgliedstaaten aber noch Einflussmöglichkeiten. Erstens kann über den Satz weiterhin das Aufkommen gesteuert werden, denn innerhalb des Hoheitsgebiets gilt der Satz unverändert. Die Anrechnung wirkt sich nur im Sitzstaat des Konzerns aus. Zweitens kann mit dem Satz um die Ansiedelung von Konzernspitzeneinheiten oder Gesellschaften, die nicht Teil eines Konzerns sind, geworben werden.

Bei einer Einigung verbleibt nur noch die persönliche Einkommensteuer im Zuständigkeitsbereich der Mitgliedstaaten.[544]

Nicht nur ein Verlust an Souveränität macht eine Einigung zur Herausforderung. Eine Einigung muss nicht nur in der Sache, sondern auch im Detail erreicht werden. Dies gilt insbesondere für die Bereiche vereinheitlichte Gewinnermittlungsvorschriften oder Zugehörigkeit zum Konsolidierungskreis. Außerdem stellt die Anrechnung für Freistellungsstaaten einen Systemwechsel dar.[545]

4.5.2 Doppelbesteuerungsabkommen

Die beabsichtigte Richtlinie geht gegenüber den Doppelbesteuerungsabkommen vor. Deshalb müssen die Doppelbesteuerungsabkommen im Binnenmarkt nicht neu verhandelt werden. Folglich ergibt sich keine Restriktion der legislativen Implementierbarkeit durch Doppelbesteuerungsabkommen.

Im Falle eines nationalen Alleingangs müssen die Abkommen in langwierigen Verhandlungen verändert werden, so geschehen in Dänemark,[546] oder durch *treaty overri-*

[543] Vgl. Fohr, Holdinggesellschaften, 2001, S. 99; Pullen, Körperschaftsbesteuerung, 1994, S. 201.
[544] Vgl. EU-Kommission, KOM(2001)260, S. 9f.
[545] Vgl. Mintz, ITPF 2004, S. 227f.
[546] Dänemark hatte mit einigen Staaten die Freistellungsmethode und mit anderen Staaten die Anrechnungsmethode vereinbart. Um durchgängig die Anrechnungsmethode anzuwenden, wurden mit den Erstgenannten Neuverhandlungen aufgenommen. Vgl. Kessler, IStR 1993, S. 306.

de[547] erzwungen werden. Ein *Treaty override* als solches unterliegt jedoch EG-rechtlichen Bedenken.[548]

4.6 Zwischenergebnis

(Administrierbarkeit:) Als in administrativer Hinsicht besonders aufwendig sind beim Modell DK die Erfolgsallokation, die Gewährleistung der Organisationsformneutralität und die Behandlung von Minderheitsgesellschaftern zu werten. Dagegen verursachen die Gewinnermittlung und die Bestimmung der Zugehörigkeit zum Konsolidierungskreis vergleichsweise geringen administrativen Aufwand.

(Gestaltungsresistenz:) Gegen die Verlagerung von Buchgewinnen ist das Modell DK in geringem Maße resistent. Die Gewinne können über Manipulation der Verrechnungspreise, über die Allokation von Aufwendungen und Verlusten sowie über Finanzierungsgestaltungen verlagert werden, ohne dass ihnen wirklich einschränkende Abwehrmaßnahmen entgegenstehen.

Das Gleiche gilt für die Funktionsverlagerung und grundsätzlich auch für die Sitzverlegung der Muttergesellschaft. Werden im Zuge der Sitzverlegung abschreibungsfähige Wirtschaftsgüter mit stillen Reserven übertragen, kann dies ein Hindernis darstellen. Allenfalls gegen die Gestaltung des Konsolidierungskreises ist das Modell DK als resistent einzustufen.

(Fiskalische Effekte:) Grundsätzlich kann der Sitzstaat der Muttergesellschaft bei der indirekten Anrechnung nur gewinnen. Der Einsatz von Steuerplanungsstrategien seitens der Konzerne steht positiven fiskalischen Effekten aus der indirekten Anrechnung jedoch entgegen.

Das Risiko eines permanenten Verlustabzugs trägt alleine der Sitzstaat der Muttergesellschaft. Im Gegenzug hat der Sitzstaat der Muttergesellschaft als Belegenheitsstaat das Zugriffsrecht auf stille Reserven. Die Besteuerung setzt sofort ein, wenn stille Reserven am Markt veräußert werden. Bei einem konzerninternen Verkauf wird der Be-

[547] Werden Doppelbesteuerungsabkommen gebrochen, indem nach ihrem Abschluss nationale Gesetze verabschiedet werden, die von den getroffenen Vereinbarungen abweichen, wird von *treaty override* gesprochen. Vgl. Rust/Reimer, IStR 2005, S. 843; Schreiber, Besteuerung, 2005, S. 361.

[548] Es ist also nicht nur der Inhalt der Hinwegsetzung über Abkommensrecht auf seine Vereinbarkeit mit den Grundfreiheiten zu überprüfen. Vgl. Forsthoff, IStR 2006, S. 510.

steuerungsanspruch aufgeschoben. Die Realisation kann einmalig, ratierlich oder gar nicht erfolgen.

(Rechtskonformität:) Die Konformität mit dem EG-Recht besteht. Es ist nicht ersichtlich, an welcher Stelle die Ausgestaltung des Modells DK einen Eingriff in den Schutzbereich der Grundfreiheiten vornimmt.

Das Abkommensrecht steht der beabsichtigten EG-Richtlinie in einigen Punkten entgegen, kann aber keine Regelungskraft entfalten, weil EG-Recht vorgeht.

(Legislative Implementierbarkeit:) Das Modell DK ist vorzugsweise über eine EG-Richtlinie, deren Verabschiedung erfahrungsgemäß aufgrund des Einstimmigkeitsprinzips und dazu einer steigenden Anzahl von Mitgliedstaaten äußerst schwierig ist, zu implementieren. Auswege bieten die Möglichkeit der verstärkten Zusammenarbeit und eines unilateralen Vorstoßes.

Auf eine Revision der Doppelbesteuerungsabkommen unter EU-Mitgliedstaaten kann verzichtet werden, weil entgegenstehende Artikel durch supranationales Recht verdrängt werden.

Im Ergebnis kann dem Modell DK die Eignung für die praktische Implementierbarkeit im Binnenmarkt zugesprochen werden. Einschränkend ist zu bemerken, dass das Modell zahlreiche Schwächen aufweist. Häufig dürfte das Modell schwer zu administrieren sein. Außerdem ist es anfällig für Gestaltungen. Die legislative Implementierbarkeit wird schwer herbeizuführen sein.

5. Konkretisierung des Modells Mod. CCTB

5.1 Methode der Erfolgsallokation

Die konsolidierte Bemessungsgrundlage wird über eine starre Formel indirekt aufgeteilt.

Die Theorie kennt bisher keine überzeugende Lösung für die Zusammensetzung der Aufteilungsformel.[549] Der Vorschlag im Rahmen dieser Arbeit orientiert sich an der US-amerikanischen Praxis.

Dort finden verschiedene Ausprägungen der sog. *three factor apportionment formula* Anwendung. Sie enthält mit Lohnsumme und Vermögen betriebsbezogene, sowie mit Umsatz einen marktbezogenen Erfolgsbildungsfaktor. Bei der *Massachusetts formula* werden die Erfolgsbildungsfaktoren arithmetisch gewichtet. Die meisten Bundesstaaten gewichten den Faktor Umsatz zur Hälfte und die Faktoren Lohnsumme und Vermögen jeweils zu einem Viertel. Diese Formel wird als *double-weighted sales formula* bezeichnet.[550]

Die drei Erfolgsbildungsfaktoren werden zwar übernommen – ohne jedoch eine prozentuale Gewichtung vorzugeben.

Abweichend von der US-amerikanischen Praxis muss die Formel in allen teilnehmenden Staaten gleich sein. Ansonsten könnte ein teilnehmender Staat durch Veränderung der Gewichte zu seinen Gunsten Einfluss auf die Verteilung des Steueraufkommens nehmen. Die Folge ist eine Mehrfachbelastung des Konzerngewinns. Dies gilt auch bei einheitlicher Gewinnermittlung und einheitlichen Körperschaftsteuersätzen.[551]

5.2 Gewinnermittlungsvorschriften

Eine Vereinheitlichung der Gewinnermittlungsvorschriften ist eine unumgängliche Voraussetzung für die konsolidierte Bemessungsgrundlage.[552] Wendet jeder Mitglied-

[549] Vgl. erster Teil, Punkt 3.2.4.
[550] Vgl. Hellerstein/McLure Jr., ITPF 2004, S. 208; Martens-Weiner, Company Tax Reform, 2006, S. 34.
[551] Vgl. McLure Jr., ET 1989, S. 248; Wellisch, StuW 2004, S. 274.
[552] Vgl. Schreiber, StuW 2002, S. 115.

staat unterschiedliche Maßstäbe an, drohen Doppelbesteuerung oder Doppelnichtbesteuerung,[553] was zur Verletzung der Steuerneutralität führt.

Fraglich ist, wie die konkreten Gewinnermittlungsvorschriften ausgestaltet werden sollen. Nach dem Willen der EU-Kommission stellen die IAS/IFRS den Ausgangspunkt der Diskussion dar. Eine Maßgeblichkeit der Handelsbilanz für die Steuerbilanz wird dagegen abgelehnt.[554] Eine Anlehnung der steuerlichen Gewinnermittlungsvorschriften an die IAS/IFRS ist nicht ausgeschlossen.[555]

5.3 Konsolidierungstechnik

5.3.1 Art der Konsolidierung

Die Erstellung einer derivativen Konzernsteuerbilanz wird aus den gleichen Gründen wie beim Modell DK verworfen.

Eine eigenständige Konzernbuchführung, aus der eine originäre Konzernsteuerbilanz abgeleitet werden könnte, existiert derzeit in der Europäischen Union nicht. Vielmehr geht die Konzernhandelsbilanz aus der Konsolidierung der Einzelhandelsbilanzen hervor. Eine steuerlich motivierte Änderung dieser Vorgehensweise erscheint gegenwärtig utopisch.[556] Die Einführung einer eigenständigen Konzernbuchführung ist dann denkbar, wenn man sich auf europäischer Ebene verständigt, Unternehmenssteuern auf europäischer Ebene zentral zu erheben und zu verwalten (EUCIT), was gegenwärtig ebenfalls utopisch erscheint.[557]

Da somit die Vollkonsolidierung ausscheidet, wird analog zum Modell DK eine einfache Konsolidierung, d.h. Zusammenfassung der Einzelergebnisse mit Zwischenergebniseliminierung, vorgenommen.

---

[553] Vgl. McLure Jr., ET 1989, S. 248; Schreiber, StuW 2004, S. 218; ders., Besteuerung, 2005, S. 470.

[554] Vgl. Schreiber, StuW 2002, S. 106f. So im Ergebnis bisher auch die CCCTB-WG. Vgl. dieser Teil, Punkt 1.3.4.

[555] Gemeinsamkeiten bestehen beispielsweise im Grundsatz der Periodenabgrenzung, im Einzelbewertungsgrundsatz, bei den Positionen des Abschlusses, der Ermittlung der Herstellungskosten, der Bewertung der Vorräte und in der Anforderung der Objektivierung. Unterschiede bestehen beispielsweise beim Realisationsprinzip (historische AHK vs. *fair-value-accounting*; Aktivierung immaterieller Wirtschaftsgüter) und beim Imparitätsprinzip (Ansatz ungewisser Schulden). Vgl. Deutsche Bank Research, EU-Monitor 03/2003, S. 14; Jacobs, Unternehmensbesteuerung, 2002, S. 300; Schreiber, StuW 2002, S. 114.

[556] Vgl. Salzberger, Konzernunternehmung, 1994, S. 157.

[557] Vgl. dieser Teil, Punkt 1.3.4.

Während die Korrektur beim Modell DK nur auf Ebene der Einzelsteuerbilanzen vorgenommen werden kann, kann beim Modell Mod. CCTB die Korrektur wahlweise auf Ebene der Einzelsteuerbilanzen oder außerbilanziell und damit auf Ebene des zusammengerechneten Konzerngewinns ansetzen.[558] Der Grund dafür besteht darin, dass die Besteuerung bei Formula Apportionment erst am konsolidierten Konzerngewinn ansetzt. Es spielt keine Rolle, ob die Korrekturen früher, d.h. auf Ebene der Einzelsteuerbilanzen oder später, d.h. außerbilanziell, erfolgen.

Beim Modell Mod. CCTB sollen die einheitstheoretischen Korrekturen außerbilanziell erfolgen, weil diese Vorgehensweise Vorteile in administrativer Hinsicht verspricht.[559]

5.3.2 Umfang der Konsolidierung

Die Anteile der Tochtergesellschaften werden vollständig, d.h. unabhängig von der Höhe des Kapitalanteils in die Konsolidierung einbezogen, sofern sie die Voraussetzungen für die Zugehörigkeit zum Konsolidierungskreis erfüllen. Diese Vorgehensweise folgt der US-amerikanischen Praxis.[560]

5.3.3 Vermeidung der Doppelbesteuerung

Analog zum Modell DK ist für das Modell Mod. CCTB eine Begrenzung der Anrechnung vorgesehen. Technisch wird gleichermaßen verfahren. Folglich führen die drei Fälle (Tabelle II.5.1) zu den gleichen Ergebnissen wie beim Modell DK.

---

[558] Vgl. Oestreicher, Konzernbesteuerung, 2005, S. 24.

[559] Die von der einheitstheoretischen Besteuerung nicht betroffenen Einzelsteuerbilanzen können als Grundlage für den Gewinnanspruch der Minderheitsgesellschafter dienen. Vgl. ausführlich dieser Teil, Punkt 6.1.2.

[560] Vgl. Hellerstein/McLure Jr., ITPF 2004, S. 205.

Tabelle II.5.1: Begrenzte Anrechnung

	Fall 1	Fall 2	Fall 3
Steuersatz im Ausland	20%	20%	40%
Anteil der Tochtergesellschaft am Konzerngewinn	50%	50%	50%
Gewinn der Tochtergesellschaft lt. ESB	100	100	100
Steuersatz im Inland	20%	40%	20%
Anteil der Muttergesellschaft am Konzerngewinn	50%	50%	50%
Gewinn der Muttergesellschaft lt. ESB	100	100	100
Konzerngewinn	200	200	200
anteiliger Konzerngewinn der Muttergesellschaft	100	100	100
anteiliger Konzerngewinn der Tochtergesellschaft	100	100	100
Steuern im Inland	40	80	40
Steuern im Ausland	20	20	40
Anrechnungshöchstbetrag	20	40	20
anrechenbare ausländische Steuern	20	20	20
verbleibende inländische Steuern	20	60	20
Anrechnungsüberhang	0	0	20
Steuerzahlung im Inland	20	60	20
Steuerzahlung im Ausland	20	20	40
Summe der Steuerzahlungen	40	80	60
Steuerbelastung des Konzerns	20%	40%	30%

Quelle: Eigene Darstellung.

5.3.4 Verlustausgleich

Beim Modell Mod. CCTB erfolgt der Verlustausgleich gemeinsam mit allen Konzerngesellschaften.

Tabelle II.5.2: Beidseitig vertikaler und horizontaler Verlustausgleich

	Fall 1	Fall 2	Fall 3
Steuersatz im Ausland (Staat X / Staat Y)	20% / 20%	20% / 20%	20% / 20%
Anteil der Tochtergesellschaft am Konzerngewinn	je 33⅓%	je 33⅓%	je 33⅓%
Gewinn der Tochtergesellschaft lt. ESB	-100 / 100	100 / -200	100 / 100
Steuersatz im Inland	20%	20%	20%
Anteil der Muttergesellschaft am Konzerngewinn	33⅓%	33⅓%	33⅓%
Gewinn der Muttergesellschaft lt. ESB	100	100	-100
Konzerngewinn	100	0	100
anteiliger Konzerngewinn der Muttergesellschaft	33⅓	0	33⅓
anteiliger Konzerngewinn der Tochtergesellschaft	33⅓ / 33⅓	0 / 0	33⅓ / 33⅓
Steuern im Inland	20	0	20
Steuern im Ausland	6⅔ / 6⅔	0 / 0	6⅔ / 6⅔
Anrechnungshöchstbetrag	13⅓	0	13⅓
anrechenbare ausländische Steuern	13⅓	0	13⅓
verbleibende inländische Steuern	6⅔	0	6⅔
Anrechnungsüberhang	0	0	0
Steuerzahlung im Inland	6⅔	0	6⅔
Steuerzahlung im Ausland	13⅓	0	13⅓
Summe der Steuerzahlungen	20	0	20
Steuerbelastung des Konzerns	20%	0%	20%

Quelle: Eigene Darstellung.

Erwirtschaftet eine Tochtergesellschaft (Tabelle II.5.2, Fall 1 und Fall 2) einen Verlust, erfolgt der Verlustausgleich horizontal mit der anderen Tochtergesellschaft und vertikal nach oben zur Muttergesellschaft. Muss die Muttergesellschaft einen Verlust verbuchen, erfolgt der Verlustausgleich vertikal nach unten zu den Tochtergesellschaften (Fall 3).

Da die Konsolidierungsmaßnahmen erst auf Konzernebene durchgeführt werden, muss bei den außerbilanziellen Korrekturen die Nutzung eines Verlustvortrags im Sitzstaat der Tochtergesellschaft berücksichtigt und korrigiert werden (Tabelle II.5.3).

Tabelle II.5.3: Intertemporaler Verlustausgleich bei der Tochtergesellschaft

	t_1	t_2
Steuersatz im Ausland	20%	20%
Anteil der Tochtergesellschaft am Konzerngewinn	50%	50%
Gewinn der Tochtergesellschaft lt. ESB	-100	0
davon Verlustvortrag		-100
Steuersatz im Inland	20%	20%
Anteil der Muttergesellschaft am Konzerngewinn	50%	50%
Gewinn der Muttergesellschaft lt. ESB	100	100
Konzerngewinn	0	100
außerbilanzielle Korrekturen		100
korrigierter Konzerngewinn	0	200
anteiliger Konzerngewinn der Muttergesellschaft	0	100
anteiliger Konzerngewinn der Tochtergesellschaft	0	100
Steuern im Inland	0	40
Steuern im Ausland	0	20
Anrechnungshöchstbetrag	0	20
anrechenbare ausländische Steuern	0	20
verbleibende inländische Steuern	0	20
Anrechnungsüberhang	0	0
Steuerzahlung im Inland	0	20
Steuerzahlung im Ausland	0	20
Summe der Steuerzahlungen	0	40
Steuerbelastung des Konzerns	0%	20%

Quelle: Eigene Darstellung.

Der Verlustausgleich ist unproblematisch, weil die Besteuerung erst nach der Konsolidierung erfolgt.

5.3.5 Vermeidung der Besteuerung von Zwischengewinnen

Frankreich rechnet den konzerninternen Lieferungs- und Leistungsverkehr nach dem Fremdvergleichsgrundsatz ab und eliminiert anschließend durch außerbilanzielle Korrekturen die Zwischengewinne. Bei Wahrnehmung der Option für die Besteuerung nach dem *régime du bénéfice consolidé* ist aus Gründen der Praktikabilität die außerbilanzielle Korrektur auf solche Wirtschaftsgüter begrenzt, die im Anlagevermögen verhaftet sind. Wirtschaftsgüter des Umlaufvermögens verlassen zeitnah den Konsolidierungskreis. Dies gilt wie bei der *intégration fiscal* nur für nationale Sachverhalte.[561] Den gleichen Weg gehen die USA im Rahmen der *unitary taxation* auf Bundesstaatenebene und des *consolidated return* auf Bundesebene.[562]

Tabelle II.5.4: Außerbilanzielle Korrekturen

	t_0	t_1	t_2	t_3	Σ
Kaufpreis der Maschine (Muttergesellschaft)	3.000				
Ertrag aus Nutzung der Maschine		1.000			
Abschreibung		-1.000			
Veräußerungsgewinn		500			
(Zwischen-)Gewinn		500			500
Kaufpreis der Maschine (Tochtergesellschaft)		2.500			
Ertrag aus Nutzung der Maschine			1.000	1.000	
Abschreibung			-1.250	-1.250	
Veräußerungsgewinn				1.500	
Gewinn			-250	1.250	1000
Konzerngewinn		500	-250	1250	
außerbilanzielle Korrekturen		-500	250	250	
korrigierter Konzerngewinn		0	0	1.500	1.500

Quelle: Eigene Darstellung.

Das Modell Mod. CCTB folgt dem französischen und US-amerikanischen Beispiel; die Konsolidierungsmaßnahmen werden auf Konzernebene vorgenommen (Tabelle II.5.4). Die Korrekturen erfolgen nur bei Wirtschaftsgütern des Anlagevermögens. Der Vorteil dieser Vorgehensweise ist, dass die Einzelabschlüsse unverändert bleiben. Dies gereicht den Interessen der Minderheitsgesellschafter.[563]

5.4 Zugehörigkeit zum Konsolidierungskreis

Als Kriterium für die Zugehörigkeit kann ein Test über die wirtschaftliche Einheit überhaupt nur dann infrage kommen, wenn er für alle teilnehmenden Staaten einheitlich ist und auch einheitlich ausgelegt wird. Ansonsten drohen Mehr- oder Minderbelastungen.[564] Mit dem Verweis auf die Streitanfälligkeit, die Manipulierbarkeit und den

[561] Vgl. Endres, Konzernbesteuerung, 2003, S. 466; Salzberger, Konzernunternehmung, 1994, S. 216; Scheunemann, Konzernbesteuerung, 2005, S. 436-441.
[562] Vgl. Endres, Konzernbesteuerung, 2003, S. 477; Salzberger, Konzernunternehmung, 1994, S. 125 u. S. 127.
[563] Vgl. Oestreicher, Konzernbesteuerung, 2005, S. 24.
[564] Vgl. Salzberger, IStR 1999, S. 99; Schreiber, StuW 2004, S. 223.

administrativen Aufwand eines solchen Tests wird für die Lösung über den rechtlich eindeutigen Stimmrechtsanteil wie beim Modell DK plädiert.

Was die Ermittlung der Tiefe der Beteiligungsebenen sowie die Zugehörigkeit zum Konsolidierungskreis angeht, so werden für das Modell Mod. CCTB die gleichen Empfehlungen wie für das Modell DK abgegeben. Auf jeder Ebene müssen 75% der Stimmrechte kontrolliert werden. Die Konsolidierung qualifizierter Konzerngesellschaften ist obligatorisch.

Verlässt eine Konzerngesellschaft den Konsolidierungskreis, sind die stillen Reserven, über die sie verfügt, zu versteuern. Dabei spielt es keine Rolle, ob die Wirtschaftsgüter am Markt oder von einer Konzerngesellschaft erstanden worden sind. Es wird eine Marktrealisation angenommen. Dies gilt aber nicht für die den Konsolidierungskreis verlassende Konzerngesellschaft, die stille Reserven konzernintern veräußert hat. Für diese stillen Reserven wird keine Marktrealisation angenommen.[565] Die Gefahr des Missbrauchs macht diesen *recapture mechanism* notwendig.[566]

Das Problem der doppelten Verlustnutzung beim Ausscheiden einer Tochtergesellschaft, die in der Vergangenheit Verluste erwirtschaftet hat, könnte dadurch gelöst werden, dass die Tochtergesellschaft auf künftige Verlustvorträge sowie Verlustrückträge verzichtet. Bei der gemeinsamen Gewinnermittlung kann der Verzicht sicher verfolgt werden. Deshalb kann die andere, wohl aufwendigere Möglichkeit, nämlich die Zurückerstattung, verworfen werden.[567]

5.5 Zwischenergebnis

Abbildung II.5.1 fasst die wesentlichen Punkte der Konkretisierung des Modells Mod. CCTB zusammen. Der Erfolg wird indirekt in Gestalt einer *three factor apportionment formula* abgegrenzt. Eine Vereinheitlichung der Bemessungsgrundlage ist obligatorisch.

Es erfolgt eine Teilkonsolidierung, d.h. eine Zusammenfassung der Einzelergebnisse mit Zwischenergebniseliminierung. Die Konsolidierungsmaßnahmen werden in einer

[565] Vgl. Lüdicke/Rödel, IStR 2004, S. 552.
[566] Vgl. EU-Kommmission, CCCTB wp048, 2006, S. 5.
[567] Vgl. Scheunemann, Konzernbesteuerung, 2005, S. 454.

außerbilanziellen Nebenrechnung vorgenommen. Die Anrechnung wird durch eine *overall-limitation* begrenzt, wobei Anrechnungsüberhänge zeitlich unbegrenzt vor- oder zurückgetragen werden können. Verluste können beidseitig vertikal und horizontal ausgeglichen werden. Die außerbilanziellen Korrekturen zur Zwischenergebniseliminierung führen zu einer Fortführung der historischen Anschaffungs- und Herstellungskosten auf Konzernebene. Die Zwischenergebniseliminierung ist nur für Wirtschaftsgüter des Anlagevermögens vorgesehen. Die Tochtergesellschaften werden vollständig in die Konsolidierung einbezogen.

Die Zugehörigkeit zum Konsolidierungskreis ist nur an eine Voraussetzung gebunden, nämlich an die Kontrolle eines Stimmrechtsanteils, der grundsätzlich zur Satzungsänderung ermächtigt. Auf einen Test über die wirtschaftliche Einheit wird verzichtet. Die Konsolidierung qualifizierter Konzerngesellschaften ist verpflichtend durchzuführen, ohne dass eine Selektionsmöglichkeit über einzelne Gesellschaften besteht. Eine ausscheidende Tochtergesellschaft muss den Verzicht auf die intertemporale Verlustnutzung üben. Es wird eine Marktrealisation der neutralisierten Zwischengewinne angenommen, wenn die Konzergesellschaft, die empfangen hat, den Konsolidierungskreis verlässt.

Abbildung II.5.1: Konkretisierung des Modells Mod. CCTB

Aspekt	Konkretisierung
Methode der Erfolgsallokation	indirekt über *three factor apportionment formula*
Gewinnermittlungsvorschriften	Vereinheitlichung obligatorisch
Konsolidierungstechnik	
Art der Konsolidierung	Teilkonsolidierung
Anrechnung	*overall-limitation* und Vortrag bzw. Rücktrag von Anrechnungsüberhängen
Verlustausgleich	beidseitig vertikal und horizontal
Zwischenergebniseliminierung	außerbilanzielle Korrekturen
Umfang der Zurechnung	vollständig
Konsolidierungskreis	
Beteiligungsquote	75% der Stimmrechte
Zugehörigkeit	obligatorisch
Beendigung	teilweise Rückgängigmachung der Konsolidierungsmaßnahmen

Quelle: Eigene Darstellung.

6. Analyse der praktischen Implementierbarkeit des Modells Mod. CCTB

6.1 Administrierbarkeit

6.1.1 Administrierbarkeit im Allgemeinen

Die Ausführungen zur Administrierbarkeit sind, was Gewinnermittlung, Vermeidung der Doppelbesteuerung und Zugehörigkeit zum Konsolidierungskreis betrifft, analog zum Modell DK. Unterschiede ergeben sich bei der Erfolgsallokation, dem Verlustausgleich und der Zwischenergebniseliminierung.

Beim Modell Mod. CCTB ist die formelhafte Gewinnaufteilung eine zusätzliche Form der Erfolgsallokation, weil die Verrechnungspreise weiterhin für zwischenstaatlich tätige Unternehmen, die aufgrund mangelnder Voraussetzungen nicht Teil eines Konzerns sind, der Erfolgsallokation dienen.[568] Außerdem muss womöglich im Verhältnis zu Drittstaaten an der Erfolgsallokation über Verrechnungspreise festgehalten werden, was jedoch erst im dritten Teil geklärt wird. Anwendung finden sie im Übrigen auch unter Formula Apportionment, jedoch entscheiden sie nur bedingt (Faktor Umsatz) über die Erfolgsallokation.[569] Ein Vorteil ist darin zu sehen, dass die Erfolgsallokation über die Formel gegenüber derjenigen über Verrechnungspreise zu reduzierten administrativen Kosten führt.[570] Schließlich muss kein Konsens gefunden werden, da sich aus der Formel eindeutige Lösungen ergeben. Außerdem werden konzerninterne Transaktionen nicht einzeln, sondern der Konzerngewinn insgesamt abgegrenzt.

Der Regelungen zum Verlustausgleich sind von administrativer Einfachheit geprägt, da die Besteuerung erst am konsolidierten Konzerngewinn ansetzt. Folglich muss keine Korrektur der Steuereinnahmen im Sitzstaat der Muttergesellschaft vorgenommen werden, wenn im Sitzstaat der Tochtergesellschaft ein nicht verrechenbarer Verlust entsteht, oder wenn später ein bereits im Sitzstaat der Muttergesellschaft berücksichtigter Verlust im Sitzstaat der Tochtergesellschaft verrechnet werden kann. Außerdem

---

[568] Vgl. Martens-Weiner, Formulary Apportionment, 2005, S. 37; Wellisch, StuW 2004, S. 275.
[569] Vgl. Oestreicher, Gewinnabgrenzung, 2005, S. 88.
[570] Vgl. Mintz, ITPF 2004, S. 221f. Es darf jedoch nicht übersehen werden, dass die gemeinsame Bemessungsgrundlage verwaltet werden muss.

besteht keine Gefahr der doppelten Verlustnutzung, so dass dahingehend keine Kontrollen unternommen werden müssen.

Die Zwischenergebniseliminierung ist vergleichsweise einfach zu administrieren. Wie beschrieben erfolgt die Korrektur der Zwischenergebnisse außerbilanziell. Der Ansatz erfolgt damit zum Buchwert, d.h. es werden keine stillen Reserven aufgedeckt. Erfolgt eine Realisation der stillen Reserven, erhöht der Veräußerungsgewinn den Konzerngewinn insgesamt. Es ist keine zwischenstaatliche Zusammenarbeit notwendig.

6.1.2 Administrierbarkeit und Minderheitsgesellschafter

Beim Modell Mod. CCTB wird die wirtschaftliche Unabhängigkeitsfiktion aufgegeben. Es wird ein Konzerngewinn ermittelt, der anschließend den einzelnen Konzerngesellschaften zugewiesen wird.

Im Idealfall einer annähernd verursachungsgerechten Erfolgsallokation stimmen Gewinnanteil der Konzerngesellschaft und der Gewinn in der von der einheitstheoretischen Besteuerung nicht tangierten Einzelsteuerbilanz überein.

Die Übereinstimmung ist beispielsweise schon dann nicht mehr gegeben, wenn eine Konzerngesellschaft Verluste erwirtschaftet.[571] Der Verlust einer einzelnen Gesellschaft vermindert den Gewinnanteil aller Gesellschaften und damit auch den Gewinnanteil der Gesellschaft, an der Minderheitsgesellschafter beteiligt sind.

Der Minderheitsgesellschafter ist womöglich bewusst an einer Tochtergesellschaft und nicht an der Muttergesellschaft und damit am Konzern beteiligt. Konzerninterne Transaktionen stellen aus Sicht des Minderheitsgesellschafters Geschäfte mit fremden Dritten dar. Deshalb eignet sich der Gewinnanteil nicht als Grundlage zur Berechnung des Gewinns, der dem Minderheitsgesellschafter gemäß seinen Anteilen zusteht. Da die durch die Konsolidierung bedingten Korrekturen außerbilanziell und nicht in der Einzelbilanz vorgenommen werden, muss für den Minderheitsgesellschafter jedoch keine

[571] Vgl. Salzberger, Konzernunternehmung, 1994, S. 196.

gesonderte **Schattenveranlagung**[572] vorgenommen werden. Als Grundlage für die Berechnung der Gewinnanteile der Minderheitsgesellschafter kann die auf Basis des Fremdvergleichsgrundsatzes erstellte Einzelsteuerbilanz Verwendung finden.[573]

Könnte nicht auf die Einzelsteuerbilanz zurückgegriffen werden, könnte das Problem umgangen werden, wenn entgegen den obigen Ausführungen alternativ statt einer vollen eine quotale Zurechnung vorgenommen werden würde. Auch das ist nicht zielführend. So müssten auf Ebene der Konzerngesellschaft im konzerninternen Lieferungs- und Leistungsverkehr zwei verschiedene Erfolgsallokationsmethoden gleichzeitig angewendet werden. Dies schafft darüber hinaus Anreiz zur Steuerplanung. Aus diesen Gründen werden auch in den USA im Rahmen der *unitary taxation* alle Anteile konsolidiert, sobald die Voraussetzungen erfüllt sind.[574]

Die Minderheitsgesellschafter haben beim Modell Mod. CCTB weitere Schutzinteressen, die über den Anspruch einer Ausgleichszahlung seitens der Tochtergesellschaft gewahrt werden können. Denkbar ist der Fall, dass der anteilige Konzerngewinn den Gewinn der Einzelsteuerbilanz deutlich übersteigt. Die fälligen Steuerzahlungen können so hoch sein, dass sie den Vorsteuergewinn der Einzelsteuerbilanz übersteigen, so dass nach Steuern ein bilanzieller Verlust entsteht. Für diesen Fall muss bei Formula Apportionment der Tochtergesellschaft ein Rechtsanspruch auf Ausgleichszahlung zugebilligt werden, damit die Minderheitsgesellschafter nicht benachteiligt werden.[575]

Es sind weitere Fälle denkbar, in denen eine Ausgleichszahlung notwendig ist. Dies ist der Fall, wenn der Minderheitsgesellschafter eine juristische Person ist. Dann muss er womöglich auf einen Verlustausgleich verzichten, weil der Hauptgesellschafter den Verlust vollständig und nicht quotal ausgleicht. Eine negative Ausgleichszahlung muss

[572] Eine Schattenveranlagung ist beispielsweise in den Niederlanden notwendig, da eine fiktive Fusion zwischen Muttergesellschaft und Tochtergesellschaft durchgeführt wird. Es müssen keine Konsolidierungsmaßnahmen vorgenommen werden. Der Verlustausgleich ist inhärent. Da eine Doppelbesteuerung von Gewinnen oder die Besteuerung von Zwischengewinnen gar nicht erst auftreten, muss beides nicht vermieden werden. Vgl. Herzig, Organschaft, 2003, S. 29. Deshalb existiert keine Grundlage für den Gewinnanspruch der Minderheitsgesellschafter. Allerdings ist der Kreis der Minderheitsgesellschafter überschaubar, da mindestens eine Beteiligungsquote von 95% erreicht werden muss. Vgl. Jungnitz, IStR 2006, S. 267; Vries, IFA 89b, 2004, S. 469.

[573] Vgl. Oestreicher, Konzernbesteuerung, 2005, S. 24; Salzberger, Konzernunternehmung, 1994, S. 144f.

[574] Vgl. Hellerstein/McLure Jr., ITPF 2004, S. 205.

[575] Vgl. Salzberger, IStR 1999, S. 102; Theisen, Konzern, 2000, S. 583f.

bestritten werden, wenn (konzerninterne) Dividenden steuerfrei ausgeschüttet werden. Die Körperschaftsteuer wurde schließlich schon vom Hauptgesellschafter geleistet.[576]

In Deutschland ist ein Rechtsanspruch auf Ausgleichszahlung kodifiziert (§ 304 Abs. 1 AktG). Die Vorschrift richtet sich an deutsche Minderheitsgesellschafter einer Organgesellschaft und bezieht sich auf vergleichbare Folgen, die von einem Gewinnabführungsvertrag ausgelöst werden.[577]

6.2 Gestaltungsresistenz

6.2.1 Relativ höheres Steuerniveau im Ausland

Analog zum Modell DK besteht beim Modell Mod. CCTB die Gefahr, dass Anrechnungsüberhänge auftreten. Folglich ist der Konzern bemüht, Anrechnungsüberhänge zu vermeiden. Dieses Ziel kann er erreichen, indem möglichst der Anteil der Muttergesellschaft am Konzerngewinn zu Lasten der Tochtergesellschaft erhöht wird. Dabei kann der Konzern die Erfolgsallokation sowohl durch Verlagerung von Buchgewinnen als auch durch Funktionsverlagerungen verändern.

Finanzierungsgestaltungen und Funktionsverlagerungen ist gemein, dass Aufwendungen und Erträge in unterschiedlichen Staaten anfallen. Da bei Formula Apportionment die Steuern erst unter Berücksichtigung des Nettoprinzips nach der Konsolidierung erhoben werden, sind diese Strategien beim Modell Mod. CCTB wirkungslos.[578] Die Aufwendungen und Verluste mindern den Konzerngewinn insgesamt und damit den Anteil der Konzerngesellschaften entsprechend der Formel. Finanzierungsaufwendungen und Erträge saldieren sich (Tabelle II.5.5, Fall 1). Das Gleiche gilt für geleistete und empfangene Nutzungsentgelte (Fall 2).

(Ad F:) Im Falle der Funktionsverlagerung ist zu bemerken, dass zwar durch Nutzungsentgelte nicht mehr der ökonomische Gewinn in vergleichbarer Weise wie beim Modell DK verlagert werden kann, jedoch die Nutzung Auswirkungen auf die Formel

[576] Vgl. Lüdicke/Rödel, IStR 2004, S. 552.
[577] Dies gilt jedoch nur i.V.m einem Gewinnabführungsvertrag. Vgl. Salzberger, IStR 1999, S.102; Schreiber, Besteuerung, 2005, S. 284.
[578] Vgl. Schreiber, StuW 2004, S. 219.

haben kann.[579] Die Funktionsverlagerung beeinflusst schließlich die Erfolgsfaktoren. Beispielsweise erhöht die Verlagerung der Vertriebsfunktion den Umsatz oder die Verlagerung der Forschung und Entwicklung die Lohnsumme (Tabelle II.5.5, Fall 2). Das bedeutet für den Staat, aus dem Funktionen verlagert werden, nicht nur einen Verlust an Steueraufkommen, sondern auch einen Verlust an Arbeitsplätzen.

Tabelle II.5.5: Saldierung von Aufwand und Ertrag

	Fall 1	Fall 2
Steuersatz im Ausland	40%	40%
Anteil der Tochtergesellschaft am Konzerngewinn	50%	40%
Gewinn der Tochtergesellschaft vor Zinsen und Nutzungsentgelten lt. ESB	100	100
verbleibender Gewinn der Tochtergesellschaft	50	0
Steuersatz im Inland	20%	20%
Anteil der Muttergesellschaft am Konzerngewinn	50%	60%
Gewinn der Muttergesellschaft lt. ESB	150	200
davon Zinsen der Tochtergesellschaft	50	50
davon Nutzungsentgelte der Tochtergesellschaft		50
Konzerngewinn	200	200
Anteil Inland	100	120
Anteil Ausland	100	80
Steuern im Inland	40	40
Steuern im Ausland	40	32
Anrechnungshöchstbetrag	20	16
anrechenbare ausländische Steuern	20	16
verbleibende inländische Steuern	20	24
Anrechnungsüberhang	20	16
Steuerzahlung im Inland	20	24
Steuerzahlung im Ausland	40	32
Summe der Steuerzahlungen	60	56
Steuerbelastung des Konzerns	30%	28%

Quelle: Eigene Darstellung.

(Ad V1:) Zur Verlagerung von Buchgewinnen muss eine Manipulation der Formel erfolgen. Die Muttergesellschaft ist bestrebt, dass der Anteil am Konzerngewinn in ihrem Sitzstaat möglichst groß ist. Dazu müssen bei der *three factor apportionment formula* die Faktoren Lohnsumme, Umsatz und Vermögen beeinflusst werden.

Der Faktor Lohnsumme ist vergleichsweise resistent gegen eine buchtechnische Manipulation.[580] Nebenbei sei bemerkt, dass selbst durch eine Funktionsverlagerung in

---

[579] Vgl. Keen, FS 1993, S. 33.

[580] Vgl. Jacobs/Spengel/Schäfer, Intertax 2004, S. 280f.; Martens-Weiner, Company Tax Reform, 2006, S. 82.

Form einer realen Verlagerung lohnintensiver Tätigkeiten der Konzerngewinn aufgrund gegenläufiger Effekte nicht unbedingt gesenkt werden kann.[581]

In puncto Umsatz kann die Formel vergleichsweise einfach buchtechnisch beeinflusst werden. Dies gilt besonders für Umsätze, die aus der Nutzung von immateriellen Wirtschaftsgütern, die gleichzeitig hochgradig mobil sind, resultieren. Dieser Umsatz wird nämlich (nach gängiger US-amerikanischer Praxis) nicht dem nachfragenden Staat, sondern dem Staat, in dem die Wirtschaftsgüter genutzt werden, zugeordnet.[582] Vorstellbar ist auch, eine Preisdifferenzierung in Abhängigkeit des Steuerniveaus am Ort des Umsatzes vorzunehmen.[583]

Der Faktor Vermögen kann buchtechnisch folgendermaßen beeinflusst werden. Bei Bewertung des Vermögens zum gemeinen Wert bietet es sich an, Bewertungsvorschriften auszunutzen. Das Ziel muss sein, Aktiva in hoch besteuernden Staaten niedrig und in niedrig besteuernden Staaten hoch zu bewerten. Erfolgt die Bewertung zum Buchwert, sind die Aktiva in hoch besteuernden Staaten durch geeignete Transaktionen zu reduzieren und in niedrig besteuernden Staaten zu erhöhen.[584] Wenn i.G.z. US-amerikanischen Praxis beim Vermögen auch immaterielle Wirtschaftsgüter einbezogen werden, steigt die Anfälligkeit für Manipulationen.[585]

6.2.2 Relativ niedrigeres Steuerniveau im Ausland

Die Sitzverlegung kann bei Geltung des Modells Mod. CCTB nach dem gleichen Schema wie beim Modell DK organisiert werden. Die Sitzverlegung kann auch hier steuerneutral erfolgen, weil die Mitnahme von Wirtschaftsgütern wie Beteiligungen zu Buchwerten möglich ist. Ergo bestehen keine Hindernisse für die Sitzverlegung. Da

---

[581] Es ist anzunehmen, dass in einem Staat mit einem vergleichsweise niedrigen Körperschaftsteuersatz auch ein vergleichsweise niedriges Lohniveau herrscht. Durch die Verlagerung von lohnintensiven Tätigkeiten in ein Niedriglohn- und Niedrigsteuerland steigt der Konzerngewinn einerseits aufgrund geringerer Kosten. Andererseits sinkt der Konzerngewinn, wenn sich der formelmäßige Anteil am Konzerngewinn im Hochlohn- und Hochsteuerland erhöht. Vgl. Scheffler, CCTB 2005, S. 318-322; Wellisch, StuW 2004, S. 273.

[582] Vgl. Hellerstein/McLure Jr., ITPF 2004, S. 213; Jacobs/Spengel/Schäfer, Intertax 2004, S. 278; OECD, Transfer Pricing, 2001, Tz. 3.65; Martens-Weiner, Company Tax Reform, 2006, S. 81.

[583] Vgl. Scheffler, CCTB 2005, S. 328.

[584] Vgl. Scheffler, CCTB 2005, S. 327.

[585] Vgl. Martens-Weiner, Company Tax Reform, 2006, S. 81.

realisierte stille Reserven den Konzerngewinn insgesamt erhöhen,[586] spielt es keine Rolle, wo sie später gegebenenfalls den Konsolidierungskreis verlassen.

Die Ausführungen zur Gestaltung des Konsolidierungskreises beim Modell DK gelten analog beim Modell Mod. CCTB, weil bei beiden Modellen die gleichen Kriterien für die Zugehörigkeit zum Konsolidierungskreis erfüllt werden müssen.

6.3 Fiskalische Effekte

6.3.1 Indirekte Anrechung

Bei den grundlegenden Fällen gilt das zum Modell DK Gesagte. Grundsätzlich kann der Sitzstaat der Muttergesellschaft nur durch die Anrechnung gewinnen. Der Einsatz von Steuerplanungsstrategien seitens der Konzerne steht positiven fiskalischen Effekten aus der indirekten Anrechnung entgegen.

6.3.2 Verlustausgleich

Beim Modell Mod. CCTB reduziert der Verlust einer Gesellschaft den Konzerngewinn und damit die Steuerlast aller Konzerngesellschaften. Folglich erzielt der Sitzstaat einer verlustbringenden Konzerngesellschaft trotz des Verlusts ein Steueraufkommen.[587] Die Folge für die Sitzstaaten der gewinnerwirtschaftenden Konzerngesellschaft ist, dass sich ihr Steueraufkommen verringert, auch wenn der Verlust in einem anderen Staat entstanden ist. Sie tragen den Verlust um so stärker mit, je größer ihr Anteil am Konzerngewinn ist.

6.3.3 Zugriff auf stille Reserven

Beim Modell Mod. CCTB profitieren alle Sitzstaaten von der Realisation der stillen Reserven, weil sie den Konzerngewinn insgesamt erhöhen.[588] Der betroffene Ansässigkeitsstaat muss den Gewinn aus der Realisation der stillen Reserven teilen, auch wenn diese ausschließlich im selbigen gelegt worden sind (Tabelle II.5.6, Fall 1). Da-

[586] Vgl. dieser Teil, Tabelle II.5.6.
[587] Vgl. dieser Teil, Tabelle II.5.2.
[588] Vgl. Scheffler, CCTB 2005, S. 322-324.

für profitiert der Ansässigkeitsstaat anteilig dann, wenn stille Reserven aus anderen Sitzstaaten realisiert werden (Fall 2).

Tabelle II.5.6: Stille Reserven

	Fall 1	Fall 2
Steuersatz im Ausland	20%	20%
Anteil der Tochtergesellschaft am Konzerngewinn	50%	50%
Gewinn der Tochtergesellschaft lt. ESB	200	100
davon aus der Realisation stiller Reserven	100	0
Steuersatz im Inland	20%	20%
Anteil der Muttergesellschaft am Konzerngewinn	50%	50%
Gewinn der Muttergesellschaft lt. ESB	100	200
davon aus der Realisation stiller Reserven	0	100
Konzerngewinn	300	300
anteiliger Konzerngewinn der Muttergesellschaft	150	150
anteiliger Konzerngewinn der Tochtergesellschaft	150	150
Steuern im Inland	60	60
Steuern im Ausland	30	30
Anrechnungshöchstbetrag	30	30
anrechenbare ausländische Steuern	30	30
verbleibende inländische Steuern	30	30
Anrechnungsüberhang	0	0
Steuerzahlung im Inland	30	30
Steuerzahlung im Ausland	30	30
Summe der Steuerzahlungen	60	60
Steuerbelastung des Konzerns	20%	20%

Quelle: Eigene Darstellung.

In fiskalischer Hinsicht kann es für den alten Belegenheitsstaat stiller Reserven schmerzhaft sein, wenn stille Reserven in eine neugegründete ausländische Gesellschaft wandern. Dann profitiert der Fiskus im Sitzstaat der neugegründeten Gesellschaft, ohne dass diese Gesellschaft ihrerseits über stille Reserven verfügt, an denen der alte Belegenheitsstaat anteilig partizipieren könnte.

6.4 Rechtskonformität

6.4.1 EG-Recht

Es ist nicht ersichtlich, dass das Modell Mod. CCTB an irgendeiner Stelle gegen die Grundfreiheiten verstößt. Das Problem, den Zugriff auf die stillen Reserven seitens des alten Belegenheitsstaats EG-rechtskonform zu gestalten, stellt sich bei gemeinsamer Gewinnermittlung nicht. Wie im vorhergehenden Punkt dargestellt, werden realisierte stille Reserven unter allen Sitzstaaten der Konzerngesellschaften aufgeteilt. Bei Anrechnung bei Feststellung gelten die Ausführungen zum Modell DK.

6.4.2 Abkommensrecht

Das Abkommensrecht wird – wie an gleicher Stelle beim Modell DK dargestellt – vom EG-Recht überragt. Der Richtlinie entgegenstehende Regelungen aus bilateralen Verträgen laufen ins Leere.

6.5 Legislative Implementierbarkeit

6.5.1 EG-Richtlinie

Beim Modell Mod. CCTB ist die Verabschiedung einer EG-Richtlinie und damit eine supranationale Einigung auf Gemeinschaftsebene geboten – ein nationaler Alleingang ist nicht denkbar.[589] Auf die verstärkte Zusammenarbeit könnte nur in einer Pilotphase gesetzt werden.[590]

Beim Modell Mod. CCTB kommt erschwerend der Wechsel der Methode der Erfolgsallokation hinzu. Es ist zu erwarten, dass es Staaten gibt, die zu Gewinnern und zu Verlierern zählen, was den Anteil am Steueraufkommen im Vergleich vor und nach der Reform angeht.[591] Deshalb erscheint eine Einigung auf eine Formel politisch sehr schwierig.[592] Mit anderen Worten droht die Formel zum Politikum zu werden, während ökonomische Aspekte in den Hintergrund geraten.

Ein weiteres Problem, welches die politische Einigung erschwert, ist der Verzicht auf die Besteuerung der stillen Reserven seitens des Staates, auf dessen Hoheitsgebiet sie entstanden sind.[593]

Das Modell CCTB, also die Kombination von Formula Apportionment mit dem Quellenprinzip, wird von der EU-Kommission vorgesehen. Obwohl dieses Modell weniger die Souveränität der Mitgliedstaaten als das Modell Mod. CCTB beschneidet, werden

---

[589] Theoretisch könnte Formula Apportionment auch unilateral, bilateral oder multilateral über Abkommen eingeführt werden. Praktisch scheitert die Einführung aber an drohenden juristischen Konflikten, wie beispielsweise Abweichungen bei der Gewinnaufteilung einzelner Sitzstaaten. Eine solche Zuwiderhandlung könnte nicht vom EuGH kontrolliert und sanktioniert werden. Vgl. Riecker, Körperschaftsbesteuerung, 1997, S. 318-334; Schreiber, Besteuerung, 2005, S. 470.

[590] Vgl. dieser Teil, Punkt 1.3.1.

[591] Vgl. Mintz, ITPF 2004, S. 227f.

[592] Vgl. Herzig, WPg 1998, S. 286; Herzig/Wagner, DB 2005, S. 9; Oestreicher, Konzernbesteuerung, 2005, S. 26.

[593] Vgl. Herzig/Wagner, DB 2005, S. 9.

schon dem Modell CCTB zumindest auf kurze Sicht schlechte Umsetzungschancen eingeräumt.[594]

6.5.2 Doppelbesteuerungsabkommen

Wie schon die Ausführungen zum Modell DK zeigen, müssen die Doppelbesteuerungsabkommen nicht neu verhandelt werden, da ihnen gegenüber die beabsichtigte Richtlinie vorgeht.

Beim Modell Mod. CCTB ist eine weitere Regelung in den DBA zu verzeichnen, die dem Modell Mod. CCTB zwar entgegensteht, jedoch ins Leere läuft. Die Gewinnabgrenzungsbestimmungen der Art. 7 und 9 OECD-MA werden nämlich durch den Methodenwechsel bei der Erfolgsallokation verdrängt.[595]

6.6 Zwischenergebnis

(Administrierbarkeit:) Das Modell Mod. CCTB kann durch eine einfache Administrierbarkeit im Rahmen der Gewinnermittlung, des Verlustausgleichs, der Zwischenergebniseliminierung und der Bestimmung der Zugehörigkeit zum Konsolidierungskreis punkten. Aufwendig ist die Administrierbarkeit bei der Erfolgsallokation, der Vermeidung der Doppelbesteuerung und für den Fall der Beteiligung von Minderheitsgesellschaftern.

(Gestaltungsresistenz:) Buchgewinne können beim Modell Mod. CCTB nur schwer über die Manipulation der Aufteilungsformel manipuliert werden, weil die Erfolgsbildungsfaktoren bis auf den Faktor Umsatz robust gegen rein buchhalterische Maßnahmen sind.

Gegen Strategien, die eine günstigere Erfolgsallokation über das Anfallen von Aufwendungen und Erträgen in verschiedenen Staaten verfolgen, nämlich die Allokation von Aufwendungen und Verlusten, Finanzierungsgestaltungen und Funktionsverlagerungen, ist das Modell Mod. CCTB stark resistent. Eine Einschränkung gilt für Funktionsverlagerungen, weil sie die Erfolgsfaktoren beeinflussen können.

---

594 Vgl. Eckstein, IFA 89b, 2004, S. 320; Herzig/Wagner, DB 2005, S. 9; Messere/Kam/Heady, Tax Policy, 2003, S. 215f.

595 Vgl. Riecker, Körperschaftsbesteuerung, 1997, S. 351f.; a.A. Oestreicher, Gewinnabgrenzung, 2005, S. 81. Die genannten Artikel enthalten „keine Beschränkung auf einzelne Transaktionen."

Gegen die Sitzverlegung kann beim Modell Mod. CCTB kein Hindernis aufgebaut werden, so dass in diesem Punkt keine Gestaltungsresistenz besteht.

Aufgrund der gleichen Vorgehensweise zur Bestimmung der Qualifikation einer Gesellschaft für die Aufnahme in den Konsolidierungskreis wie beim Modell DK, ist das Modell gegen Gestaltungsmaßnahmen in diesem Punkt gleichermaßen resistent.

(Fiskalische Effekte:) Der Einsatz von Steuerplanungsstrategien seitens der Konzerne steht grundsätzlich positiven zu erwartenden fiskalischen Effekten aus der indirekten Anrechnung entgegen.

Beim Modell Mod. CCTB wird das Verlustrisiko auf alle Konzerngesellschaften verteilt. Gleichzeitig profitieren alle Konzerngesellschaften von der Realisation stiller Reserven. Aufgrund der Buchwertverknüpfung ist keine Fallunterscheidung zwischen einem Verkauf am Markt oder innerhalb des Konzernverbunds vorzunehmen.

(Rechtskonformität:) Hier gilt analog zum Modell DK Konformität mit dem EG-Recht, weil im Rahmen der Konkretisierung keine Verletzung der relevanten Grundfreiheiten ersichtlich ist. Gleichsam ist das Abkommensrecht irrelevant, weil es im Binnenmarkt vom EG-Recht verdrängt wird.

(Legislative Implementierbarkeit:) Es ist geboten, das Modell Mod. CCTB über eine EG-Richtlinie auf den Weg zu bringen. Die Verabschiedung einer Richtlinie gilt erfahrungsgemäß aufgrund des Einstimmigkeitsprinzips und dazu einer steigenden Anzahl von Mitgliedstaaten als äußerst schwierig.

Eine Revision der Doppelbesteuerungsabkommen unter EU-Mitgliedstaaten erübrigt sich, da entgegenstehende Artikel durch supranationales Recht verdrängt werden.

Die Zusammenschau der Analyse ergibt, dass sich das Modell Mod. CCTB für den Binnenmarkt eignet. Jedoch weist das Modell einige Schwächen im Bereich der Administrierbarkeit und der Gestaltungsresistenz auf. Die Umsetzung in europäisches Recht darf als große Herausforderung gelten.

7. Ergebnis

Die Rahmenbedingungen der Unternehmensbesteuerung innerhalb und außerhalb des Binnenmarkts unterscheiden sich wesentlich, so dass eine getrennte Problemlösung vorzunehmen ist.

Die Untersuchung des Binnenmarktfalls zeigt, dass die praktischen Eigenschaften beider Modelle Schwierigkeiten bei der Implementierung hervorrufen.

Die Tatsache, dass die Besteuerung des Konzerngewinns beim Modell Mod. CCTB i.G.z. Modell DK auf Basis einer gemeinsamen, konsolidierten Bemessungsgrundlage erfolgt, bedeutet Vorteile bei der Administrierbarkeit und eine stärkere Resistenz gegen Gestaltungen.

Der Vorteil bei der Administrierbarkeit besteht in der einfacheren Besteuerung der wirtschaftlichen Einheit des Konzerns, weil die Besteuerung erst nach der Zusammenfassung der Einzelergebnisse und der Korrektur der Zwischengewinne erfolgt.

Die stärkere Resistenz gegen Gestaltungen erklärt sich dadurch, dass Strategien, die auf das Anfallen von Aufwendungen und Erträgen in unterschiedlichen Staaten setzen, wirkungslos sind und die Aufteilungsformel nicht in dem Maße wie Verrechnungspreise manipuliert werden kann. Keines der beiden Modelle ist gegen eine Sitzverlegung der Muttergesellschaft resistent. Zumindest beim Modell DK besteht ein Hindernis, jedoch nur für den Fall, dass abschreibungsfähige Wirtschaftsgüter mit stillen Reserven mitgenommen werden. Gegen die Gestaltung des Konsolidierungskreises sind beide Modelle gleichermaßen resistent.

Die fiskalischen Effekte lassen sich nicht quantifizieren. Beim Modell DK trägt der Sitzstaat der Muttergesellschaft das Risiko, die Verluste der nachgeordneten Konzergesellschaften permanent zu tragen, wahrt dafür aber die Chance, von Gewinnen aus der Realisation stiller Reserven zu profitieren. Dagegen werden beim Modell Mod. CCTB Chancen und Risiken unter den Sitzstaaten der Konzerngesellschaften geteilt. Beim Modell DK können Sitzstaaten eher Steueraufkommen durch Verlagerung von Buchgewinnen als beim Modell Mod. CCTB verlieren. Dafür können jedoch die Produktionsfaktoren am Standort verbleiben.

Die Rechtskonformität ist bei beiden Modellen gleichermaßen gegeben. Ebenso darf die Verabschiedung der notwendigen EG-Richtlinie in beiden Fällen als große Herausforderung eingeschätzt werden.

Nach Analyse der praktischen Eigenschaften ist im Binnenmarktfall keinem Modell eindeutig der Vorzug zu geben. Stehen für den Entscheider Administrierbarkeit und Gestaltungsresistenz im Vordergrund, so weist das Modell Mod. CCTB insgesamt Vorteile gegenüber dem Modell DK auf. Stehen für den Entscheider die fiskalischen Effekte im Vordergrund, wird die Entscheidung aufgrund der mangelnden Quantifizierbarkeit schwieriger. Staaten, in den Konzerngesellschaften ihren Sitz haben, die über große stille Reserven verfügen, könnten das Modell DK bevorzugen.

Dritter Teil: Konzernbesteuerung im Verhältnis zu Drittstaaten

1. Rahmenbedingungen der Konzernbesteuerung

1.1 Das Verhältnis von Europäischer Union und Drittstaaten

Drittstaaten[596] sind solche Staaten, die nicht Teil der Europäischen Union sind. Übt ein EU-Konzern seine Geschäftstätigkeit außerhalb der Binnenmarktgrenze aus, gelten andere Rahmenbedingungen.

Grundsätzlich herrschen in jedem Drittstaat unterschiedliche Gewinnermittlungsvorschriften. Innerhalb der EU kann ein Harmonisierungstreben verzeichnet werden, so dass die Aussicht auf eine harmonisierte Gewinnermittlung besteht. Dagegen ist ein weltweites Harmonisierungsstreben als utopisch zu betrachten.[597] Dazu müssten alle Drittstaaten der EU folgen, oder es müsste ein neuer weltweiter Standard entwickelt werden.

Einzelne Drittstaaten bilden Wirtschaftsgemeinschaften wie Kanada, Mexiko und die USA die NAFTA oder südamerikanische Staaten den Mercosur. Diese bleiben aber hinter einer supranationalen Gemeinschaft zurück. Folglich sind die Drittstaaten nicht an ein dem EG-Vertrag vergleichbares Vertragswerk gebunden. Es gelten keine den Grundfreiheiten vergleichbaren Vorschriften, so dass ein Drittstaat Inbound-Investitionen eines Unternehmens aus einem EU-Mitgliedstaat oder Outbound-Investitionen eines heimischen Unternehmens diskriminieren oder beschränken kann.

Eine Ausnahme, was die Möglichkeit der inhaltlichen Berufung auf die Grundfreiheiten betrifft, gilt für solche Drittstaaten, die mit der EU assoziiert sind. Dazu gehören etwa die Mitgliedstaaten der EFTA[598].[599]

Ein EU-Mitgliedsstaat kann sich bei der Ermittlung von Besteuerungsgrundlagen bei

---

[596] Es gibt rund 200 Staaten auf der Welt. Vgl. Wassermeyer, Gewinnabgrenzung, 2005, S. 64. Damit beläuft sich die Zahl der Drittstaaten um 173.

[597] Vgl. Schreiber, Besteuerung, 2005, S. 470; Wassermeyer, Gewinnabgrenzung, 2005, S. 64.

[598] Dazu gehören Island, Liechtenstein, Norwegen und die Schweiz. Mit Ausnahme der Schweiz bilden EU und EFTA die Gruppe der EWR-Staaten.

[599] Vgl. Rödder, Unternehmensbesteuerung, 2005, S. 165; Scheunemann, IStR 2006, S. 152; Sedemund/Sterner, DStZ 2006, S. 30.

Drittstaaten nicht auf die **Amtshilferichtlinie**[600] berufen. Diese Richtlinie gibt den Mitgliedstaaten eine rechtliche Grundlage für den Informationsaustausch u.a.[601] im Bereich der direkten Steuern.[602] Ein weiteres mildes Mittel für die Durchsetzung von Zahlungsansprüchen stellt die **Beitreibungsrichtlinie**[603] dar.[604]

Zumindest ist denkbar, den Geltungsbereich der Europäischen Union zu erweitern und damit die Anzahl der Drittstaaten zu reduzieren. Möglich ist die Aufnahme von neuen Mitgliedstaaten oder die Assoziierung über ein Abkommen.[605] Allein auf dem europäischen Kontinent befinden sich zahlreiche Staaten, die weder Mitglieder der Europäischen Union, noch mit der Staatengemeinschaft assoziiert sind. Ein Abkommen zwischen der Gemeinschaft und einem Drittstaat kann über Art. 310 EGV (vormals Art. 238 EGV) geschlossen werden.

Schon im Binnenmarkt bestehen Unterschiede im wirtschaftlichen Entwicklungsniveau (z.B. die Produktivität der Produktionsfaktoren) der Mitgliedstaaten. Bei Drittstaaten kann das Entwicklungsniveau deutlich abweichen.[606] Im Binnenmarkt wird jedoch danach gestrebt, ein einheitliches, hohes wirtschaftliches Entwicklungsniveau zu erreichen.[607]

1.2 Die Reichweite der Grundfreiheiten

Das EG-Recht verhindert, dass nationale und grenzüberschreitende Sachverhalte unterschiedlich besteuert werden. Bei Outbound-Investitionen heißt das, dass Auslandsinvestitionen keine Nachteile gegenüber Inlandsinvestitionen erfahren dürfen. Bei In-

---

[600] Vgl. Richtlinie 77/779/EWG des Rates v. 19.12.1977 über die gegenseitige Amtshilfe zwischen den zuständigen Behörden der Mitgliedstaaten im Bereich der direkten Steuern und der Mehrwertsteuer (zit.: Amtshilferichtlinie), Abl. EG Nr. L 336/15, zuletzt geändert durch die Richtlinie des Rates v. 16.11.2004 (2004/106/EG), Abl. EG Nr. L 359/30.

[601] Einen weiteren Bereich stellt die Umsatzsteuer dar.

[602] Vgl. Scheffler, Besteuerung, 2002, S. 35.

[603] Vgl. Richtlinie 76/308/EWG des Rates v. 15.03.1976 über die gegenseitige Unterstützung bei der Beitreibung von Forderungen im Zusammenhang mit Maßnahmen, die Bestandteil des Finanzierungssystems des Europäischen Ausrichtungs- und Garantiefonds für die Landwirtschaft sind, sowie von Abschöpfungen und Zöllen und bezüglich der Mehrwertsteuer und bestimmter Verbrauchsteuern (zit.: Beitreibungsrichtlinie), Abl. EG Nr. L 73/18, zuletzt geändert durch die Richtlinie des Rates v. 15.06.2001 (2001/44/EG), Abl. EG Nr. L 175/17.

[604] Vgl. Schön, IStR 2004, S. 297.

[605] Vgl. Riecker, Körperschaftsbesteuerung, 1997, S. 359f.

[606] Vgl. Hellerstein/McLure Jr., ITPF 2004, S. 206.

[607] Vgl. EU-Kommission, KOM(2001)582, S. 3.

bound-Investitionen bedeutet das, dass ausländische Unternehmen keine Nachteile gegenüber inländischen Unternehmen erfahren dürfen.[608]

Fraglich ist, ob sich die Schutzwirkung nur auf das EU-Ausland (Binnenmarkt) oder auch auf das Nicht-EU-Ausland (Drittstaaten) bezieht.

Relevant ist dabei die Kapitalverkehrsfreiheit, deren Schutzbereich als einzige Grundfreiheit dem Wortlaut nach auch Drittstaaten umfasst. In Art. 56 Abs. 1 EGV heißt es: „Im Rahmen der Bestimmungen dieses Kapitels sind alle Beschränkungen des Kapitalverkehrs zwischen den Mitgliedstaaten sowie zwischen den Mitgliedstaaten und dritten Ländern verboten." Dieser Umstand wird als **Erga-Omnes-Wirkung** bezeichnet.[609]

Eine Einschränkung erfährt die Kapitalverkehrsfreiheit im Verhältnis zu Drittstaaten durch Art. 57 Abs. 1 EGV. Danach sind beschränkende Vorschriften zulässig, sofern sie schon vor dem 31.12.1993 Bestand hatten. Diese Vorschrift wird auch als „Grandfather Clause" bezeichnet.[610]

Die Schwierigkeit besteht darin, dass der EuGH den entsprechenden Passus noch nicht interpretieren musste, so dass dessen Bedeutung hinsichtlich der territorialen Reichweite höchstrichterlich ungeklärt ist.[611]

In der **Rs. „van Hilten"**[612] ging es um die Vereinbarkeit niederländischer Regelungen zur Erbschaftsteuer mit der Kapitalverkehrsfreiheit. Die Erblasserin hatte Vermögen innerhalb und außerhalb der EU. Die Erben sollten Erbschaftsteuer zahlen, obwohl die Erblasserin ihren Wohnsitz in die Schweiz verlegt hatte. Das niederländische Steuerrecht sah eine Wohnsitzfiktion vor, sofern der Wegzug nicht mehr als zehn Jahre zurückliegt.[613]

Das Urteil wurde mit Spannung erwartet, weil sich der EuGH erstmals der Erga-Omnes-Wirkung in einem Steuerfall widmen musste. Es ging also nicht nur um die

[608] Vgl. zweiter Teil, Punkt 1.2.1.
[609] Vgl. Lang, IStR 2005, S. 295; Rödder, Unternehmensbesteuerung, 2005, S. 165; Schön, Kapitalverkehr, 2005, S. 489.
[610] Vgl. Rödder, Unternehmensbesteuerung, 2005, S. 165, FN 8; Scheunemann, IStR 2006, S. 152; Schön, Kapitalverkehr, 2005, S. 493f.
[611] Vgl. Schnitger, IStR 2005, S. 493; Schön, Kapitalverkehr, 2005, S. 491; Ståhl, ECTR 2004, S. 47.
[612] Vgl. EuGH v. 23.02.2006 (C-513/03), IStR 2006, S. 309-311.
[613] Vgl. Bron, IStR 2006, S. 297f.

Vereinbarkeit der Wegzugsbesteuerung mit der Kapitalverkehrsfreiheit im Besonderen, sondern auch um den Schutzbereich der Kapitalverkehrsfreiheit im Verhältnis zu Drittstaaten im Allgemeinen.[614] Aus dem Urteilsspruch geht jedoch nicht eindeutig hervor, ob die Kapitalverkehrsfreiheit die Wohnsitzverlagerung schützt. Der EuGH urteilte, dass die niederländische Regelung keinen Eingriff in den Schutzbereich der Kapitalverkehrsfreiheit vornimmt.[615] Der EuGH führte – unabhängig vom vorgelegten Fall – aus, dass die bloße Wohnsitzverlegung nicht in den Schutzbereich der Kapitalverkehrsfreiheit falle, da keine finanziellen Übertragungen vorliegen würden.[616] Es ist denkbar, dass der EuGH diese Einschätzung bei einer anderen Vorlage revidiert.[617] Die Rs. „van Hilten" enthält folglich auch nicht die erhoffte Klärung über die Reichweite der Kapitalverkehrsfreiheit.[618]

Von dem ausstehenden Urteil in der **Rs. „Lasertec"**[619] wird eine Klärung über eine mögliche Eingrenzung des Schutzbereiches der Kapitalverkehrsfreiheit im Verhältnis zu Drittstaaten erwartet.[620]

Mit dem Urteil in der **Rs. „Fidium"**[621] hat der EuGH die Anwendung der Kapitalverkehrsfreiheit im Verhältnis zu Drittstaaten konkretisiert.[622] Das Ergebnis lautet, dass die Kapitalverkehrsfreiheit zurücktreten muss, sofern ihre Verletzung eine bloße Folge der Beschränkung einer anderen Grundfreiheit (hier Dienstleistungsfreiheit) ist. Wenn die Kapitalverkehrsfreiheit von einer anderen Vorschrift verdrängt wird (z.B. der Nie-

---

614 Vgl. Bron, IStR 2006, S. 296; Schön, Kapitalverkehr, 2005, S. 490f.
615 Vgl. Bron, IStR 2006, S. 298; EuGH v. 23.02.2006 (C-513/03), IStR 2006, Rn. 45f.
616 Vgl. Bron, IStR 2006, S. 298; EuGH v. 23.02.2006 (C-513/03), IStR 2006, Rn. 49.
617 Vgl. Bron, IStR 2006, S. 302.
618 Vgl. Bron, IStR 2006, S. 297; Schön, Kapitalverkehr, 2005, S. 491.
619 Das FG Baden-Württemberg ersuchte den EuGH um Vorabentscheidung in der Rs. Lasertec (C-492/04), Abl. EU Nr. C 31/11.
620 Vgl. Schnitger, IStR 2005, S. 503. Dabei geht es um die Frage, ob die Darlehenszinsen, die eine schweizerische Muttergesellschaft für ein Darlehen an ihre deutsche Muttergesellschaft verlangt, abzugsfähig sind. Die Rechtssache ist eine Ausdehnung des Urteils in der Rs. Lankhorst-Hohorst dahingehend, dass der Gesellschafter in einem Drittstaat ansässig ist. Vgl. ebd., S. 502.
621 Vgl. EuGH v. 03.10.2006 (C-452/04), DB 2006, S. 2456-2459.
622 In der Rechtssache ging es um die Frage, ob ein schweizerischer Finanzdienstleister in Deutschland ohne nötige Erlaubnis, aber unter Berufung auf die Kapitalverkehrsfreiheit Kredite vermitteln darf. Vgl. Schnitger, IStR 2005, S. 500f.; Schönfeld, DB 2007, S. 80.

derlassungsfreiheit), trifft dies zugleich den Schutz von Sachverhalten mit Drittstaaten.[623]

Da in der Rs. „van Hilten“ kein eindeutiges Urteil erging, in der Rs. „Lasertec“ noch gar kein Urteil gesprochen wurde und in der Rs. „Fidium“ ein Urteil gesprochen wurde, das aus steuerlicher Sicht Fragen offen lässt, bleibt weiterhin unklar, ob die Kapitalverkehrsfreiheit uneingeschränkt gegenüber Drittstaaten gilt oder womöglich differenziert zu sehen ist. Es gibt gute Gründe, warum die Kapitalverkehrsfreiheit in steuerlicher Hinsicht im Verhältnis zu Drittstaaten eine andere Qualität besitzt.

Erstens ist keine Vergleichbarkeit der Sachverhalte gegeben. In Drittstaaten herrschen andere Rahmenbedingungen. Sie folgen nicht der innergemeinschaftlichen Zielsetzung, weil sie nicht an den EG-Vertrag oder bilaterale Rechtsakte gebunden sind (mangelnde Reziprozität). Sie garantieren keine substantielle Besteuerung („Steueroasen“).[624]

Zweitens können steuerliche Beschränkungen und Diskriminierungen womöglich gerechtfertigt werden. Zulässige Rechtfertigungsgründe könnten – i.G.z. Sachverhalten im Binnenmarkt – mangelnde steuerliche Kontrolle, Schutz des Steueraufkommens, mangelnde Reziprozität und Kohärenz des Steuersystems sein. Für die Anführung der mangelnden steuerlichen Kontrolle spricht, dass sich die Fisci bei Sachverhalten mit Drittstaaten nicht auf die Amtshilfe-Richtlinie stützen können. Fraglich ist auch, warum der Schutz des Steueraufkommens keinesfalls ein zulässiger Rechtfertigungsgrund bei Drittstaatensachverhalten sein soll. Schließlich sind Drittstaaten ihrerseits auch nicht verpflichtet, etwa Verluste eines EU-Mitgliedstaats zu tragen. Für das Kohärenz-Argument spricht, dass es im Verhältnis zu Drittstaaten zwar keine andere Qualität

[623] Offen bleibt die steuerlich interessante Frage, wie das Verhältnis von Niederlassungsfreiheit und Kapitalverkehrsfreiheit zu bewerten ist. Würde die Niederlassungsfreiheit vorgehen, könnte sich ein Gesellschafter einer EU-Gesellschaft, der selbst in einem Drittstaat domiziliert, nur auf die Schutzwirkung der Kapitalverkehrsfreiheit berufen, wenn er Mehrheitsgesellschafter und nicht Minderheitsgesellschafter ist. Vgl. Förster, DB 2007, S. 75; Schönfeld, DB 2007, S. 81f.

[624] Vgl. Lang, IStR 2005, S. 296; Schön, Kapitalverkehr, 2005, S. 490 u. S. 511-513.

besitzt, jedoch die Trennungsthese[625] in der jüngeren Vergangenheit seitens der Generalanwältin Kokott relativiert wurde.[626]

Drittens darf bezweifelt werden, dass das Ziel der Erga-Omnes-Wirkung die volle Entfaltung der Wirkung gegenüber Drittstaaten ist. Vielmehr darf angenommen werden, dass lediglich verhindert werden soll, dass die EU-Staaten gegenüber Drittstaaten unterschiedliche Schranken für den Kapitalverkehr errichten. Nach dem Vorbild einer Zollunion muss der Akt des Kapitalverkehrs an der Außengrenze gleich behandelt werden, nicht aber die Besteuerung der Erträge aus dem Vermögen aus Drittstaaten.[627]

Die CCCTB-WG (SG4) der EU-Kommission plant, sich der Problematik der Kapitalverkehrsfreiheit im Verhältnis zu Drittstaaten anzunehmen.[628]

1.3 Zwischenergebnis

In den Drittstaaten ist kein Harmonisierungsstreben zu verzeichnen. Bei jeder Direktinvestition in einem Drittstaat trifft ein EU-Konzern auf fremde Steuernormen. Womöglich orientieren sich künftig Drittstaaten aus Europa an den Steuernormen der EU.

Drittstaaten sind nicht an den EG-Vertrag gebunden. Auch wenn sie selber Teil einer Staatengemeinschaft sind, so weist diese in der Regel keine mit der EU vergleichbaren föderalen Strukturen und damit auch kein mit dem EG-Vertrag vergleichbares, bindendes Vertragswerk auf.

Die Fisci der EU-Mitgliedstaaten haben keine Rechtsgrundlage für die Zusammenarbeit mit den Fisci der Drittstaaten.

Die Kapitalverkehrsfreiheit schützt als einzige Grundfreiheit Sachverhalte mit Drittstaaten, d.h. auch Steuerpflichtige aus Drittstaaten können sich auf diese berufen. Je-

[625] Die nicht unumstrittene Trennungsthese besagt, dass dasselbe wirtschaftliche Einkommen zweier verbundener Steuerpflichtiger nicht in einer Gesamtschau bei der Besteuerung berücksichtigt werden darf. Da der EuGH in der Vergangenheit an der These festgehalten hat, sind beispielsweise das Anrechnungsverfahren, die Gesellschafter-Fremdfinanzierung oder die Hinzurechnungsbesteuerung, die gerade versuchen, eine angemessenen Gesamtbelastung einer Gesellschaft und ihren Gesellschaftern zu bewirken, auf diese Weise bisher nicht zu rechtfertigen. Vgl. Schön IStR 2004, S. 298f.

[626] Vgl. Lang, IStR 2005, S. 296; Schön, Kapitalverkehr, 2005, S. 513-519; Ståhl, ECTR 2004, S. 54f.

[627] Vgl. Schön, Kapitalverkehr, 2005, S. 502-511.

[628] Vgl. EU-Kommission, CCCTB wp019, 2005, S. 3.

doch bestehen hinsichtlich der Rechtfertigung von Eingriffen und des Verhältnisses zu anderen Grundfreiheiten offene Fragen.

2. Konzernbesteuerung de lege ferenda

2.1 Unmögliche Ausdehnung des Modells Mod. CCTB auf Drittstaaten

Eine Formel, die nur Faktoren aus dem Binnenmarkt beinhaltet, kann keine Gewinne aus Drittstaaten aufteilen. Es besteht kein Zusammenhang zwischen Faktoren aus dem Binnenmarkt und Gewinnen aus Drittstaaten.

Eine weltweite Ausdehnung von Formula Apportionment ist ohne vereinheitlichte Gewinnermittlungsvorschriften nicht anwendbar. Bei gleichen ökonomischen Sachverhalten könnten sich unterschiedliche Gewinne ergeben. Außerdem kann es zu Lücken oder zu doppelten Berücksichtigungen in der Bemessungsgrundlage kommen.[629]

Einige Bundesstaaten der USA mit Kalifornien in der Vorreiterrolle sind bei dem Versuch gescheitert, die Anwendung der *unitary taxation* verpflichtend weltweit auszudehnen.[630]

Beabsichtigte Abweichungen zur Ausdehnung des Steueranspruchs einzelner Mitgliedstaaten können nur innerhalb des Geltungsbereichs des EG-Vertrags sanktioniert werden.[631]

Die formelhafte Gewinnaufteilung setzt homogene Märkte und homogene Konzerngesellschaften voraus.[632] Wie die Betrachtung der Rahmenbedingungen zeigt, können die Entwicklungsniveaus der Drittstaaten von dem der EU-Mitgliedstaaten abweichen, so dass vielmehr von heterogenen Märkten und heterogenen Konzerngesellschaften auszugehen ist.

---

[629] Vgl. Förster, IStR-Länderbericht, 6/1993, S. 4; Hellerstein/McLure Jr., ITPF 2004, S. 206; McLure Jr., ET 1989, S. 248.

[630] Die Begrenzung auf inländisches Einkommen stellt in den einzelnen Bundesstaaten heute die Regel dar. Der Versuch Kaliforniens, eine weltweite Anwendung vorzuschreiben, wurde nach heftigen Kontroversen im Schrifttum innerhalb und außerhalb der USA, auf Druck ausländischer Regierungen der wichtigsten Handelspartner und nach zwei Verfahren vor dem Supreme Court aufgegeben. Einige Bundesstaaten gewähren eine Option für die weltweite Anwendung. Vgl. Martens-Weiner, Formulary Apportionment, 2005, S. 34-36; Riecker, Körperschaftsbesteuerung, 1997, S. 238-246.

[631] Vgl. Schreiber, Besteuerung, 2005, S. 470.

[632] Vgl. erster Teil, Punkt 3.2.4.

Außerdem sind unterschiedliche Währungen und damit variierende Wechselkurse zu beachten.[633] Innerhalb der EU gehören bisher 13 Staaten zur Euro-Zone.[634] Es besteht die Aussicht, dass weitere folgen. Es darf angenommen werden, dass innerhalb des Binnenmarktes, wo der Euro als Leitwährung fungiert, weniger bzw. abnehmende Wechselkursschwankungen herrschen als darüber hinaus.

Damit bleibt ohne weitergehende Analyse festzuhalten, dass das Modell Mod. CCTB aufgrund ungeeigneter Rahmenbedingungen nicht auf Drittstaaten ausgedehnt werden kann. Die Beschränkung auf den Binnenmarkt wird als *water's edge limitation* bezeichnet.[635]

2.2 Mögliche Ausdehnung des Modells DK auf Drittstaaten

Das Modell DK ist an keine Voraussetzungen gebunden, die eine Anwendung im Verhältnis zu Drittstaaten a priori ausschließen. Schließlich orientiert sich das Modell an der Konzernbesteuerung, wie sie von Dänemark, Frankreich und Italien in der Praxis weltweit angewendet wird. Die aktuelle Praxis ist durchaus mit dem Drittstaatenfall vergleichbar, weil keine vereinheitlichten Gewinnermittlungsvorschriften herrschen.

Zu bedenken ist jedoch, dass das Modell DK in zahlreichen Punkten von den tatsächlichen Vorschriften der genannten Staaten abweicht. Das Modell DK ist stärker an den Erfordernissen der Steuerneutralität ausgerichtet. So ist etwa, was die Organisationsformneutralität angeht, eine Zwischenergebniseliminierung angedacht. Um der Standortneutralität besser zu gereichen, ist im Rahmen der fiskalischen Möglichkeiten die Anrechnung großzügiger ausgestaltet.

Darüber hinaus ist zu beobachten, dass, wie nachfolgend beschrieben wird, die Konzernbesteuerungssysteme der jeweiligen Orientierung gebenden Staaten nicht unbedingt als Erfolgsmodelle einzuschätzen sind.

In Dänemark hat die *Sambeskatning* erheblich an Attraktivität eingebüßt. Zwischen den Jahren 1995 bis 2003 ist die Zahl der einbezogenen Tochtergesellschaften rückläu-

---

[633] Vgl. Hellerstein/McLure Jr., ITPF 2004, S. 206.
[634] Vgl. Anhang, Tabelle A.4.
[635] Der Begriff wurde in den USA geprägt, wo die räumliche Beschränkung der *unitary taxation* auf das Einkommen, das innerhalb der USA erzielt wird, als *water's edge limitation* bezeichnet wird. Vgl. Carlson/Galper, Water's Edge, 1984, S. 2; Fischer, Unitary Taxation, 1986, S. 125.

fig. Eine mögliche Erklärung für die nachlassende Attraktivität ist die Einführung der Nachversteuerungsmethode ab 1993.[636] Vorher konnten ausländische Verluste doppelt berücksichtigt werden, wenn der Sitzstaat der Tochtergesellschaft eine Verlustberücksichtung vorsah.[637] Eine weitere attraktive Regelung, die Steuerermäßigung für ausländische Gewinne vorsah, die unabhängig von den Maßnahmen zur Vermeidung der Doppelbesteuerung galt, wurde ab 1994 schrittweise abgebaut. Ab dem Jahr 2000 ist sie vollständig abgeschafft.[638] Seit mehreren Jahren revidiert Dänemark seine Doppelbesteuerungsabkommen, die die Freistellungsmethode vorsehen, dahingehend, dass ein Wechsel zur Anrechnungsmethode vorgenommen wird. Neue DBA enthalten ausschließlich die Anrechnungsmethode.[639] Die letzten, drastischen Maßnahmen aus dem Jahr 2005, die die Attraktivität weiter erheblich einschränken, sind die Festsetzung der Zugehörigkeitsdauer auf zehn Jahre, die Aufhebung der Wahlfreiheit über die einzubeziehenden Tochtergesellschaften und die Herabsetzung der Beteiligungsquote[640] auf 50%.[641]

In Frankreich ist die Anwendung des *régime du bénéfice consolidé* sehr restriktiv und bedarf einer Genehmigung des Finanzministeriums. Seit 1966 wurde die Erlaubnis erst zehn Muttergesellschaften erteilt.[642]

Auch in Italien ist die Anwendung der *consolidato mondiale* an scharfe Voraussetzungen gebunden.[643] Hier liegt die Vermutung nahe, dass das Ziel der Einführung nur die formale Konformität mit dem EG-Recht war, um einem Urteil vergleichbar mit dem in der Rs. „Marks & Spencer" zuvorzukommen – nicht aber die Schaffung eines Paradigmas für eine internationale Konzernbesteuerung.

Tatsache ist, dass überhaupt nur eine sehr geringe Anzahl von Staaten eine grenzüberschreitende Konsolidierung vorsieht, die noch dazu – wie im Fall Italien oder inzwi-

[636] Vgl. Masui, IFA 89b, 2004, S. 55.
[637] Vgl. Grotherr, IWB 1995, S. 119-121; Kessler, IStR 1993, S. 306f.
[638] Vgl. Grotherr, IWB 1995, S. 117; Kessler, IStR 1993, S. 308.
[639] Vgl. Böhme, IStR 1998, S. 169; Höffken, IStR-Länderbericht 4/1993, S. 2.
[640] Diese Maßnahme ist nur bei der der Wahlfreiheit über die einzubeziehenden Tochtergesellschaften als attraktiv zu werten. Beim *all in – all out principle* führt sie zu einer Vergrößerung des Konsolidierungskreises und damit zu einer Erhöhung der Konsolidierungsarbeiten.
[641] Vgl. Kessler/Daller, IStR-Länderbericht 15/2005, S. 2f.
[642] Vgl. Masui, IFA 89b, 2004, S. 56. Zur Genehmigungspraxis vgl. ausführlich Scheunemann, Konzernbesteuerung, 2005, S. 313-338.
[643] Vgl. Romani/Strnad/Grabbe, IStR 2004, S. 161.

schen auch Dänemark – sehr restriktiv ausgestaltet ist oder – wie im Fall Frankreich – nur in Ausnahmefällen genehmigt wird. Womöglich ist eine grenzüberschreitende Konzernbesteuerung über den Binnenmark hinaus mit erheblichen Nachteilen verbunden.

Trotz dieser praktischen Vorbehalte stellt das Modell DK aufgrund seiner theoretischen Eignung zunächst die Konzernbesteuerung de lege ferenda dar. Erst die Analyse des konkretisierten Modells wird zeigen, ob die praktische Implementierung zu befürworten oder abzulehnen ist.

3. Konkretisierung des Modells DK

Mit dem Modell DK soll der räumliche Anwendungsbereich einer neutralen Konzernbesteuerung auf Drittstaaten ausgedehnt werden. Die Konkretisierung des Modells DK im Verhältnis zu Drittstaaten erfolgt weitestgehend in Übereinstimmung mit jener im Binnenmarkt.[644]

Die Erfolgsallokation wird analog zum Binnenmarkt auf Basis des Fremdvergleichsgrundsatzes über Verrechnungspreise vorgenommen.

Gemeinsamkeiten zum Binnenmarktfall bestehen auch bei der Konsolidierungstechnik. Dabei wird eine Teilkonsolidierung, die Gewinne und Verluste beinhaltet, durchgeführt. Die Zurechnung erfolgt quotal gemäß Beteiligungsquote. Die Anrechnung der ausländischen Steuer wird auf den Betrag der inländischen Steuer, die auf die Summe der Einkünfte der ausländischen Konzerngesellschaften entfällt, begrenzt. Anrechnungsüberhänge, die beispielsweise aus Verlusten resultieren, können vor- oder zurückgetragen werden.

Die Zugehörigkeit zum Konsolidierungskreis entspricht in fast allen Punkten ebenfalls dem Binnenmarktfall. Die Kontrolle der Stimmrechte i.H.v. mindestens 75% auf jeder Beteiligungsebene ist das einzige Tatbestandsmerkmal für die Zugehörigkeit. Die Aufnahme einer jeden qualifizierten Konzerngesellschaft ist verpflichtend. Verlässt eine Konzerngesellschaft den Konsolidierungskreis, sind gewisse Konsolidierungsmaßnahmen rückgängig zu machen.

Unterschiede zum Binnenmarktfall bestehen bei den Gewinnermittlungsvorschriften, und bei der Zwischenergebniseliminierung Die Ergebnisse der Konzerngesellschaften aus Drittstaaten sind nach den zu vereinheitlichenden Gewinnermittlungsvorschriften der EU zu berechnen. Da die Gewinnermittlungsvorschriften der Drittstaaten regelmäßig von jenen der EU abweichen, muss im Drittstaatenfall i.G.z. Binnenmarktfall eine doppelte Gewinnermittlung vorgenommen werden.

Die Zwischenergebniseliminierung erfolgt durch eine Kombination von Ausgleichspostenmethode und Abwertungsmethode. Im Verhältnis zu Drittstaaten kann besten-

[644] Vgl. zweiter Teil, Abschnitt 3. Eine Übersicht findet sich unter Punkt 3.5.

falls auf eine Zusammenarbeit durch einen Informationsaustausch zwischen den involvierten Finanzbehörden gesetzt werden. Nicht aber kann einem Drittstaat als Sitzstaat einer Tochtergesellschaft vorgeschrieben werden, im Falle einer Upstream-Lieferung Ausgleichsposten zu bilden, um einen möglichen Veräußerungsgewinn verzögert zu besteuern. Deshalb müssen sämtliche Konsolidierungsmaßnahmen im Sitzstaat der Muttergesellschaft vorgenommen werden. Im Falle der beschriebenen Upstream-Lieferung ist die Abwertungsmethode zu wählen, d.h. bei der empfangenden Muttergesellschaft ist der Veräußerungsgewinn bei der liefernden Tochtergesellschaft durch eine außerplanmäßige Abschreibung zu neutralisieren. Im Falle einer Downstream-Lieferung ist die Ausgleichspostenmethode zu verwenden, d.h. bei der liefernden Muttergesellschaft ist der Veräußerungsgewinn über einen passiven Ausgleichsposten zu neutralisieren. Bei der empfangenden Tochtergesellschaft gibt es keine Auswirkungen. Die Kombination aus Ausgleichspostenmethode und Abwertungsmethode in Abhängigkeit von der Lieferrichtung ist folglich als asymmetrisch zu charakterisieren.

In Abbildung III.3.1 werden die wesentlichen Punkte der Konkretisierung des Modells DK auf einen Blick zusammengefasst.

Abbildung III.3.1: Konkretisierung des Modells DK im Drittstaatenfall

Aspekt	Konkretisierung
Methode der Erfolgsallokation	direkt über Verrechnungspreise auf Basis des Fremdvergleichs
Gewinnermittlungsvorschriften	nach EU-Vorschriften (doppelte Gewinnermittlung)
Konsolidierungstechnik	
Art der Konsolidierung	Teilkonsolidierung
Umfang der Konsolidierung	quotal
Vermeidung der Doppelbesteuerung	*overall-limitation* und Vortrag bzw. Rücktrag von Anrechnungsüberhängen
Verlustausgleich	intratemporal nur vertikal von unten nach oben
Zwischenergebniseliminierung	Kombination aus Ausgleichspostenmethode und Abwertungsmethode
Konsolidierungskreis	
Beteiligungsquote	75%
Zugehörigkeit	obligatorisch
Beendigung	Rückgängigmachung der Konsolidierungsmaßnahmen

Quelle: Eigene Darstellung.

4. Analyse der praktischen Implementierbarkeit des Modells DK

4.1 Administrierbarkeit

Im Verhältnis zu Drittstaaten ist Administrierbarkeit noch herausfordernder als im Binnenmarkt. Der Hauptgrund dafür sind die in den Drittstaaten zum Binnenmarkt divergierenden Gewinnermittlungsvorschriften.

Zur Erfolgsallokation gilt das bereits Gesagte zum Binnenmarktfall. Der Konsens ist im Verhältnis zu Drittstaaten noch schwerer zu finden, da zusätzlich die Gewinnermittlungsvorschriften divergieren. Außerdem ist der Konzern bei Konflikten auf das Verständigungsverfahren gemäß Art. 25 OECD-MA angewiesen, während im Binnenmarkt das größeren Erfolg versprechende **EU-Schiedsabkommen**[645] gültig ist.[646]

Entscheidet sich der Konzern für eine konsolidierte Besteuerung, fällt für jede Konzerngesellschaft aus einem Drittstaat eine Verdopplung der Arbeit bei der Gewinnermittlung an, weil der Konzerngewinn nach einheitlichen Gewinnermittlungsvorschriften zu ermitteln ist.

Die Vermeidung der Doppelbesteuerung und der Verlustausgleich werden im Verhältnis zu Drittstaaten technisch analog zum Binnenmarkt durchgeführt, so dass mit dem gleichen, hohen administrativen Aufwand zu rechnen ist.

Die Konsolidierungsarbeiten in puncto Vermeidung der Besteuerung von Zwischengewinnen verdoppeln sich im Vergleich zum Binnenmarkt, wenn man annimmt, dass sich Upstream- und Downstream-Lieferungen die Waage halten. Im Sitzstaat der Muttergesellschaft müssen nun auch die Zwischenergebnisse korrigiert werden, die in den Sitzstaaten der Tochtergesellschaften entstehen. Dabei ist der Fiskus im Sitzstaat der Muttergesellschaft auf die Zusammenarbeit mit den Sitzstaaten der Tochtergesell-

[645] Vgl. Übereinkommen 90/436/EWG v. 23.07.1990 über die Beseitigung der Doppelbesteuerung im Falle von Gewinnberichtigungen zwischen verbundenen Unternehmen (zit.: EU-Schiedsabkommen), Abl. EG Nr. L 225/10. Eine weltweite Anwendung der Schiedskonvention ist denkbar. Vgl. Herzig, WPg 1998, S. 286.

[646] Beim Verständigungsverfahren besteht kein Anspruch auf Vermeidung der Doppelbesteuerung. Beim EU-Schiedsabkommen wird bei unterbleibender Einigung ein Schlichtungsverfahren eingeleitet. Vgl. Jacobs, Unternehmensbesteuerung, 2002, S. 190f.; Schreiber, Besteuerung, 2005, S. 458.

schaften angewiesen. Jedoch kann er sich nicht auf die Amtshilferichtlinie oder die Beitreibungsrichtlinie berufen.

Die divergierenden Gewinnermittlungsvorschriften verkomplizieren die ohnehin schon aufwendigen Vorschriften zur Zwischenergebniseliminierung und zum Verlustausgleich.[647]

Womöglich auch aus diesem Grund wendet Frankreich die Zwischenergebniseliminierung nur im nationalen Fall an. Die weiteren Staaten, die eine grenzüberschreitende Gruppenbesteuerung anbieten, verzichten ganz auf eine Zwischenergebniseliminierung.[648]

Die deutsche Finanzverwaltung behauptet sogar, schon im Binnenmark sei eine Zwischenergebniseliminierung nicht administrierbar, zum einen aufgrund des niedrigen Harmonisierungsstands und zum anderen aufgrund der ineffektiven grenzüberschreitenden Zusammenarbeit der Mitgliedstaaten trotz Amtshilferichtlinie und Beitreibungsrichtlinie.[649] Daher sind Zweifel an der Administrierbarkeit zumindest im Verhältnis zu Drittstaaten berechtigt, wo gerade keine Aussicht auf Harmonisierung besteht und Amtshilferichtlinie und Beitreibungsrichtlinie nicht gelten.

Minderheitsgesellschafter verursachen im Drittstaatenfall keine zusätzlichen administrativen Kosten. Die Einzelsteuerbilanz wird noch nicht einmal durch die Zwischenergebniseliminierung beeinträchtigt, da diese auch bei Upstream-Lieferungen von der Muttergesellschaft vorgenommen wird.

4.2 Gestaltungsresistenz

Die Gestaltungsresistenz im Drittstaatenfall unterscheidet sich grundsätzlich nicht vom Binnenmarktfall. Der Konzern kann bei beiden Szenarien, relativ höheres bzw. relativ niedrigeres Steuerniveau im Ausland, auf nahezu das gesamte Instrumentarium der Steuerplanung zugreifen.

Eine Ausnahme besteht im Szenario relativ niedrigeres Steuerniveau im Ausland. Im Binnenmarktfall kann durch die Sitzverlegung der Muttergesellschaft erreicht werden,

[647] Vgl. Lüdicke/Rödel, IStR 2004, S. 552; Schreiber, StuW 1994, S. 252.
[648] Vgl. erster Teil, Punkt 6.3.1.
[649] Vgl. BMF, SEStEG-Entwurf v. 17.07.2006, S. 40.

dass der Konzerngewinn zu einem niedrigeren Körperschaftsteuersatz zu versteuern ist. Im Drittstaatenfall dagegen kann durch Sitzverlegung keine niedrigere Besteuerung erreicht werden. Für diesen Zweck besteht kein Anreiz zur Sitzverlegung. Denn wird die Muttergesellschaft aus dem Binnenmarkt in den Drittstaat verlegt, unterliegt der verbleibende Teilkonzern dem Steuersatz im Sitzstaat der Teilkonzernspitze. Diese könnte z.B. eine im Wegzugsstaat verbleibende Betriebsstätte sein.

Dafür besteht beim gleichen Szenario eine zusätzliche Möglichkeit im Bereich Gestaltung des Konsolidierungskreises. Sandwich-Konzerne mit einer Muttergesellschaft aus einem Drittstaat (Bsp. Muttergesellschaft mit Sitz in den USA, Tochtergesellschaft mit Sitz in der EU und Enkelgesellschaft mit Sitz in der Schweiz) könnten Konzerngesellschaften in Drittstaaten vom Konsolidierungskreis fernhalten, indem die indirekte Beteiligung aus dem Drittstaat direkt an die Muttergesellschaft „gehängt" wird. Da diese Gestaltungsmöglichkeit nur Konzernen aus Drittstaaten und nicht EU-Konzernen offensteht, besteht für Letztere der Anreiz, den Sitz der Muttergesellschaft in einen Drittstaat zu verlegen, sofern ein Beteiligungsbesitz im niedrig besteuernden Drittstaat vorhanden ist.

Als Abwehrmaßnahme gegen die Sitzverlegung in einen Drittstaat (EU-Konzern) müsste darüber nachgedacht werden, die Zwischenergebniseliminierung einzuschränken. Die stillen Reserven der Wirtschaftsgüter, die im Zuge der Sitzverlegung der Muttergesellschaft übertragen werden, wären sofort zu besteuern. Dazu könnte folgendermaßen vorgegangen werden. Zur Abwehr des „Umhängens" der Beteiligung (Sandwich-Konzern) ist eine fiktive Veräußerung anzunehmen, welche zur sofortigen Besteuerung der stillen Reserven führt. In beiden Fällen werden nur stille Reserven besteuert, die den Teilkonzern „nach oben" verlassen. Für stille Reserven, die im Rahmen des Lieferungs- und Leistungsverkehrs im Teilkonzern oder im Zuge einer Sitzverlegung auf Ebene untergeordneter Konzerngesellschaften aufgedeckt werden, besteht weiterhin der Besteuerungsaufschub bis zur Realisation.

4.3 Fiskalische Effekte

4.3.1 Indirekte Anrechnung

Was die Anrechung angeht, so können die Ergebnisse aus der Untersuchung des Binnenmarktfalls auf den Drittstaatenfall übertragen werden. Grundsätzlich kann der Sitzstaat der Muttergesellschaft nur durch die Anrechnung gewinnen. Doch die Konzerne wissen durch den Einsatz von Steuerplanungsstrategien das Hochschleusen ihrer ausländischen Gewinne zu verhindern.

4.3.2 Verlustausgleich

Die Regelung zum Verlustausgleich birgt im Vergleich zum Binnenmarktfall mehr aufkommensgefährdende Risiken. Es ist vorstellbar, dass die Gewinnermittlungsvorschriften eines Drittstaats keinen intertemporaleren Verlustausgleich vorsehen. Dann müssten Verluste aus eben diesem Drittstaat vom Sitzstaat der Muttergesellschaft permanent getragen werden.[650]

4.3.3 Zugriff auf stille Reserven

Für stille Reserven, die im konzerninternen Lieferungsverkehr aufgedeckt werden, sieht die Zwischenergebniseliminierung einen Steueraufschub vor. Auch die Regelung zur Zwischenergebniseliminierung ist im Hinblick auf Sicherung des Steueraufkommens riskanter als im Binnenmarktfall. Dabei ist zwischen Upstream-Lieferungen und Downstream-Lieferungen zu unterscheiden. Die Rahmenbedingungen des Drittstaatenfalls machen deutlich, dass es an einer rechtlichen Grundlage für einen Informationsaustausch, welcher eine wichtige Voraussetzung für die bei Downstream-Lieferungen zur Anwendung kommenden Ausgleichspostenmethode ist, fehlt. Der betreffende Drittstaat kann rechtlich nicht zur Informationsbereitstellung über den Realisationszeitpunkt des Gewinns durch den Absatz der im Konzern übertragenen Wirtschaftsgüter am Markt oder das Verlassen des Konsolidierungskreises einer Konzerngesellschaft verpflichtet werden. Es muss daher auf eine freiwillige Zusammenarbeit gesetzt werden. Unterbleiben Informationen über einen Realisationstatbestand, entgehen dem

[650] Vgl. Herzig, StuW 2006, S. 161.

ehemaligen Belegenheitsstaat Steuereinahmen. Zwischengewinne einer Tochtergesellschaft bei Upstream-Lieferungen werden durch erfolgswirksame Abwertungen bei der Muttergesellschaft korrigiert. Zwar ist der Fiskus im Sitzstaat nicht auf eine Informationsbereitstellung eines dritten Staats angewiesen, jedoch führt die Abwertung zu dauerhaften Einbußen des Aufkommens, wenn das übertragene Wirtschaftsgut nicht am Markt veräußert wird.

4.4 Rechtskonformität

4.4.1 EG-Recht

Der Outbound-Fall bei Nicht-EU-Staaten ist in weiten Teilen spiegelbildlich zum Outbound-Fall der EU-Staaten gestaltet, so dass kein Konflikt mit dem EG-Recht besteht. Die einzigen Ausnahmen bestehen im Bereich der Zwischenergebniseliminierung und der Gewinnermittlungsvorschriften. Von den beiden erstgenannten Bereichen geht jedoch keine Diskriminierung oder Beschränkung der grenzüberschreitenden Geschäftstätigkeit aus.

Ohnehin ist fraglich, inwieweit die Sachverhalte mit Drittstaaten EG-rechtlich relevant sind. Auf diese Frage wird weiter unten beim Modell DivEx eine Antwort gesucht, weil sie sich dort aufgrund von intendierten Diskriminierungen und Beschränkungen dringlicher stellt.

4.4.2 Abkommensrecht

Im Verhältnis zu Drittstaaten tritt das Abkommensrecht in den Vordergrund, weil es nicht mehr vom EG-Recht überragt wird und daher seine Wirkungskraft entfaltet. [651] Die Konformität mit dem Abkommensrecht wird besonders in Verbindung mit der Anrechnung bei Feststellung infrage gestellt. Entsprechend zur Konformität mit dem EG-Recht im Binnenmarktfall wird zunächst die Vereinbarkeit der Hinzurechnungsbesteuerung mit dem Abkommensrecht untersucht.

Darüber, ob die Hinzurechnungsbesteuerung konform mit Abkommensrecht ist, bestehen zuweilen Zweifel. In Art. 7 Abs. 1 OECD-MA heißt es schließlich: „Gewinne ei-

[651] Vgl. Lehner, Doppelbesteuerungsabkommen, 1995, S. 20f.; Riecker, Körperschaftsbesteuerung, 1997, S. 304f.

nes Unternehmens eines Vertragsstaats können nur in diesem Staat besteuert werden, es sei denn, das Unternehmen übt seine Geschäftstätigkeit im anderen Vertragsstaat durch eine dort gelegene Betriebsstätte aus." Mit anderen Worten können Unternehmensgewinne (mit der Ausnahme der Gewinne einer Betriebsstätte) nur von dem Staat besteuert werden, in dem das gewinnerzielende Unternehmen ansässig ist. Der Sitzstaat einer inländischen Muttergesellschaft kann nach diesem Wortlaut womöglich nicht die Gewinne einer ausländischen Tochtergesellschaft besteuern.

Die Hinzurechnungsbesteuerung lässt sich dadurch rechtfertigen, dass die ausländischen Unternehmensgewinne über die Ausschüttungsfiktion in Dividenden umgewandelt werden. Die Besteuerung der Dividenden hat keinen Einfluß auf das ausschließliche Besteuerungsrecht des Quellenstaats für Unternehmensgewinne.[652] Außerdem ist die fällige Steuer nicht von der Tochtergesellschaft, sondern von der Muttergesellschaft zu zahlen und vermindert daher nicht den Gewinn der Tochtergesellschaft.[653]

Tatsache ist, dass die Hinzurechnungsbesteuerung in der Praxis im Binnenmarkt und darüber hinaus zunehmend Verbreitung findet. Inzwischen wenden rund 20 Staaten ein Art Hinzurechnungsbesteuerung an.[654]

Bei Anrechnung durch Feststellung wird technisch genauso wie bei der Hinzurechnungsbesteuerung vorgegangen, da ebenfalls die Abschirmwirkung durchbrochen und die Gewinne der Tochtergesellschaft der Muttergesellschaft zugerechnet werden.[655] Deshalb lässt sich die Vereinbarkeit mit dem Abkommensrecht analog begründen.

In der Praxis führen Dänemark, Frankreich und Italien Anrechnung durch Feststellung durch,[656] ohne dass Konflikte über Besteuerungsansprüche mit Abkommenspartnern bekannt sind.

---

[652] Vgl. Wassermeyer, in: Flick/Wassermeyer/Baumhoff, Außensteuerrecht, 1999, Vor §§ 7-14, Anm. 3.

[653] Vgl. Hemmelrath, in: Vogel/Lehner, Doppelbesteuerungsabkommen, 2003, Art. 7, Ziff. 10.1. MK 7; Tischbirek, in: Vogel/Lehner, Doppelbesteuerungsabkommen, 2003, Art. 10, Ziff. 37 MK 10.

[654] Vgl. Kaufmann, SWI 2001, S. 16; Lang, IStR 2002, S. 217; Schön, DB 2001, S. 940; Wassermeyer, in: Flick/Wassermeyer/Baumhoff, Außensteuerrecht, 1999, Vor §§ 7-14, Anm. 40. Dazu zählen u.a. zahlreiche EU-Staaten wie Dänemark, Deutschland, Frankreich, Italien und das Vereinigte Königreich, sowie Australien, Japan und als Vorreiter die USA.

[655] Vgl. zweiter Teil, Punkt 4.4.1.1.

[656] Vgl. erster Teil, Punkt 4.2.1.

4.5 Legislative Implementierbarkeit

4.5.1 EG-Richtlinie

Die im Binnenmarktfall diskutierte Richtlinie enthält bereits die Regelungen für den Drittstaatenfall. Die Herausforderungen der legislativen Implementierbarkeit werden im zweiten Teil beschrieben. Die Ausweitung des Modells DK auf Drittstaaten erschwert die Einigung womöglich zusätzlich, weil ergänzende Vorschriften aufgenommen werden müssen. Beispielhaft sei die asymmetrische Zwischenergebniseliminierung genannt.

4.5.2 Doppelbesteuerungsabkommen

Bilaterale Verträge sind ein Relikt aus den Zeiten der Entstehung der internationalen Konzerne. Ihre Zahl wächst exponentiell und führt zu Rechtszersplitterung, Unübersichtlichkeit und mangelnder Planbarkeit. Deshalb sind multinationale Verträge erstrebenswert.[657] Probleme bereitet die bestehende mangelnde Koordinierung der Verträge bei Drittstaatensachverhalten.[658] Die EU selbst, als Stellvertreter der Mitgliedstaaten, kommt als Vertragspartner für Drittstaaten infrage. Schließlich beweist sie über verabschiedete Richtlinien Kompetenz im Bereich der direkten Steuern.[659] Diese Kompetenz würde durch die Einführung einer europäischen Konzernbesteuerung und die damit verbundene Aufgabe des bilateralen DBA-Netzes im Binnenmarkt noch verstärkt. Dadurch werden die mangelnde Koordinierung beseitigt, die Anzahl der Verträge deutlich reduziert und uniforme Regelungen nach außen gesichert.

Die DBA müssen mit zahlreichen Nicht-Mitgliedstaaten neu verhandelt werden. Beispielsweise hat Deutschland allein mit ca. 60 Nicht-Mitgliedstaaten Doppelbesteuerungsabkommen abgeschlossen.[660]

Es darf angenommen werden, dass sich eine Neuverhandlung mit dem Ziel der Anrechnung bei Feststellung als sehr schwer erweist. Das gilt sowohl für Drittstaaten, die mit EU-Staaten die Freistellungsmethode, als auch für solche, die mit EU-Staaten die

[657] Weltweit bestehen annähernd 20.000 Verträge. Vgl. Herzig, WPg 1998, S. 288.
[658] Vgl. EU-Kommission, KOM(2003)726, S. 12.
[659] Vgl. Lang, IStR 2005, S. 297.
[660] BMF-Schreiben v. 11.01.2006, Anlage.

Anrechungsmethode vereinbart haben. Besonders schwere Verhandlungen sind mit Ersteren zu erwarten – noch dazu wenn es sich um Niedrigsteuerländer handelt.[661] Der Methodenwechsel i.V.m. der Zurechnung stellt eine große Umstellung dar. Aber auch Letztere werden dadurch eingeschränkt, dass die Abschirmwirkung durchbrochen wird.

4.6 Zwischenergebnis

(Administrierbarkeit:) Die divergierenden Gewinnermittlungsvorschriften im Drittstaatenfall erhöhen den ohnehin schon beträchtlichen administrativen Aufwand des Modells DK. Dies gilt für die Erfolgallokation, die Gewinnermittlung, die Vermeidung der Doppelbesteuerung, den Verlustausgleich und die Zwischenergebniseliminierung.

Darüber hinaus werden die Erfolgsallokation, der Verlustausgleich und die Zwischenergebniseliminierung ohne Rechtsgrundlage für die Zusammenarbeit der Fisci zu einer administrativen Herausforderung.

(Gestaltungsresistenz:) Im Drittstaatenfall kann der Konzern grundsätzlich die gleichen Gestaltungen wie im Binnenmarktfall vornehmen. Die eine Ausnahme besteht darin, dass durch eine Sitzverlegung keine günstigere Besteuerung des Konzerngewinns bewirkt werden kann. Dafür besteht eine neue Gestaltungsmöglichkeit. Sandwich-Konzerne mit einer Muttergesellschaft aus einem Drittstaat könnten Konzerngesellschaften in Drittstaaten vom Konsolidierungskreis fernhalten, indem sie ihre Beteiligungsstruktur verändern.

(Fiskalische Effekte:) Für die indirekte Anrechnung gilt grundsätzlich, dass der Fiskus im Sitzstaat der Muttergesellschaft in Höhe des Produkts aus Steuersatzdifferenz und Gewinn der Tochtergesellschaft profitieren kann. Jedoch sind Konzerne bestrebt, die erzwungene Hochschleusung ausländischer Gewinne zu vermeiden. Im äußersten Fall wird der Sitz des Konzerns in den am niedrigsten besteuernden Mitgliedstaat verlegt.

Verluste können die Bemessungsgrundlage der Muttergesellschaft dauerhaft mindern. Nicht nur, weil durch Steuerplanung gezielt darauf hingewirkt wird oder eine Tochtergesellschaft chronische Verluste erzielt, sondern schon deshalb, weil im Sitzstaat der

[661] Dies zeigt das Beispiel der Neuverhandlung zwischen Deutschland und Irland mit dem Gegenstand der Hinzurechnungsbesteuerung. Vgl. Debatin, DB 1992, S. 2160.

Tochtergesellschaft abweichend von den Gewinnermittlungsvorschriften im Binnenmarkt keine Regelungen zum intertemporalen Verlustausgleich vorgesehen sind.

Stille Reserven, die in konzerninternen Lieferungsverkehr aufgedeckt werden, erfahren einen Besteuerungsaufschub, der die Gefahr in sich birgt, statt wie angenommen temporärer permanenter Natur zu werden; d.h. stille Reserven verlassen den Binnenmarkt zunächst steuerfrei, während die Nachbelastung fraglich ist.

(Rechtskonformität:) Konflikte mit dem EG-Recht sind beim Modell DK ausgeschlossen. Bei grenzüberschreitenden Sachverhalten werden keine Diskriminierungen oder Beschränkungen vorgenommen.

Die Konformität mit dem Abkommensrecht ist beim Modell DK in puncto Anrechnung bei Feststellung in der Literatur nicht unumstritten. Tatsache ist jedoch, dass in der Praxis Anrechnung bei Feststellung von Dänemark, Frankreich und Italien angewendet wird.

(Legislative Implementierbarkeit:) Die Ausdehnung auf Drittstaaten führt dazu, dass ergänzende Regelungen in der EG-Richtlinie Platz finden müssen. Das erschwert die Einigung womöglich zusätzlich, die erfahrungsgemäß bereits aufgrund des Einstimmigkeitsprinzips und dazu einer steigenden Anzahl von Mitgliedstaaten äußerst schwierig ist.

Die Revision der Doppelbesteuerungsabkommen wird schwer durchzusetzen sein. Anrechnung bei Feststellung bedeutet einen massiven Eingriff in gewohntes Abkommensrecht. Das gilt besonders für Drittstaaten, die mit EU-Staaten die Freistellungsmethode, aber auch für Drittstaaten, die mit den EU-Staaten die Anrechungsmethode vereinbart haben, weil die Gewinne generell zugerechnet werden.

Zusammenfassend ist zu bemerken, dass die praktische Implementierung des Modells DK im Verhältnis zu Drittstaaten abzulehnen ist. Das Modell ist schon im Binnenmarktfall mit Problemen behaftet, die sich bei einer Ausdehnung auf den Drittstaatenfall potenzieren. Das schwerwiegendste Argument ist jedoch, dass im Wege von Gestaltungen die Hochschleusung der Gewinne aus Drittstaaten schlichtweg umgangen werden kann.

5. Alternativen zur Konzernbesteuerung de lege ferenda

Da die Ausdehnung des Modells DK auf Drittstaaten vor dem Hintergrund der Schwierigkeiten der Implementierung in die Praxis nicht zu vertreten ist, muss nach einer anderen Lösung gesucht werden.

Als alternative Konzernbesteuerungsmodelle verbleiben Modelle, die aus einer Kombination von Mischsystem (zwischen Wohnsitzprinzip und Quellenprinzip) und Separate Entity Accounting hervorgehen. Mit der unmöglichen Anwendbarkeit von Formula Apportionment im Drittstaatenfall scheidet neben dem Modell Mod. CCTB auch das Modell CCTB aus (Abbildung III.5.1).

Die verbleibenden Modelle gereichen, wie im ersten Teil gezeigt, nicht der theoretischen Anforderung Steuerneutralität. Um dies deutlich zu machen, werden sie nicht als Alternativen der Konzernbesteuerung de lege ferenda, sondern als Alternativen zur Konzernbesteuerung de lege ferenda bezeichnet.

Abbildung III.5.1: Mischsysteme als verbleibende Menge der Alternativen

	SA	FA
(WP)	Modell DK Dänemark, Frankreich u. Italien (alle l.l.).	Modell Mod. CCTB Modifikation des Modells CCTB.
WP / QP	Modell ASS Typische angelsächsische Staaten wie das UK und die USA (beide l.l.). Modell A Österreich (l.l.). Modell KES Typische kontinentaleuropäische Staaten wie Deutschland (l.l). Modell DivEx USA (l.f.) und die Niederlande (l.p.).	
QP		Modell CCTB EU (l.f.).

Quelle: Eigene Darstellung.

Statt alle verbleibenden Modelle einzeln zu analysieren, werden die fünf Elemente der Kapitaleinkommensbesteuerung in einem systematischen Kontext betrachtet.

Richtungsweisend für die Behandlung der Verluste und Beteiligungsaufwendungen ist die Besteuerung der Gewinne.

Werden Gewinne – wenn auch verzögert – bei der Muttergesellschaft besteuert, so müssten bei systematischer Vorgehensweise auch Verluste berücksichtigt und Beteiligungsaufwendungen zum Abzug zugelassen werden. Verluste und Beteiligungsaufwendungen sind schon im Feststellungszeitpunkt zu berücksichtigen. Gewinne werden erst im Zuflusszeitpunkt besteuert.

Das Problem ist, dass durch Steuerplanungsstrategien die Repatriierungssteuer (Steuerzahlung der Muttergesellschaft auf die Repatriierung von Dividenden im Wege der indirekten Anrechnung) vermieden werden kann. Nach **Optimierung der Anrechnungsposition** (1) gibt es weder Anrechnungsüberhänge noch verbleibende Repatriierungssteuern. Durch **Thesaurierung** (2) wird die Erhebung der Repatriierungssteuer ausgesetzt. Unter Einsatz der **Dreiecksstrategie** (*triangular-strategy*) (3) kann über einen begrenzten Zeitraum das gleiche Ergebnis wie bei der Freistellungsmethode erzielt werden.[662]

(Ad 1:) Die Anrechnungsposition wird optimiert, indem hoch besteuerten Beteiligungserträgen in dem Maße niedrig besteuerte Beteiligungserträge gegenüberstehen, dass die Summe der Vorbelastung der Steuer entspricht, die auf die Summe der Beteiligungserträge fällig ist. Stehen nicht genügend niedrig besteuerte Beteiligungserträge zur Verfügung, müssen Gewinne in den niedrig besteuerten Staat verlagert werden.[663] Die *per-country-limitation* kann das Mischen von hoch und niedrig besteuerten Erträgen nicht verhindern. In diesem Fall können die Erträge in einer inländischen, sog. Mixer-Gesellschaft zusammengeführt werden (*onshore pooling*).[664]

Eine andere Möglichkeit besteht darin, die Gewinne vom Hochsteuerland in den Sitzstaat der Muttergesellschaft zu verlagern. Dies kann beispielsweise über Manipulation

[662] Diese Aufzählung ist nicht erschöpfend. Erklärungen weiterer Strategien finden sich in Ruf, Steuerwettbewerb, 2007, S. 188.
[663] Vgl. Hines/Rice, QJE 1994, S. 155.
[664] Vgl. Spengel, Unternehmensbesteuerung, 2003, S. 51f.

der Verrechnungspreise, Finanzierungsgestaltungen oder Funktionsverlagerungen bewirkt werden.[665] In den USA lassen sich verbleibende Anrechnungsüberhänge auch abbauen, indem die Steuerschuld, die aus den Zins- und Lizenzeinnahmen resultiert, mit den Anrechnungsüberhängen verrechnet wird.[666]

(Ad 2:) Solange die Gewinne bei der Tochtergesellschaft thesauriert werden, ist bei der Muttergesellschaft keine Repatriierungssteuer fällig. Hat die Muttergesellschaft Kapitalbedarf, kann sie sich verschulden. Besteht Kapitalbedarf für weitere Direktinvestitionen nachgeordneter Konzerngesellschaften, können diese seitens der thesaurierenden Tochtergesellschaft finanziert werden. Folglich entstehen statt Tochtergesellschaften Enkelgesellschaften.[667]

Sind keine Enkelgesellschaften zu kapitalisieren oder befindet sich die thesaurierende Tochtergesellschaft in einem *tax haven*, in dem sich keine Realinvestitionen anbieten, muss die Wiederanlage der thesaurierten Gewinne am Kapitalmarkt vorgenommen werden. Solange der ausländische unter dem inländischen Steuersatz liegt, ist der Barwert der unendlichen Wiederanlage – selbst wenn die Erträge aus der Wiederanlage aufgrund der *subpart F rules* der laufenden Besteuerung unterliegen – größer als der repatriierte Gewinn aus der Realinvestition. Es wird also keine Repatriierung vorgenommen.[668]

(Ad 3:) Bei der *triangular-strategy* wird die Repatriierungssteuer dadurch umgangen, dass die Dividenden einer Tochtergesellschaft aus einem Niedrigsteuerland (T_N) über eine Tochtergesellschaft aus einem Hochsteuerland (T_H) ausgeschüttet werden.

Zur Erreichung dieses Zieles muss die Beteiligungsstruktur des Modellkonzerns über den Investitionszeitraum hinweg verändert werden. Anfänglich stehen T_H und T_N auf der gleichen Beteiligungsstufe. Nun beteiligt sich T_N mit seinen Gewinnen an T_H. Im gleichen Maße, wie sich dadurch das Eigenkapital erhöht, vermindert es sich dadurch, dass T_H das von der Muttergesellschaft erhaltene Eigenkapital herabsetzt. In der absoluten Höhe bleibt das Eigenkapital von T_H unverändert. Es ändert sich lediglich die

[665] Vgl. zweiter Teil, Punkt 4.2.2.
[666] Vgl. zweiter Teil, Tabelle II.3.3.
[667] Vgl. Kowallik, Investitionsstrukturen, 2003, S. 837.
[668] Vgl. Hines/Rice, QJE 1994, S. 155f.; Weichenrieder, ITPF 1996, S. 69f. S.a. Anhang, Abbildung A.1.

Beteiligungsstruktur. Mit jeder Periode wächst der Anteil von T_N, während sich der Anteil von M gleichermaßen verringert. Diese Strategie kann nur solange verfolgt werden, bis T_N alle Kapitalanteile an T_H auf sich vereinigt und damit vollständig zur Enkelgesellschaft wird. Werden Konzerngesellschaften am Ende des Investitionszeitraums liquidiert, wird der Teil des Eigenkapitals, den T_N von T_H zurückerhält, mit Repatriierungssteuer belegt.[669]

Die angeführten Strategien lassen vermuten, dass bei Anrechnungsstaaten einerseits Steuereinnahmen erhöhende Erträge ausbleiben und andererseits sofort Steuereinnahmen mindernde Aufwendungen geltend gemacht werden können.

Tatsächlich erzielt beispielsweise der Fiskus in den USA scheinbar keine nennenswerte Repatriierungssteuer. Dazu kommt, dass die Verwaltung der Anrechungsguthaben hohe administrative Kosten verursacht.[670]

Bekräftigt wird diese Erkenntnis durch den Versuch der US-amerikanischen Regierung aus dem Jahr 2004 mit einem *sunset law*[671], die Konzerne durch Steuerbegünstigungen zu Ausschüttungen zu bewegen. Dieses Gesetz ist Teil des *American Jobs Creation Act (AJCA)*.[672] Optiert ein Konzern für die Anwendung der Vorschrift, wird die Repatriierungssteuer von 35% um 85% auf 5,25% gekürzt. Dafür kann kein *foreign tax credit* in Anspruch genommen werden. Betriebsausgaben, die mit den privilegierten Ausschüttungen im Zusammenhang stehen, können nicht abgezogen werden.[673]

Die Gewinnbesteuerung kann unter einem *deferral system* wie gezeigt nicht zufriedenstellend gestaltet werden. Deshalb sollte auf eine Gewinnbesteuerung verzichtet werden. Denn wohl nicht zu unrecht wird die Repatriierungssteuer als „elective“ bezeichnet.[674]

---

[669] Vgl. Altshuler/Grubert, NBER wp8144, 2001, S. 11-16; Grubert/Mutti, Dividend Exemption, 2001, S. 19. Zur tabellarischen Darstellung der Zahlungsströme vgl. Anhang, Tabelle A.5.

[670] Vgl. Advisory Panel, Tax System, 2005, S. 104.

[671] Darunter wird ein Gesetz verstanden, dessen Rechtskraft zeitlich begrenzt ist, es sei denn, es wird verlängert.

[672] Das Gesetzpaket soll die Abwanderung von Arbeitsplätzen ins Ausland verhindern und gleichzeitig die Schaffung neuer Arbeitsplätze im Inland begünstigen. Vgl. Kessler/Eicke, IStR 2006, S. 1; Zschiegner, IWB 2005, S. 1239.

[673] Vgl. Kessler/Eicke, IStR 2006, S. 3.

[674] Vgl. Advisory Panel, Tax System, 2005, S. 133.

Werden Gewinne nicht besteuert, so müssen bei systematischer Vorgehensweise weder Verluste berücksichtigt, noch Beteiligungsaufwendungen zum Abzug zugelassen werden. Dafür muss der Quellenstaat Sorge tragen.[675] Diese Vorgehensweise ist als systematisch zu werten, auch wenn das Nettoprinzip verletzt wird, sofern der Abzug an der Quelle nicht erreicht wird.[676]

Folgt man dieser Argumentationskette, kommt unter den verbleibenden Mischsystemen nur das Modell DivEx infrage. Es ist das einzige Modell, bei dem die Ausprägung der Elemente der Kapitaleinkommensbesteuerung mit den hier geforderten Elementen übereinstimmt. In den USA zeigt die beschriebene Steuervergünstigung aus dem *AJCA* bereits in diese Richtung.

[675] Vgl. McLure Jr., NTJ LVIII, S. 369. Herzig sieht darin eine Angleichung an die Grundsätze der Betriebsstättenbesteuerung. Vgl. Herzig, WPg 1998, S. 287; Maiterth spricht vom „Nettoprinzip auf fiskalischer Ebene". Vgl. Maiterth, DBW 2002, S. 175.

[676] Vgl. SVR, Jahresgutachten, 2003, S. 318f.

6. Konkretisierung des Modells DivEx

Die Konkretisierung des Modells DivEx gestaltet sich vergleichsweise einfach, da weder eine kapitalexportneutrale noch eine einheitstheoretische Besteuerung, sondern eine kapitalimportneutrale Besteuerung implementiert werden muss. Die Gewinnermittlung wird nur einfach im Quellenstaat vorgenommen. Es erübrigen sich die Punkte Konsolidierungstechnik und Konsolidierungskreis. Die Erfolgsallokation erfolgt auf Basis des vertrauten Fremdvergleichsgrundsatzes über Verrechnungspreise.

Die Versagung ausländischer Verluste und die der Vermeidung der Doppelbesteuerung dienende Freistellung ausländischer Beteiligungserträge sind einfach zu administrieren, weil sie leicht einer Quelle zuzuordnen sind. Schwieriger gestaltet es sich, diejenigen Finanzierungsaufwendungen zu identifizieren, die steuerfreien Beteiligungserträgen zuzuordnen sind und nicht von der Bemessungsgrundlage abgezogen werden dürfen. Aus der Bilanz lässt sich nicht schließen, welche Aktiva mit welchen Passiva finanziert werden.[677]

Ein Abzugsverbot in Höhe der steuerfreien Erträge führt zur Praxis des Balloonings, die beispielsweise in Deutschland zu verzeichnen war, als noch § 8b Abs. 5 KStG a.F. galt.[678]

Lösbar ist dies über einen **Asset-Test**. Finanzierungsaufwendungen sind danach zu dem Anteil nicht abzugsfähig, der dem Anteil entspricht, den die Beteiligungen mit Sitz in Drittstaaten in der Bilanz ausmachen.[679]

Ein vergleichbarer Asset-Test wird in den USA bereits im Rahmen der *interest allocation* verwendet.[680] Durch die Zuordnung der Finanzierungsaufwendungen kann der Anrechnungshöchstbetrag in soweit gemindert werden, dass ein Anrechnungsüberhang

---

677 Vgl. Wiss. Beirat beim BMF, Kapitaleinkommensbesteuerung, 1999, S. 67.

678 Vgl. Frotscher, DStR 2001, S. 2049; Wiss. Beirat beim BMF, Kapitaleinkommensbesteuerung, 1999, S. 67.

679 Vgl. Grubert, NTJ LIV, S. 813f.; Wiss. Beirat beim BMF, Kapitaleinkommensbesteuerung, 1999, S. 68.

680 Der Anteil des inländischen Zinsaufwands, der dem ausländischen Einkommen zugeordnet wird, bemisst sich gegenwärtig nach dem Verhältnis von ausländischen Aktiva abzüglich Schulden zu weltweiten Aktiva abzüglich Schulden. Vgl. Altshuler/Grubert, NTJ LIV, S. 795.

entsteht.[681] Es gibt aber mehrere Strategien, die verhindern, dass durch die *interest allocation* der Anrechnungshöchstbetrag reduziert wird.[682]

Der Konzern ist nun gezwungen, die Beteiligungsaufwendungen dort geltend zu machen, wo auch die Beteiligungserträge erwirtschaftet und versteuert werden. Dies ist steuersystematisch auch konsequent.[683]

Zinsen müssen im Wohnsitzstaat versteuert werden, da sie im Quellenstaat abzugsfähig sind.[684]

Konzerninterne Übertragungen über die Binnenmarktgrenze, bei denen Veräußerungsgewinne entstehen, ziehen eine sofortige Besteuerung nach sich. Auf diese Weise sichert sich der Staat, auf dessen Hoheitsgebiet stille Reserven gelegt worden sind, im Zeitpunkt der Übertragung den steuerlichen Zugriff auf die Erträge.

Abbildung III.6.1 stellt die wichtigsten Aspekte der Konkretisierung des Modells DivEx auf einen Blick dar.

Abbildung III.6.1: Konkretisierung des Modells DivEx

Aspekt	Konkretisierung
Methode der Erfolgsallokation	direkt über Verrechnungspreise auf Basis des Fremdvergleichs
Gewinnermittlungsvorschriften	nach Vorschriften im Quellenstaat (keine doppelte Gewinnermittlung)
keine einheitstheoretische Besteuerung bzw. Betonung des Quellenprinzips	kein Verlustausgleich sofortige Besteuerung der Zwischengewinne Freistellung der Gewinne Abzugsverbot für Beteiligungsaufwendungen

Quelle: Eigene Darstellung.

681 Vgl. erster Teil, Punkt 4.2.2.

682 Im Inland können die Aufwendungen für Fremdkapital reduziert werden, indem das Fremdkapital durch Vorzugsaktien (*preferred stock*) ersetzt wird oder das Fremdkapital in hoch besteuernde Sitzstaaten von Tochtergesellschaften verschoben wird. Vgl. Scholes et al., Business Strategy, 2002, S. 272.

683 Vgl. SVR, Jahresgutachten, 2003, S. 318.

684 Vgl. Grubert, NTJ LIV, S. 813.

7. Analyse der praktischen Implementierbarkeit des Modells DivEx

7.1 Administrierbarkeit

Das Modell DivEx betont einerseits das Quellenprinzip, d.h. ausländische Gewinne und Verluste werden von der inländischen Bemessungsgrundlage ausgenommen und für Aufwendungen, die im Inland im Zusammenhang mit ausländischen Beteiligungen stehen, besteht ein Abzugsverbot. Die Ausklammerung des ausländischen Ergebnisses stellt eine administrative Vereinfachung dar, weil dadurch die Vermeidung der Doppelbesteuerung nicht über die aufwendige Anrechnungsmethode gewährleistet wird und auf eine ebenfalls aufwendige Regelung zum Verlustausgleich verzichtet werden kann.

Andererseits wird beim Modell DivEx keine einheitstheoretische Besteuerung angestrebt, so dass weder ein Verlustausgleich noch eine Zwischenergebniseliminierung erforderlich ist.

Die einzige administrativen Aufwand verursachende Tätigkeit, die aus der kapitalimportneutralen Prägung des Modells DivEx erwächst, ist die Durchführung des Asset-Tests, um abzugsfähigen von nicht-abzugsfähigem Zinsaufwand zu trennen.

Da ein ausländisches Ergebnis auf Konzernebene in keiner Form im Inland berücksichtigt wird, ist es nicht notwendig, die ausländischen Gewinne, die auf der Grundlage von divergierenden Gewinnermittlungsvorschriften ermittelt worden sind, erneut nach inländischen Vorschriften zu ermitteln.

Die divergierenden Gewinnermittlungsvorschriften wirken sich allenfalls bei der Erfolgsallokation aus. Wie beim Modell DK können die involvierten Fisci voneinander abweichende Transferpreise ermitteln.

Durch den Verzicht auf die einheitstheoretische Besteuerung erübrigt es sich, konzerninterne Übertragungen zum Buchwert zu ermöglichen. Deshalb wird bei Übertragung eine Steuer auf stille Reserven sofort fällig bzw. führen Gewinnaufschläge zu einem sofortigen Ertrag. Die administrative aufwendige Stundung von Zwischengewinnen entfällt.

7.2 Gestaltungsresistenz

7.2.1 Relativ niedrigeres Steuerniveau im Ausland

Innerhalb des Binnenmarktes, wo ökonomisch betrachtet das Wohnsitzprinzip gilt, hängt die Steuerbelastung des Konzerns regelmäßig nicht von der Erfolgsallokation ab. Die Verzerrungen, die aus der Möglichkeit der Sitzverlegung oder durch das Auftreten von Anrechnungsüberhängen resultieren, wurden im zweiten Teil dargelegt.

Außerhalb des Binnenmarkts gilt beim Modell DivEx zumindest bei Gewinnen das Quellenprinzip. Folglich hat die Erfolgsallokation sehr wohl einen Einfluss auf die Steuerbelastung des Konzerns.

Nun sei der Fall eines relativ niedrigeren ausländischen Steuerniveaus betrachtet. Mit anderen Worten verfügt die Muttergesellschaft über eine Tochtergesellschaft in einem Drittstaat, in dem ein niedrigeres Steuerniveau als im Sitzstaat der Muttergesellschaft herrscht, welche wiederum im am niedrigsten besteuernden Mitgliedstaat der Europäischen Union ansässig ist.

Die Steuerbelastung des Konzerns kann gesenkt werden, indem die Gewinne real oder buchmäßig aus dem Binnenmark in den Drittstaat verschoben werden. Der erzielte steuerliche Vorteil ist dauerhaft, weil bei Repatriierung der Gewinne keine Steuer anfällt, die Gewinne also im Quellenstaat abschließend besteuert werden.

(Ad V1:) Die Verrechnungspreise werden dahingehend manipuliert, dass die Muttergesellschaft beim konzerninternen Export die Preise künstlich nach unten und umgekehrt beim konzerninternen Import nach oben korrigiert.

Die Verrechnungspreise können aber nicht beliebig gesetzt werden, sondern unterliegen einer Angemessenheitsüberprüfung.[685]

(Ad V2:) Der Sitzstaat der Muttergesellschaft kann nicht Ziel der Allokation von Aufwendungen und Verlusten werden, weil Beteiligungsaufwendungen nicht abzugsfähig sind und kein Verlustausgleich gestattet ist.

---

[685] Vgl. zweiter Teil, Punkt 4.2.3.1.

Dadurch wird die Möglichkeit der **Steuerarbitrage** verhindert. Bei dieser Strategie wird das Eigenkapital der Tochtergesellschaft durch Fremdkapitalaufnahme seitens der Muttergesellschaft refinanziert.[686] Die abzugsfähigen Zinsen stehen den freigestellten Dividenden gegenüber.[687] Gleichen sich Fremdkapitalzins und Eigenkapitalrendite, entsteht ein Gewinn, wenn die Steuerschuld im Inland durch die Finanzierungsaufwendungen stärker reduziert wird, als sich die Steuerschuld im Ausland durch die zu versteuernden Erträge erhöht.[688] Mit anderen Worten wird aus einem Ergebnis von null vor Steuern ein positives Ergebnis nach Steuern.

Will der Konzern verhindern, dass die Finanzierungsaufwendungen nicht abgezogen werden können, muss das Fremdkapital auf dem Gestaltungswege in die Bücher der Tochtergesellschaft verlagert werden (*debt-push-down*).[689] Die Tochtergesellschaft führt die angestrebte Investition nur noch durch, wenn die zu erwartende Rendite die Fremdkapitalkosten übersteigt.

(Ad V3:) Die Muttergesellschaft kann sich bei der Tochtergesellschaft verschulden. Durch die fälligen Fremdkapitalzinsen werden Buchgewinne von der Muttergesellschaft zur Tochtergesellschaft verlagert.

Diese Strategie wird durch die Regelung zur Gesellschafter-Fremdfinanzierung eingeschränkt. Es könnte darüber nachgedacht werden, im Verhältnis zu Drittstaaten eine strengere Regelung als im Binnenmarkt anzustreben, weil hier der Anreiz zur Steuerplanung deutlich größer ist.

(Ad F:) Im Falle der Funktionsverlagerung werden unternehmerische Tätigkeiten von der Muttergesellschaft auf die Tochtergesellschaft verlagert. Die Tochtergesellschaft kann als Dienstleistungsgesellschaft für die Muttergesellschaft tätig werden. Beispielsweise kann sie die Forschung und Entwicklung übernehmen. Die Lizenzinhaberschaft ist auf die Tochtergesellschaft zu übertragen. Die Tochtergesellschaft stellt der

[686] Vgl. Schreiber, Kapitaleinkommensbesteuerung, 2005, S. 47.

[687] Vgl. Grubert, CESifo wp964, 2003, S. 11; Homburg, Perspektiven, 2000, S. 30f.; Prinz, Kaufpreisfinanzierung, 2004, S. 176-178. Dadurch wird der Fiskus „Objekt internationaler fiskalischer Ausbeutung." Vgl. SVR, Jahresgutachten, 2003, S. 319f.

[688] Vgl. Maiterth/Wirth, DStR 2004, S. 437.

[689] Vgl. Herzig, WPg 1998, S. 287. Die Verlagerung des Fremdkapitals kann wie folgt vorgenommen werden. Die Tochtergesellschaft verschuldet sich in Höhe des zur Verfügung gestellten Eigenkapitals. Dieses wird vollständig herabgesetzt. Mit dem zurückgezahlten Eigenkapital löst die Muttergesellschaft das aufgenommene Fremdkapital ab.

nutzenden Muttergesellschaft Lizenzgebühren in Rechnung. Denkbar ist auch die Verlagerung von Produktionstätigkeiten – von der Lohnherstellung bis zum Extremfall der vollständigen Herstellerfunktion.[690]

Nutzungsentgelte unterliegen genauso wie Verrechnungspreise der Angemessenheitsüberprüfung.

(Ad S:) Der Konzern könnte seinen Sitz in einen Drittstaat verlegen. Er müsste Europa geographisch gesehen nicht einmal verlassen, wenn ein Staat in Erwägung gezogen wird, der nicht Mitglied der Europäischen Union ist und auch nicht mit ihr assoziiert ist. Die Übertragung von Wirtschaftsgütern löst jedoch eine sofortige Besteuerung aus. Darüber hinaus wird das eigentlich Ziel der Sitzverlegung, eine niedrigere Besteuerung des Konzerngewinns zu bewirken, verfehlt. Angenommen, im alten Sitzstaat der Muttergesellschaft bleibt eine Betriebsstätte zurück. Die zurückbleibende Betriebsstätte bildet die Konzernspitze des Teilkonzerns im Binnenmarkt. Der Gewinn des Teilkonzerns unterliegt dem Steuerniveau im Belegenheitsstaat der Betriebsstätte, welche der europäische Gruppenträger ist.[691]

Für Missbrauchsfälle der Steuerplanung muss über eine Hinzurechnungsbesteuerung an der Binnenmarktgrenze nachgedacht werden.[692] Auf eine exakte Definition von Tatbestandsmerkmalen wird an dieser Stelle verzichtet. Dem EuGH-Urteil in der Rs. „Cadbury Schweppes“ ist zu entnehmen, dass eine Hinzurechnungsbesteuerung allgemein, um einen Eingriff in die Grundfreiheiten zu rechtfertigen, so ausgestaltet sein muss, dass sie sich eindeutig gegen rein künstliche Gestaltungen richtet.[693]

7.2.2 Relativ höheres Steuerniveau im Ausland

Nun sei der Fall eines relativ höheren ausländischen Steuerniveaus betrachtet. Mit anderen Worten verfügt die Muttergesellschaft über eine Tochtergesellschaft in einem

---

[690] Vgl. Endres/Oestreicher, IStR-Beihefter 15/2003, S. 11; Jacobs, Unternehmensbesteuerung, 2002, S. 1060-1063; Schreiber, StuW 2004, S. 218f.

[691] Vgl. zweiter Teil, Punkt 3.4.1.

[692] Im Fall des Wechsels der USA zum *exemption system* wird die Beibehaltung der Hinzurechnungsbesteuerung vorgeschlagen. Vgl. Grubert, NTJ LIV, S. 813.

[693] Beispielhaft sein Briefkastenfirmen ohne wirtschaftliche Funktionen genannt. Vgl. EuGH v. 12.09.2006 (C-196/04), IStR 2006, Rn. 65-68; Sedemund, BB 2006, S. 2119.

Drittstaat, in dem ein höheres Steuerniveau als im Sitzstaat der Muttergesellschaft herrscht.

Unter diesen Umständen ist der Konzern bestrebt, durch den Einsatz des Instrumentariums der Steuerplanung Gewinne von dem Drittstaat in die EU zu verlagern. Verrechnungspreise sind künstlich zu vermindern, Aufwendungen bzw. Verluste werden zur Tochtergesellschaft transferiert und Gewinne über konzerninterne Darlehen abgeschöpft. Außerdem kann der Konzern die Strategie der Funktionsverlagerung wählen. Ist die Tochtergesellschaft produktiv tätig, ist sie vom Hersteller über einen Lizenzproduzenten bis hin zum Lohnhersteller zu degradieren.

Es kann kaum beurteilt werden, wie wirkungsvoll die beschriebenen Steuerplanungsstrategien sind, weil über die Abwehrmaßnahmen in den Drittstaaten nur Annahmen getroffen werden können.

7.3 Fiskalische Effekte

7.3.1 Abzugsverbot für Beteiligungsaufwendungen

Aufgrund der quellentheoretischen Prägung des Modells werden Gewinne freigestellt und grenzüberschreitende Verluste nicht zum Ausgleich zugelassen. Folglich besteht weder die Chance positiver Aufkommenseffekte aus der indirekten Anrechnung noch das Risiko negativer Aufkommenseffekte aus dem permanenten Abzug eines importierten Verlusts von der inländischen Bemessungsgrundlage.

Die Orientierung am Quellenprinzip bedeutet auch, dass Beteiligungsaufwendungen, die im Zusammenhang mit steuerfreien ausländischen Erträgen stehen, nicht abzugsfähig sind. Konzerne werden bestrebt sein, die Aufwandszuordnung im Konzernverbund so vorzunehmen, dass die Abzugsfähigkeit erreicht wird. Es ist zu erwarten, dass dies in dem Staat möglich ist, in dem die korrespondierenden Erträge versteuert werden.

Vermutlich geht der größte fiskalische Effekt vom Abzugsverbot für Beteiligungsaufwendungen aus. Durch Gewinnverlagerung verliert der Staat, in dem die Gewinne erzielt werden, an Steuersubstrat. Dies ist nur bis zu einem gewissen Grad möglich, da der Gewinnverlagerung durch Abwehrmaßnahmen Einhalt geboten wird (Überprüfung der Verrechnungspreise, Unterkapitalisierungsregeln und Hinzurechnungsbesteuerung). Durch Steuerarbitrage jedoch, die durch die Abzugsmöglichkeit erst ermöglicht wird, werden ausländische Gewinne gar aus inländischem Steueraufkommen generiert.

Einerseits wird diese Vermutung dadurch bekräftigt, dass sich Interessenvertretungen global operierender US-Konzerne gegen die Einführung des Modells DivEx in den USA wenden. Im Gegenteil fordern sie die Zurückdrängung der *subpart F rules* und Erleichterungen bei der *interest allocation*.[694] Laut einer Studie von Grubert ist gerade der Umgang der Beteiligungsaufwendungen für die positiven Aufkommenseffekte verantwortlich, die bei einem Wechsel zum Modell DivEx prognostiziert werden.[695]

Andererseits scheint die Vermutung in die richtige Richtung zu gehen, da gegenwärtig der Gesetzgeber in Deutschland, das auf Grund hoher Steuersätze, der Freistellung und Kostenpauschale[696] attraktives und schutzloses Ziel der Steuerarbitrage ist, Abwehrmaßnahmen plant. Im Jahr 2008 könnte eine (modifizierte) **Zinsschranke** eingeführt werden. Die Regelung bewirkt, dass Zinsaufwand – unabhängig von Gesellschafterbezug und Inbound- oder Outbound-Finanzierung – nur bis zu einer bestimmten Grenze abzugsfähig ist.[697]

7.3.2 Zugriff auf stille Reserven

Da im Rahmen des Modells DivEx auf eine einheitstheoretische Besteuerung verzichtet wird, sind Zwischenergebnisse aus dem konzerninternen Lieferungs- und Leistungsverkehr nicht zu eliminieren, d.h. aufgedeckte stille Reserven werden sofort besteuert.

Das Gleiche gilt für die Sitzverlegung. Stille Reserven der Wirtschaftsgüter, die im Rahmen der Sitzverlegung den Binnenmarkt verlassen, werden sofort besteuert.

---

694 Vgl. NFTC, Territorial Tax, 2002, S. 24; TF, Tax Policy, 2002.
695 Vgl. Grubert, NTJ LIV, S. 817.
696 Vgl. erster Teil, Punkt 4.2.4.
697 Die Grenze für den abzugsfähigen (Netto-)Zinsaufwand sollen 30% vom steuerlichen EBIT oder EBITDA darstellen. Es soll außerdem eine Freigrenze von 1 Mio. Euro bestehen. Nicht abzugsfähige Zinsen sollen vorgetragen werden können. Nach einer sog. *escape-clause* soll die Regelung nicht greifen, wenn nachgewiesen werden kann, dass das Verhältnis von EK zu FK im Konzern nicht günstiger als im geprüften Unternehmen, dass der Betrieb nicht Teil eines Konzerns oder dass keine übermäßige Gesellschafter-Fremdfinanzierung vorliegt. Die Regelung ist mit hoher Wahrscheinlichkeit Teil der für 2008 geplanten Unternehmenssteuerreform. Vgl. Herzig/Bohn, DB 2007, S. 1-7; Spengel/Reister, DB 2006, S. 1741.

Beim Modell DivEx wird sichergestellt, dass die stillen Reserven dort versteuert werden, wo sie gelegt worden sind.

7.4 Rechtskonformität

7.4.1 EG-Recht

Der Vorschlag orientiert sich an dem skizzierten *simplified income tax plan* aus den USA. Die Vorgehensweise der USA muss allerdings vor einem anderen Hintergrund als einer Imitatio durch die EU gesehen werden. Das US-amerikanische Steuerrecht ist nicht an ein dem EG-Vertrag vergleichbares Vertragswerk gebunden. Deshalb ist dort eine Diskriminierung zwischen Inland und Ausland zweifelsohne rechtskonform. Beispielhaft sind das Abzugsverbot für Beteiligungsaufwendungen, die Regelungen zur Gesellschafterfremdfinanzierung und die Versagung des Verlustausgleichs zu nennen.

Die Imitatio ist nur möglich, wenn die Kapitalverkehrsfreiheit nur eingeschränkt im Verhältnis zu Drittstaaten gilt, also Eingriffe gerechtfertigt werden können.

Gilt die Kapitalverkehrsfreiheit dagegen uneingeschränkt im Verhältnis zu Drittstaaten, verstößt das Modell DivEx gleich in mehrerer Hinsicht gegen EG-Recht. Unabhängig vom Modell der Konzernbesteuerung gilt, dass ohne Rechfertigungsmöglichkeit die Möglichkeiten zum Treffen von Abwehrmaßnahmen gegen Steuerplanung an der Binnenmarktgrenze erheblich eingeschränkt werden.[698]

Nachfolgend werden die einzelnen Regelungen dahingehend untersucht, ob sie gegen die Kapitalverkehrsfreiheit verstoßen. Dadurch soll ermittelt werden, wie umfangreich das Konfliktpotential mit dem EG-Recht ist. Dazu zählen (1) das Abzugsverbot für Beteiligungsaufwendungen, (2) der mangelnde Verlustausgleich, (3) die Hinzurechnungsbesteuerung, (4) die Gesellschafter-Fremdfinanzierung und (5) die Sofortbesteuerung bei Übertragung von Wirtschaftsgütern mit stillen Reserven.

(Ad 1:) Das Abzugsverbot der Beteiligungsaufwendungen i.Z.m. steuerfreien ausländischen Beteiligungserträgen stellt einen Verstoß gegen die Niederlassungsfreiheit dar (Rs. „Bosal“).

---

[698] Vgl. Hey, StuW, 2004, S. 195.

(Ad 2:) Die Versagung des Ausgleichs für Verluste ausländischer Tochtergesellschaften verstößt gegen die Niederlassungsfreiheit (Rs. „Marks & Spencer"). Jedoch wird in der untersuchten Norm ebenfalls ein Verstoß gegen die Kapitalverkehrsfreiheit gesehen.[699]

(Ad 3:) Es besteht kaum ein Zweifel daran, dass die Hinzurechnungsbesteuerung sowohl gegen die Niederlassungsfreiheit als auch gegen die Kapitalverkehrsfreiheit verstößt (Rs. „Cadbury Schweppes").

(Ad 4:) Um Steuergestaltungen in Form von Finanzierungsgestaltungen zum Abbau von Anrechnungsüberhängen einzuschränken, finden im Binnenmarkt Bestimmungen gegen Unterkapitalisierung ohnehin Anwendung.[700] Deshalb stellen Unterkapitalisierungsregeln keine Beschränkung des Kapitalverkehrs bei Inbound-Investitionen dar. Dies gilt nur, wenn für die Eigenkapital-Fremdkapital-Relationen der gleiche *safe haven* gilt.

(Ad 5:) Eine Sofortbesteuerung der stillen Reserven stellt einen Verstoß gegen die Niederlassungsfreiheit dar (Rs. „Lasteyrie du Saillant"). Im relevanten Drittstaatenfall könnte eine Ungleichbehandlung womöglich gerechtfertigt werden.[701]

Fraglich ist, ob sich ein potentieller Kläger auf die Kapitalverkehrsfreiheit berufen kann (insbesondere Regelungen 2 und 3). Die Regelungen 1, 2, 3 und 5 verstoßen gegen die Niederlassungsfreiheit. Diese könnte einen gleichzeitigen Verstoß gegen die Kapitalverkehrsfreiheit verdrängen. Ob dies tatsächlich der Fall ist, bleibt eine offene, steuerlich sehr interessante Frage (Rs. „Fidium").

7.4.2 Abkommensrecht

Im Abkommensrecht wird nur eine vertragliche Veränderung vorgenommen, die das OECD-Musterabkommen vorsieht, nämlich die Anwendung der Freistellungsmethode zur Vermeidung der Doppelbesteuerung (Art. 23A OECD-MA) von allen EU-Mitgliedstaaten. Keine Veränderungen sind bei Erfolgsabgrenzung über Verrech-

[699] Vgl. Gammie, Intertax 2005, S. 488; Nagler/Kleinert, DB 2005, S. 857; Sedemund/Sterner, DStZ 2006, S. 34.

[700] Vgl. zweiter Teil, Punkt 4.2.3.1.

[701] Vgl. Förster, DB 2007, S. 75; Körner, IStR 2006, S. 469. Als Rechtfertigungsgrund werden Schwierigkeiten bei der wirksamen Durchsetzung des Steueranspruchs genannt.

nungspreise (Art. 7 und 9 OECD-MA), oder der Besteuerung von Zinsen (Art. 11 O-ECD-MA) und Lizenzen (Art. 12 OECD-MA) vorzunehmen. Deshalb ist von keinem Verstoß gegen Abkommensrecht auszugehen.

Die Frage nach der Vereinbarkeit der Hinzurechnungsbesteuerung mit dem Abkommensrecht wurde schon weiter oben beim Modell DK behandelt, jedoch in einem anderen Kontext. Es wurde allgemein festgestellt, dass die Zurechnung des ausländischen Einkommens der Tochtergesellschaft zur Muttergesellschaft nicht gegen Abkommensrecht verstößt. Da speziell beim Modell DivEx die Freistellung der Gewinne vorgesehen ist, stellt die Hinzurechnung unter Anrechnung einen einseitigen Methodenwechsel dar, welcher ein *treaty override* bedeutet.[702] Es wird kritisiert, dass dadurch das Abkommensrecht umgangen wird.[703]

7.5 Legislative Implementierbarkeit

7.5.1 EG-Richtlinie

Es gilt, das Modell DivEx einheitlich für alle EU-Staaten im Rahmen einer Richtlinie umzusetzen. Wie der nachfolgende Punkt zeigt, bestehen Zweifel über die Rechtskonformität, die aus der Interpretation der Kapitalverkehrsfreiheit im Verhältnis zu Drittstaaten resultieren. Es kann keine Richtlinie verabschiedet werden, deren Bestimmungen gegen EG-Recht verstoßen.[704]

---

[702] Die gleiche Rechtslage besteht bei der deutschen Hinzurechnungsbesteuerung, wo gemäß § 20 Abs. 2 AStG ein einseitiger Methodenwechsel vorgenommen wird. Vgl. Gundel, IStR 1993, S. 51; Köhler, BB 1993, S. 341; Mössner, Treaty Overriding, 1993, S. 132f.

[703] Vgl. Ritter, BB 1992, S. 364; a.A. Wassermeyer, in: Flick/Wassermeyer/Baumhoff, Außensteuerrecht, 1999, Vor §§ 7-14, Anm. 101.

[704] Vgl. Körner, BB 2003, S. 2437.

Dennoch bestehen Zweifel an der EG-Rechtskonformität der Fusionsrichtlinie. Im Betriebsstättenvorbehalt[705] wird ein Verstoß gegen die Niederlassungsfreiheit gesehen.[706]

Bisher hat der EuGH die Reichweite der Grundfreiheiten bzw. die Möglichkeit ihrer Einschränkung nicht derart interpretiert, dass keine offenen Fragen bleiben. Es wäre fatal, wenn die hier diskutierte Richtlinie erst nach ihrer Verabschiedung Gegenstand einer Rechtssache werden würde.

Alternativ muss – um die Initiative nicht dem EuGH zu überlassen – über eine Revision des EG-Vertrags nachgedacht werden. Die Initiative kann gemäß Art. 48 EUV (vormals Art. N) von einem Mitgliedstaat oder der EU-Kommission ausgehen. Die Änderungen sind in einem völkerrechtlichen Vertrag zu vereinbaren, der von allen Mitgliedstaaten ratifiziert werden muss.[707]

Es ist jedoch fraglich, ob nicht bestimmte Strukturprinzipien des Vertragswerks unveränderlich sind, auch wenn Art. 48 EUV grundsätzliche keine inhaltliche Schranken auferlegt.[708]

7.5.2 Doppelbesteuerungsabkommen

Die EU muss einheitlich die Freistellungsmethode mit allen Drittstaaten verabreden. Die Verhandlungen stellen wohl nur eine Formalität dar, da die kollidierenden Steueransprüche dadurch aufgehoben werden, dass die EU-Staaten auf ihren Steueranspruch bei Gewinnen verzichten. Ohnehin wird die Freistellungsmethode von der Mehrzahl

---

[705] Art. 4 Abs. 1 FRL sieht vor, dass im Wegzugsstaat mindestens eine Betriebsstätte zurückbleiben muss, damit der Zugriff des alten Wohnsitzstaats auf die stillen Reserven gewahrt bleibt. Die stillen Reserven, die der ausländischen Gesellschaft zugeordnet werden, gelten als fiktiv realisiert und müssen folglich versteuert werden. Somit kann nur das Rechtskleid der Gesellschaft – nicht aber ihre Wirtschaftsgüter – das Land ohne Steuerfolgen verlassen (Betriebsstättenvorbehalt). Vgl. Blumers/Kinzl, BB 2005, S. 973; Kinzl, AG 2005, S. 843; Maul/Teichmann/Wenz, BB 2003, S. 2640; Thiel, DB 2005, S. 2317.

[706] Ein Verstoß gegen die Niederlassungsfreiheit wird darin gesehen, dass etwa im Falle einer Sitzverlegung stille Reserven sofort besteuert werden, wenn sie nicht im alten Belegenheitsstaats steuerlich verhaftet bleiben. Bekräftigt wird diese Einschätzung durch das Urteil in der Rs. „Lasteyrie du Saillant". Vgl. Blumers/Kinzl, BB 2005, S. 973; Louven et al., BB-Special 3/2006, S. 6; Rödder, DStR 205, S. 895; Schön, IStR 2004, S. 297; a.A. Thiel, DB 2005, S. 2318.

[707] Vgl. Cremer, in: Calliess/Ruffert, EUV/EGV, 2007, Art. 48 EUV, Anm. 2f.; Herdegen, Europarecht, 2006, S. 86.

[708] Vgl. Cremer, in: Calliess/Ruffert, EUV/EGV, 2007, Art. 48 EUV, Anm. 4; Herdegen, Europarecht, 2006, S. 86.

der EU-Mitgliedstaaten angewendet,[709] so dass sich bei den meisten Neuverhandlungen keine inhaltlichen Änderungen ergeben. Die Änderungen sind nur formaler Natur, weil sich der Vertragspartner ändert. Die Drittstaaten dürften diese einmalige Anstrengung begrüßen, weil sich die Anzahl ihrer Vertragspartner deutlich reduziert.

7.6 Zwischenergebnis

(Administrierbarkeit:) Das Modell DivEx überzeugt durch seine administrative Einfachheit. Der Grund hierfür liegt darin, dass Standortneutralität und Organisationsformneutralität nicht angestrebt werden. Damit entfallen die administrativ aufwendigen Regelungen zur Anrechnung, zum Verlustausgleich und zur Zwischenergebniseliminierung. Statt dessen gelten die einfach handzuhabende Freistellung und sofortige Besteuerung stiller Reserven.

Als administrativ aufwendig sind nur die Erfolgsallokation und der Asset-Test einzustufen. Dies ist bei der Erfolgsallokation den divergierenden Gewinnermittlungsvorschriften, konträren Interessen der involvierten Fisci und der Manipulation seitens der Konzerne geschuldet. Die Orientierung des Modells DivEx am Quellenprinzip erfordert eine Unterscheidung der Finanzierungsaufwendungen dahingehend, ob sie im Zusammenhang mit steuerfreien Beteiligungserträgen stehen oder nicht, welche über den Asset-Test vorgenommen wird.

(Gestaltungsresistenz:) Das Modell DivEx ist vergleichsweise resistent gegen Gestaltungen. Buchgewinne können nur noch über Manipulation der Verrechnungspreise oder durch Finanzierungsgestaltungen verlagert werden. Diese Gestaltungen werden bedingt über Angemessenheitsprüfungen bzw. Unterkapitalisierungsregeln eingeschränkt. Die Allokation von Aufwendungen und Verlusten ist grundsätzlich ausgeschlossen. Die Verlagerung von Funktionen wird erschwert, weil sie nicht steuerneutral möglich ist. Den Steuerersparnissen aus der zukünftig niedrigeren Besteuerung steht die Steuer auf die stillen Reserven der zu übertragenden Wirtschaftgüter entgegen. Mit dem gleichen Mittel kann auch die Sitzverlegung abgewehrt werden, die im Drittstaatenfall ohnehin ihr eigentliches Ziel verfehlt.

---

[709] Vgl. Anhang, Tabelle A.2.

(Fiskalische Effekte:) Die fiskalischen Effekte sind beim Modell DivEx neutral bis positiv. Aus der Freistellung kann der Sitzstaat der Muttergesellschaft kein Aufkommen erzielen, weil die ausländischen Gewinne der Tochtergesellschaft im Quellenstaat abschließend besteuert werden. Aufgrund der Ermangelung des Verlustausgleichs können dem Sitzstaat der Muttergesellschaft keine negativen Aufkommenseffekte entstehen. Die sofortige Besteuerung der aufgedeckten stillen Reserven bei Übertragungen führt dagegen zu positiven Aufkommenseffekten.

Darüber hinaus verhindert das Abzugsverbot für Beteiligungsaufwendungen negative Aufkommenseffekte. Höchstwahrscheinlich ist die Aufkommensminderung aus abzugsfähigen Beteiligungsaufwendungen betragsmäßig größer als die Aufkommenserhöhung aus der Erhebung von Repatriierungssteuer.

(Rechtskonformität:) Das Modell DivEx beinhaltet zahlreiche Eingriffe in die Kapitalverkehrsfreiheit, wobei weder klar ist, ob diese gerechtfertigt werden können, noch ob auszuschließen ist, dass die Kapitalverkehrsfreiheit nicht von der Niederlassungsfreiheit verdrängt wird. Zu nennen sind in erster Linie Ungleichbehandlungen beim Abzug von Beteiligungsaufwendungen, beim Verlustausgleich, bei der Hinzurechnungsbesteuerung und bei der Sofortbesteuerung bei der Übertragung von Wirtschaftsgütern mit stillen Reserven.

Die Konformität mit dem Abkommensrecht ist beim Modell DivEx in puncto Hinzurechnungsbesteuerung, die in der Literatur nicht unumstritten ist, fraglich. Tatsache ist jedoch, dass die Hinzurechnungsbesteuerung in der Praxis von rund 20 Staaten angewendet wird.

(Legislative Implementierbarkeit:) Für den Drittstaatenfall müssen ergänzende Regelungen in der EG-Richtlinie Platz finden. Erfahrungsgemäß ist eine Einigung aufgrund des Einstimmigkeitsprinzips und dazu einer steigenden Anzahl von Mitgliedstaaten äußerst schwierig. Das Modell DivEx bedeutet für die meisten Mitgliedstaaten Neuland.

Die Revision der Doppelbesteuerungsabkommen gestaltet sich womöglich einfach. Schließlich verzichtet die EU auf eine Nachversteuerung und überlässt dem Quellenstaat das Besteuerungsrecht für Gewinne.

Insgesamt kann befürwortet werden, das Modell DivEx im Verhältnis zu Drittstaaten zu implementieren. Es überzeugt durch seine vergleichsweise einfache Administrierbarkeit und durch seine Robustheit gegen Gestaltungen. Außerdem sorgt es für positive fiskalische Effekte und ist vergleichsweise einfach zu implementieren. Im Bereich Rechtskonformität bestehen offene Fragen, deren Klärung aktiv in Angriff genommen werden muss.

8. Ergebnis

Die Rahmenbedingungen des Drittstaatenfalls sind für eine steuerneutrale internationale Konzernbesteuerung ungünstiger als im Binnenmarktfall. Abgesehen von Drittstaaten, die eine Assoziierung mit der EU oder eine Aufnahme in die EU anstreben, gilt, dass die Steuernormen von Drittstaaten und EU-Staaten divergieren und deren Fisci nicht auf einer rechtlichen Grundlage zur Zusammenarbeit verpflichtet sind.

Schon aus der Betrachtung der Rahmenbedingungen folgt, dass eine steuerneutrale internationale Konzernbesteuerung im Verhältnis zu Drittstaaten nicht durch das Modell Mod. CCTB verwirklicht werden kann. Somit stellt einzig das Modell DK die Konzernbesteuerung de lege ferenda dar.

Das Modell DK unterscheidet sich in seiner Wirkungsweise nicht vom Binnenmarktfall, auch wenn dazu in Teilbereichen Unterschiede bei der Konkretisierung vorzunehmen sind. Die praktische Implementierbarkeit offenbart unüberwindbare Schwächen bei der Administrierbarkeit, der Gestaltungsresistenz und den fiskalischen Effekten. Deshalb ist nicht von einer Umsetzung ins Gesetz auszugehen.

Da die praktische Implementierbarkeit des Modells DK folgerichtig abzulehnen ist, und weil das Modell Mod. CCTB unter den aktuellen Rahmenbedingungen gar nicht erst implementiert werden kann, sind Alternativen zur Konzernbesteuerung de lege ferenda zu suchen. Das bedeutet gleichzeitig eine Abkehr von einer steuerneutralen Konzernbesteuerung. Aus steuersystematischer Sicht ist das Modell DivEx als Alternative zu begrüßen.

Das Modell DivEx kann durch wenige Vorschriften konkretisiert werden. Wie erwartet kann das Modell bei der Betrachtung der praktischen Implementierbarkeit überzeugen. Einzige Einschränkung bildet die Konformität mit dem EG-Recht. Dies kann nicht abschließend geklärt werden, da die Reichweite der Kapitalverkehrsfreiheit noch offen ist.

Schlussteil: Zusammenfassung der Ergebnisse und Ausblick

1. Zusammenfassung der Ergebnisse

Der erste Teil der Untersuchung zeigt, dass unter Berücksichtigung der Steuerneutralität im betriebswirtschaftlichen und finanzwissenschaftlichen Sinne die Besteuerung internationaler Konzerne theoretisch einerseits nur nach Maßgabe des Wohnsitzprinzips, nicht aber nach Maßgabe des Quellenprinzips erfolgen kann. Andererseits bleibt offen, ob die Konzernbesteuerung im Wege von Formula Apportionment bzw. Separate Entity Accounting umzusetzen ist, da beide dem gesetzten Maßstab genügen bzw. genügen können.

Im zweiten Teil der Untersuchung ergibt sich, dass das Wohnsitzprinzip im Binnenmarkt sowohl in Verbindung mit Separate Entity Accounting als auch in Verbindung mit Formula Apportionment praktisch umgesetzt werden kann. Keinem der diskutierten Modelle ist eindeutig der Vorzug zu geben.

Schließlich zeigt der dritte Teil der Untersuchung, dass das Wohnsitzprinzip nicht auf Drittstaaten ausgedehnt werden kann. Als Alternative bietet sich an, einen Reformvorschlag aus den USA auf die EU zu übertragen. Danach wird jenseits der Binnenmarktgrenze scharf besteuert.

Diese Lösung ist immer noch eine Verbesserung gegenüber dem Status quo, in dem die Steuergrenze mit der politischen Grenze der einzelnen Mitgliedstaaten übereinstimmt.

2. Ausblick

(Kurzfristige Perspektive:) Im Binnenmarkt sollte unabhängig vom Modell der Konzernbesteuerung eine vereinheitlichte Bemessungsgrundlage das Minimalziel sein. Eine vereinheitlichte Bemessungsgrundlage stellt den ersten Schritt auf dem Weg zu einer europäischen Konzernbesteuerung dar. Der zweite Schritt, ein einheitliches Modell – wie etwa das gezeichnete Modell DK oder das Modell Mod. CCTB –, kann nicht vor dem ersten gemacht werden. Schon der erste Schritt bringt zahlreiche Verbesserungen mit sich.

Im Verhältnis zu Drittstaaten sollte schon kurzfristig ein einheitliches Auftreten der EU gegenüber Drittstaaten angestrebt werden. Dazu ist die Reichweite der Kapitalverkehrsfreiheit zu klären. In dieser Frage ist auf die Initiative der Mitgliedstaaten bzw. der Kommission zu setzen, eine rasche Klärung beim EuGH zu erreichen oder gar eine Modifikation am Vertragsrecht vorzunehmen.

(Mittelfristig Perspektive:) Der nächste Schritt sollte die Implementierung eines einheitlichen Modells der Konzernbesteuerung im Binnenmarkt sein.

Impulse für diesen Schritt gehen von der EU-Kommission aus und werden von der EuGH-Rechtsprechung begünstigt.

Aber auch die Rolle der einzelnen EU-Mitgliedstaaten darf nicht unterschätzt werden. Genauso wie Österreich mit seiner praktikablen grenzüberschreitenden Gruppenbesteuerung Neuland betreten hat, könnten andere Staaten noch weiter vordringen – auch schon kurzfristig, etwa durch unilaterale Einführung des Modells DK.

Die beiden diskutierten Alternativen für eine supranationale Lösung können den Anreiz zur Steuerplanung nicht beseitigen. Ursache ist das Steuersatzgefälle, welches von den Konzernen auch unter dem Wohnsitzprinzip – wenn auch im Vergleich zum Status quo nur eingeschränkt – ausgenutzt werden kann. Das Problem ist an der Ursache anzugehen, ansonsten werden Steuerplaner immer eine Möglichkeit finden, dass Steuersatzgefälle gewinnbringend einzusetzen.

Mittelfristig stellt die Verringerung der Bandbreite der Körperschaftsteuersätze einen Fortschritt dar. Je geringer die Bandbreite der Körperschaftsteuersätze in der EU, desto geringer ist der Anreiz zur Steuerplanung.

Für das untere Ende sollte über die Einführung eines Mindeststeuersatzes[710] nachgedacht werden. Für das obere Ende sind keine legislativen Maßnahmen notwendig. Die Obergrenze wird durch die Wettbewerbskräfte des Marktes geregelt. Hochsteuerländer sind zur Senkung[711] ihres Körperschaftsteuersatzes gezwungen. Ansonsten begeben sie sich in die Gefahr, als Verlierer aus dem Standortwettbewerb (insbesondere um die Ansiedelung von Konzernspitzen) hervorzugehen. Außerdem bleiben sie die Zielscheibe der Steuerplaner.

Dabei besteht die Möglichkeit, dass eine Senkung des Körperschaftsteuersatzes aufkommensneutral ist. Zwar werden Gewinne niedriger besteuert, jedoch verbleibt womöglich mit sinkendem Anreiz zur Steuerplanung mehr Steuersubstrat im Inland bzw. werden neue Investitionen angezogen. Tatsächlich sind in der EU sinkende Körperschaftsteuersätze zu verzeichnen.[712]

Im Verhältnis zu Drittstaaten ist bei gegebenen EG-rechtlichen Rahmen das Modell DivEx einzuführen.

(Langfristige Perspektive:) Wenn eine steuerneutrale internationale Konzernbesteuerung im Binnenmarkt mittelfristig zum Erfolgsmodell wird, dann könnte in Erwägung gezogen werden, diese auch auf solche Staaten auszudehnen, die sich mit der EU derart assoziieren, dass sie die Gewinnermittlungsvorschriften der EU übernehmen und zu einer reibungslosen Zusammenarbeit bereit sind.

Letztlich ist die Einführung einer steuerneutralen internationalen Konzernbesteuerung eine politische Frage. Es bleibt zu hoffen, dass die Entscheidungsträger betriebswirtschaftliche und finanzwissenschaftliche Maßstäbe berücksichtigen und der Realität des

---

[710] Vgl. Lang, IStR 2005, S. 297; Schreiber, StuW 2004, S. 226; Wellisch, StuW 2004, S. 275; Wiss. Beirat beim BMF, Kapitaleinkommensbesteuerung, 1999, S. 72-75 und 95-97.

[711] Vgl. Maiterth, StuW 2005, S. 57; Weichenrieder, Direktinvestitionen, 1999, S. 102.

[712] Von 1995 bis 2006 ist der durchschnittliche Körperschaftsteuersatz in der EU-25 von 35,0% auf 25,8% gesunken. Vgl. Anhang, Tabelle A.6. In anderen OECD-Staaten ist der gleiche Trend erkennbar. Vgl. KPMG, Tax Rates, 2004, S. 2. Im Hochsteuerland Deutschland wird eine Senkung der kombinierten nominalen Steuerbelastung auf knapp unter 30% geplant. Vgl. Herzig/Bohn, DB 2007, S. 1; Spengel/Reister, DB 2006, S. 1741.

Binnenmarkts und der internationalen Geschäftstätigkeit der Konzerne gerecht werden.

Anhang

Abbildung A.1: Thesaurierung vs. Ausschüttung

$$\sum_{t=1}^{\infty} G^* \cdot (1-s_N) \cdot \frac{r \cdot (1-s_I)}{\left(1+r \cdot (1-s_I)\right)^t} > G^* \cdot (1-s_N) \cdot \frac{(1-s_I)}{(1-s_N)}$$

$$\Leftrightarrow G^* \cdot (1-s_N) \cdot \frac{r \cdot (1-s_I)}{r \cdot (1-s_I)} > G^* \cdot (1-s_I)$$

$$\Leftrightarrow G^* \cdot (1-s_N) > G^* \cdot (1-s_I).$$

Quelle: In Anlehnung an Hines/Rice, QJE 1994, S. 155.

Tabelle A.1: Ausgewählte Indikatoren zur Bedeutung internationaler Konzerne (1982-1999)

	Absolute Werte [Mrd. US$] zu lfd. Preisen		
	1982	1990	1999
Welt-BIP	10.611	21.473	30.061
davon absoluter Beitrag ausl. TG	565	1.419	3.045
davon prozentualer Beitrag ausl. TG	5,32%	6,61%	10,31%
weltweite Umsätze ausl. TG	2.462	5.503	13.564
weltweite Exporte	2.041	4.173	6.892
	Wachstum		
	1982-1990	1990-1999	
Welt-BIP	102%	40%	
Beitrag ausl. TG zum Welt-BIP	151%	115%	
weltweite Umsätze	124%	146%	
weltweite Exporte	104%	65%	

Quelle: UNCTAD, Investment, 2000, S. 4.

Tabelle A.2: Methoden zur Vermeidung der Doppelbesteuerung bei Dividendenausschüttungen unter Kapitalgesellschaften in wichtigen Industriestaaten

Freistellungsmethode	Anrechnungsmethode
Kontinentaleuropäische Staaten	
• 21 von 25 EU-Mitgliedstaaten (Belgien, Dänemark, Deutschland, Estland, Finnland, Frankreich, Griechenland, Italien, Lettland, Litauen, Luxemburg, Malta[713], Niederlande, Österreich, Portugal, Schweden, Slowakei, Slowenien, Spanien, Ungarn, Zypern) • 2 von 4 EFTA-Mitgliedstaaten[714] (Norwegen, Schweiz)	• 2 von 25 EU-Mitgliedstaaten (Polen, Tschechien)
Angelsächsische Staaten	
• Australien, Kanada	• 2 von 25 EU-Mitgliedstaaten (Irland, Vereinigtes Königreich) • Neuseeland, USA
Sonstige Staaten	
• Türkei	• Japan, Korea, Mexiko • 1 von 4 EFTA-Mitgliedstaaten (Island)

Quellen: Ausgewählte Länder in IBFD, Tax Handbook, 2006; Advisory Panel, Tax System, 2005, S. 243.

[713] Nimmt die maltesische Gesellschaft die Funktion einer Zwischengesellschaft wahr, indem sie von ausländischen Tochtergesellschaften stammende Dividenden ihrerseits an ihre ausländische Muttergesellschaft „weiterschüttet", werden die ausländischen Dividenden von der maltesischen Nachbesteuerung entlastet.

[714] Liechtenstein, das vierte EFTA Mitglied, ist nicht aufgelistet, da in seinem Steuersystem den Substanzsteuern eine größere Bedeutung als den Ertragsteuern zukommt. Vgl. Wagner, IWB 2001, S. 27-29.

Tabelle A.3: Mitgliedstaaten der Europäischen Union

Beitrittsjahr	Erweiterungsrunde	Mitgliedstaat
1952 (EU-6)	Gründung	Belgien
		Deutschland
		Frankreich
		Italien
		Luxemburg
		Niederlande
1973 (EU-9)	1. Erweiterung	Dänemark
		Irland
		Vereinigtes Königreich
1981 (EU-10)	2. Erweiterung	Griechenland
1986 (EU-12)	3. Erweiterung (Süderweiterung)	Portugal
		Spanien
1995 (EU-15)	4. Erweiterung	Finnland
		Österreich
		Schweden
2004 (EU-25)	5. Erweiterung (Osterweiterung)	Estland
		Lettland
		Litauen
		Malta
		Polen
		Slowakei
		Slowenien
		Tschechien
		Ungarn
		Zypern
2007 (EU-27)	6. Erweiterung	Bulgarien
		Rumänien

Quellen: Arndt, Europarecht, 2006, S. 10, 12, 18 und 23f.; Geiger, EUV/EGV, Präambel, Rn. 12.

Tabelle A.4: Teilnehmerstaaten der Währungsunion

Jahr der Teilnahme	Mitgliedstaat
1999	Belgien
	Deutschland
	Finnland
	Frankreich
	Irland
	Italien
	Luxemburg
	Niederlande
	Österreich
	Portugal
	Spanien
2001	Griechenland
2007	Slowenien

Quellen: Arndt, Europarecht, 2006, S. 14; O.V., HB v. 19.06.2006, S. 6.

Tabelle A.5: Zahlungsstrom Basisstrategie vs. Dreieckstrategie

Zeile	Periode	0	1 bis n-1	n
			Basisstrategie	
1	T_H an M	-1	$p\cdot(1-s_H)\cdot\left(1-\frac{s_I-s_H}{1-s_H}\right)$	$p\cdot(1-s_H)\cdot\left(1-\frac{s_I-s_H}{1-s_H}\right)+1$
2	T_N an M	-1	$p\cdot(1-s_N)\cdot\left(1-\frac{s_I-s_N}{1-s_N}\right)$	$p\cdot(1-s_N)\cdot\left(1-\frac{s_I-s_N}{1-s_N}\right)+1$
3	$=1+2$	-2	$2\cdot p\cdot(1-s_I)$	$2\cdot(p\cdot(1-s_I)+1)$
			Dreiecksstrategie	
4	T_N an M	-1		1
5	T_H an M	-1		$1-n\cdot p\cdot(1-s_N)$
6	T_H an T_N			$n\cdot p\cdot(1-s_N)$
7	T_N an M			$n\cdot p\cdot(1-s_N)-n\cdot p\cdot(1-s_N)\cdot\frac{s_I-s_N}{1-s_N}$
8	T_N an T_H		$p\cdot(1-s_N)$	$p\cdot(1-s_N)$
9	T_H an M		$p\cdot(1-s_N)$	$p\cdot(1-s_N)$
10	T_H an M		$(1-(t-1)\cdot p\cdot(1-s_N))\cdot p\cdot(1-s_H)$	$(1-(t-1)\cdot p\cdot(1-s_N))\cdot p\cdot(1-s_H)$
11	T_H an T_N		$(t-1)\cdot p\cdot(1-s_N)\cdot p\cdot(1-s_H)$	$(t-1)\cdot p\cdot(1-s_N)\cdot p\cdot(1-s_H)$
12	T_N an M		$(t-1)\cdot p\cdot(1-s_N)\cdot p\cdot(1-s_H)$	$(t-1)\cdot p\cdot(1-s_N)\cdot p\cdot(1-s_H)$
13	$\sum$ an M	-2	$p\cdot(1-s_N)+p\cdot(1-s_H)$	$2+p\cdot(1-s_N)+p\cdot(1-s_H)-n\cdot p\cdot(s_I-s_N)$
			Differenz aus Dreieckstrategie und Basisstrategie	
14	$=13-3$	0	$p\cdot(1-s_N)-p\cdot(1-s_I)$	$p\cdot(1-s_N)-n\cdot p\cdot(s_I-s_N)-p\cdot(1-s_I)$

Quelle: In Anlehnung an Altshuler/Grubert, NBER wp8144, 2001, S. 13.

Anmerkungen

Zeile 1/2: T_H und T_N erhalten von M Eigenkapital, schütten ihre Gewinne am Ende jeder Periode vollständig aus und zahlen am Ende des Anlagehorizonts auch das Eigenkapital zurück.

Zeile 4: T_N zahlt das von M erhaltene Eigenkapital zurück.

Zeile 5: T_H zahlt den Rest des ursprünglichen Eigenkapitals an M zurück.

Zeile 6: Das übrige Eigenkapital zahlt T_H an T_N zurück.

Zeile 7: Der Teil des Eigenkapitals, den T_N von T_H zurückerhält und an M weiterleitet, wird mit Repatriierungssteuer belegt.

Zeile 8: T_N beteiligt sich in Höhe ihres Gewinnes an T_H.

Zeile 9: Im gleichen Maße setzt T_H ihr Kapital herab.

Zeile 10/11: T_H bedient ihre Eigenkapitalgeber mit ihren Gewinnen.

Zeile 12: T_N schüttet die erhaltene Dividende weiter an M, was keine Repatriierungssteuer auslöst, da $s_N = s_I$.

Zeile 13: Die Repatriierungssteuern für die Gewinnausschüttungen von T_N werden erst am Ende des Anlagehorizonts fällig.

Zeile 14: Die Differenz belegt, dass die Nettogewinne in der Summe unverändert sind, jedoch partiell in früheren Perioden anfallen.

Tabelle A.6: Entwicklung der Körperschaftsteuersätze in der EU von 1995 bis 2006

Jahr	EU-25	EU-15	EU-Staaten der Osterweiterung
1995	35,0%	38,0%	30,6%
1996	35,0%	38,1%	30,4%
1997	34,7%	37,8%	30,2%
1998	33,9%	36,7%	29,6%
1999	33,3%	35,9%	29,4%
2000	32,1%	35,3%	27,4%
2001	31,1%	33,8%	27,1%
2002	29,7%	32,6%	25,5%
2003	28,7%	31,9%	23,8%
2004	27,4%	31,4%	21,5%
2005	26,2%	30,0%	20,6%
2006	25,8%	29,5%	20,3%

Quelle: TAXUD/Eurostat, Structures, 2006, S. 35.

Literaturverzeichnis

1. Monographien, Beiträge in Handbüchern und anderen Sammelwerken, Artikel in Periodika sowie Internetquellen

Advisory Panel (Tax System, 2005): Simple, Fair and Pro-Growth: Proposals to Fix America's Tax System – Report of the President's Advisory Panel on Federal Tax Reform, http://www.taxreformpanel.gov/final-report, Zugriffsdatum: 08.11.2005.

Altshuler, Rosanne/Mintz, Jack (NBER wp4712, 1994): US Interest Allocation Rules: Effects and Policy, NBER Working Paper No. 4712, 1994.

Altshuler, Rosanne/Grubert, Harry (NTJ LIV): Where will they go if we go territorial? Dividend exemption and the location decisions of U.S. multinational corporations, in: National Tax Journal LIV (2001), S. 787-809.

Altshuler, Rosanne/Grubert, Harry (NBER wp8144, 2001): Repatriation taxes, repatriation strategies and multinational financial policy, NBER Working Paper No. 8144, 2001.

Amby, Christen (IFA 89b, 2004): Group Taxation – Denmark, in: Cahiers de droit fiscal international by the International Fiscal Association, Volume 89b, Subject II, Group Taxation, Amersfoort 2004, S. 233-256.

Arndt, Hans-Wolfgang (Europarecht, 2006): Europarecht, 8. Auflage, Heidelberg 2006.

Baker & McKenzie in Kooperation mit Jacobs, Otto H./Spengel, Christoph (Tax Burden, 2001): The Effective Tax Burden of Companies in the Member States of the EU - The Perspective of a Multinational Investor, Amsterdam 2001.

Balmes, Frank/Brück, Michael J. J./Ribbrock, Martin (BB 2005): Der EuGH-Fall Marks & Spencer: Rückschlüsse für die deutsche Organschaftsbesteuerung, in: BetriebsBerater 2005, S. 966-970.

Baumhoff, Hubertus/Bodenmüller, Ralph (Verrechnungspreispolitik, 2003): Verrechnungspreispolitik bei der Verlagerung betrieblicher Funktionen ins Ausland, in: Handbuch der internationalen Steuerplanung, Hrsg. Grotherr, Siegfried, Herne/Berlin 2003, S. 345-384.

Benecke, Andreas/Schnitger, Arne (IStR 2007): Letzte Änderungen der Neuregelungen des UmwStG und der Entstrickungsnormen durch das SEStEG - Beschlussempfehlung und Bericht des Finanzausschusses, in: Internationales Steuerrecht 2007, S. 22-28.

Bird, Richard M. (NTJ XXVIII): International Aspects of Integration, in: National Tax Journal XXVIII (1975), S. 302-314.

Blumenthal, Marsha/Slemrod, Joel B. (ITPF 1995): The Compliance Cost of Taxing Foreign-Source Income: Its Magnitude, Determinants, and Policy Implications, in: International Tax and Public Finance 1995, S. 37-53.

Blumers, Wolfgang/Kinzl, Ulrich-Peter (BB 2005): Änderungen der Fusionsrichtlinie: Warten auf den EuGH – Oder: Wie Sekundärrecht gegen Primärrecht verstößt, in: BetriebsBerater 2005, S. 971-975.

BMF (Funktionsverlagerungen, 2006): Funktionsverlagerungen, 31.10.2006, http://mpix.bundesfinanzministerium.de/Mpix/count/BMF/r0?p=%2FSites%2Fbmf%2FDE%2FAktuelles&u=http%3A%2F%2Fwww.bundesfinanzministerium.de%2Flang_DE%2FDE%2FAktuelles%2F046__d%2CtemplateId%3Draw%2Cproperty%3DpublicationFile.pdf/046_d, Zugriffsdatum: 06.11.2006.

Böhme, Christian A. (IStR 1998): Entwicklung der internationalen Organschaft in Dänemark, in: Internationales Steuerrecht 1998, S. 165-171.

Bonse, Eric (HB v. 20.09.2006): EU geht ratlos in die nächste Erweiterung – Vage Auflagen für Bulgarien und Rumänien – Aufschub für die Türkei, in: Handelsblatt v. 20.09.2006, S.7.

Boos, Monica/Rehkugler, Heinz/Tucha, Thomas (DB 2000): Internationale Verrechnungspreise – Ein Überblick, in: Der Betrieb 2000, S. 2389-2393.

Borrat, José André/Bassière, Alain (IFA 89b, 2004): Group Taxation – France, in: Cahiers de droit fiscal international by the International Fiscal Association, Volume 89b, Subject II, Group Taxation, Amersfoort 2004, S. 271-291.

Bron, Jan F. (IStR 2006): Das van Hilten-Urteil des EuGH und die (Un-) Anwendbarkeit der Wegzugsbesteuerung im Verhältnis zu Drittstaaten, in: Internationales Steuerrecht 2006, S. 296-302.

Brümmerhoff, Dieter (Finanzwissenschaft, 2001): Finanzwissenschaft, 8. Auflage, München 2001.

Burkert, Manfred (IStR 2003a): Funktionsverlagerungen im internationalen Konzern – Management der Steuerfolgen in Deutschland – Teil I, in: Internationales Steuerrecht 2003, S. 320-324.

Burkert, Manfred (IStR 2003b): Funktionsverlagerungen im internationalen Konzern – Management der Steuerfolgen in Deutschland – Teil II, in: Internationales Steuerrecht 2003, S. 356-360.

Calliess, Christian/Ruffert, Matthias (EUV/EGV, 2007): EUV/EGV Kommentar – Das Verfassungsrecht der Europäischen Union mit Europäischer Grund- rechtecharta, 3. Auflage, München 2007.

Carlson, George N./Galper, Harvey (Water's Edge, 1984): Water's Edge Versus Worldwide Unitary Combination, in: The State Corporation Income Tax – Issues in Worldwide Unitary Combination, Hrsg. McLure Jr., Charles E., Stanford 1984, S. 1-40.

Cordewener, Axel (ET 2004): Company Taxation, Cross-Border Financing and Thin Capitalization in the EU Internal Market: Some Comments on Lankhorst-Hohorst GmbH, in: IBFD European Taxation 2004, S. 102-113.

Cordewener, Axel/Schnitger, Arne (StuW 2006): Europarechtliche Vorgaben für die Vermeidung der internationalen Doppelbesteuerung im Wege der Anrechnungsmethode, in: Steuer und Wirtschaft 2006, S. 50-78.

Czakert, Ernst (IStR 2006): Der Stand der Arbeiten an einer gemeinsamen konsolidierten Körperschaftsteuer-Bemessungsgrundlage in der Europäischen Union, in: Internationales Steuerrecht 2006, S. 561-566.

Dautzenberg, Norbert (Unternehmensbesteuerung, 1997): Unternehmensbesteuerung in EG-Binnenmarkt – Problembereiche und Perspektiven, Lohmar 1997.

Debatin, Helmut (DB 1992): StÄndG 1992 und "Treaty Override", in: Der Betrieb 1992, S. 2159-2163.

Desai, Mihir A./Hines Jr., James R. (NTJ LVII): Old Rules and New Realities. Corporate Tax Policy in a Global Setting, in: National Tax Journal LVII (2004), S. 937-960.

Deutsche Bank Research (EU-Monitor 03/2003): Steuerwettbewerb zwischen Harmonisierung und Wettbewerb, in: EU-Monitor – Beträge zur europäischen Integration Nr.3 2003, S. 9-17.

Deutscher Bundestag (BT-Drs. 14/23): Gesetzentwurf der Fraktionen SPD und BÜNDNIS 90/DIE GRÜNEN, Entwurf eines Steuerentlastungsgesetzes 1999/2000/2002, 14. Wahlperiode, Drucksache 14/23 v. 09.11.1998.

Deutscher Bundestag (BT-Drs. 14/2070): Bericht des Finanzausschusses (7. Ausschuss), 14. Wahlperiode, Drucksache 14/2070 v. 11.11.1999.

Devereux, Michael/Griffith, Rachel (Discrete Investment Choices, 1999): The Taxation of Discrete Investment Choices, Revision 2, Working Paper Series No. W98/16, London 1999.

Diamond, Peter A./Mirrlees, James A. (AER 61): Optimal Taxation and Public Production I: Production Efficiency, in: American Economic Review 61 (1971), S. 8-27.

Dörr, Ingmar (IStR 2004): Abschaffung oder Erweiterung der Organschaft?! Zu den möglichen Konsequenzen der Rechtssache „Marks and Spencer plc", in: Internationales Steuerrecht 2004, S. 265-272.

Dötsch, Ewald/Pung, Alexandra (DB 2004): Gesellschafter-Fremdfinanzierung: Das Einführungsschreiben zu § 8a KStG vom 15.7.2004, in: Der Betrieb 2004, S. 1683-1691.

Eckstein, Hans-Martin (IFA 89b, 2004): Group Taxation – Germany, in: Cahiers de droit fiscal international by the International Fiscal Association, Volume 89b, Subject II, Group Taxation, Amersfoort 2004, S. 293-312.

Eicker, Klaus/Droscha, Anatol (IStR-Länderbericht 7/2004): Österreich: Gesetzesentwurf zur Einführung einer grenzüberschreitenden Gruppenbesteuerung ab 2005, in: Internationales Steuerrecht, Länderbericht zu Heft 7/2004, S. 1-3.

Endres, Dieter (Intertax 2003): The Concept of Group Taxation: A Global Overview, in: Intertax 2003, S. 349-352.

Endres, Dieter (Konzernbesteuerung, 2003): Konzernbesteuerung in wichtigen Industriestaaten, in: Organschaft – laufende und aperiodische Besteuerung, nationale und internationale Aspekte, Hinweise zum EU-Recht, Hrsg. Herzig, Norbert, Stuttgart 2003, S. 461-482.

Endres, Dieter (WPg 2003): Internationaler Vergleich von Konsolidierungs- und Organschaftsvorschriften, in: Die Wirtschaftsprüfung (Sonderheft) 2003, S. S35-S40.

Endres, Dieter (PIStB 2004): Steuerreformpaket 2004: Neuregelung der Gesellschafter-Fremdfinanzierung, in: Praxis Internationale Steuerberatung 2004, S. 32-39.

Endres, Dieter/Oestreicher, Andreas (Intertax 2000): 2001 Tax Reform in Germany – Planning for a New Era, in: Intertax 2000, S. 408-422.

Endres, Dieter/Oestreicher, Andreas (IStR-Beihefter 15/2003): Grenzüberschreitende Ergebnisabgrenzung: Verrechnungspreise, Konzernumlagen, Betriebsstättengewinnermittlung – Bestandsaufnahme und Neuentwicklungen, in: Internationales Steuerrecht, Beihefter zu Heft 15/2003, S. 1-16.

Englisch, Joachim (Dividendenbesteuerung, 2004): Dividendenbesteuerung – Europa- und verfassungsrechtliche Vorgaben im Vergleich der Körperschaftsteuersysteme Deutschlands und Spaniens, Köln 2004.

Englisch, Joachim (IStR 2006): Anmerkung zu Marks & Spencer: Grenzüberschreitender Verlustabzug im Mutter-Tochter-Verhältnis, in: Internationales Steuerrecht 2006, S. 22-23.

Ettinger, Jochen/Eberl Tobias (GmbHR 2005): Die deutsche Wegzugsbesteuerung nach der EuGH-Rechtsprechung und wesentliche Gestaltungsüberlegungen im Zusammenhang mit einem Wegzug ins Ausland, in: GmbH-Rundschau 2005, S. 152-159.

Fischer, Bertram (Unitary Taxation, 1986): Die Gewinnermittlung für die Körperschaftsteuer der US-Einzelstaaten nach dem Konzept der „Unitary business taxation", München 1986.

Flick, Hans/Wassermeyer, Franz/Baumhoff, Hubertus (Außensteuerrecht, 1999): Kommentar zum Außensteuerrecht, 6. Auflage, Köln 1999, Stand: November 2006.

Fohr, Iris (Holdinggesellschaften, 2001): Besteuerungskonzept für Holdinggesellschaften – Eine systematische Analyse der Anforderung an die Ertragsbesteuerung internationaler Holdinggesellschaften unter besonderer Berücksichtigung des deutschen Steuerrechts, Frankfurt am Main 2001.

Förster, Guido (DB 2007): SEStEG: Rechtsänderungen im EStG, in: Der Betrieb 2007, S. 72-80.

Förster, Jutta (IStR-Länderbericht 6/1993): USA: Unitary Taxation, in: Internationales Steuerrecht, Länderbericht zu Heft 6/1993, S. 4.

Forsthoff, Ulrich (IStR 2006): Treaty Override und Europarecht, in: Internationales Steuerrecht 2006, S. 509-512.

Forsthoff, Ulrich (IStR 2006): Die eigenständige Bedeutung des sekundären Gemeinschaftsrechts, in: Internationales Steuerrecht 2006, S. 699-701.

Frischmuth, Markus (IStR 2005): Bestandsaufnahme und Zukunft der deutschen Hinzurechnungsbesteuerung (§§ 7 bis 14 AStG), in: Internationales Steuerrecht 2005, S. 361-366.

Froot, Kenneth A./Hines Jr., James R. (NBER wp4924, 1994): Interest Allocation Rules, Financing Patterns, and the Operations of U.S. Multinationals, NBER Working Paper No. 4924, 1994.

Frotscher, Gerrit (DStR 2001): Die Ausgabenabzugsbeschränkungen nach § 3c EStG und ihre Auswirkung auf Finanzierungsentscheidungen, in: Deutsches Steuerrecht 2001, S. 2045-2054.

Gammie, Malcolm (Intertax 2005): The Impact of the Marks & Spencer Case on US-European Planning, in: Intertax 2005, S. 485-489.

Gandenberger, Otto (Kapitalexportneutralität, 1983): Kapitalexportneutralität versus Kapitalimportneutralität – Allokative Überlegungen zu einer Grundfrage der internationalen Besteuerung, Aufsätze zur Wirtschaftspolitik Nr. 7, Forschungsinstitut für Wirtschaftspolitik an der Universität Mainz, Mainz 1983.

Gardner, Edward H. (Capital Income, 1992): Taxes on Capital Income: A Survey, in: Tax Harmonization in the European Community: Policy Issues and Analysis, Hrsg. Kopits, George, Washington D.C. 1992.

Gassner, Wolfgang (DB 2004): Europarechtswidrigkeit der Organschaftsbesteuerung – Österreich ersetzt Organschaft durch eine neue Gruppenbesteuerung, in: Der Betrieb 2004, S. 841-843.

Geiger, Rudolf (EUV/EGV, 2004): EUV/EGV – Vertrag über die Europäische Union und des Vertrages zur Gründung der Europäischen Gemeinschaft, 4. Auflage, München 2004.

Genschel, Philipp (Steuerharmonisierung, 2002): Steuerharmonisierung und Steuerwettbewerb in der Europäischen Union, Frankfurt am Main 2002.

Giaconia, Massimo (IFA 89b, 2004): Group Taxation – Italy, in: Cahiers de droit fiscal international by the International Fiscal Association, Volume 89b, Subject II, Group Taxation, Amersfoort 2004, S. 369-391.

Graetz, Michael J./Oosterhuis, Paul W. (NTJ LIV): Sturcturing an Exemption System for Foreign Income of U.S. Corporations, in: National Tax Journal LIV (2001), S. 771-786.

Grotherr, Siegfried (IWB 1995): Konzernbesteuerung in Dänemark, in: Internationale Wirtschafts-Briefe, Nr. 11 v. 14.06.1995, Fach 5, Dänemark, Gruppe 2, S. 113-126.

Grubert, Harry (NTJ LIV): Enacting dividend exemption and tax revenue, in: National Tax Journal LIV (2001), S. 811-827.

Grubert, Harry (CESifo wp964, 2003): The tax burden on direct cross-border investment: company strategies and government responses, CESifo Working Paper No. 964, 2003.

Grubert, Harry/Mutti, John (ITPF, 1995): Taxing Multinationals in a World with Portfolio Flows and R&D: Is Capital Export Neutrality Obsolete?, in: International Tax and Public Finance 1995, S. 439-457.

Grubert, Harry/Mutti, John (Dividend Exemption, 2001): Taxing International Business Income: Dividend Exemption versus the Current System, Washington D.C. 2001.

Grubert, Harry/Newlon, Scott T. (Taxing, 1997): Taxing Consumption in a Global Economy, Washington D.C. 1997.

Gundel, Günter (IStR 1993): Auswirkungen der neuen Hinzurechnungsbesteuerung des Außensteuergesetzes auf internationale Finanzierungsgesellschaften, in: Internationales Steuerrecht 1993, S. 49-57.

Hagert, Albrecht (IStR-Länderbericht 23/2004): Finnland: Die Steuerreform – Reaktion auf „Manninen", in: Internationales Steuerrecht, Länderbericht zu Heft 23/2004, S. 4-5.

Hahn, Hartmut (IStR 2006): Bemerkungen zum EuGH-Urteil „Cadbury Schweppes", in: Internationales Steuerrecht 2006, S. 667-670.

Haufler, Andreas/Schjelderup, Guttorm (OEP 2000): Corporate tax systems and cross country profit shifting, in: Oxford Economic Papers 2000, No. 52, S. 306-325.

Hellerstein, Walter/McLure Jr., Charles E. (ITPF 2004): The European Commission's Report on Company Income Taxation: What the EU Can Learn from the Experience of the US States, in: International Tax and Public Finance 2004, S. 199-220.

Herdegen, Matthias (Europarecht, 2006): Europarecht, 8. Auflage, München 2006.

Hernler, Jörg (DB 2003): ETAS – European Tax Allocation System, ein Lösungsvorschlag für eine einheitliche Ertragsbesteuerung Europäischer Unternehmen, in: Der Betrieb 2003, S. 60-65.

Herzig, Norbert (WPg 1998): Globalisierung und Besteuerung, in: Die Wirtschaftsprüfung 1998, S. 280-296.

Herzig, Norbert (Organschaft, 2003): Einführung, in: Organschaft – laufende und aperiodische Besteuerung, nationale und internationale Aspekte, Hinweise zum EU-Recht, Hrsg. Herzig, Norbert, Stuttgart 2003, S. 3-35.

Herzig, Norbert (WPg 2003): Gestaltung der Konzernsteuerquote – eine neue Herausforderung für die Steuerberatung, in: Die Wirtschaftsprüfung (Sonderheft) 2003, S. S80-S92.

Herzig, Norbert (StuW 2006): Harmonisierung der steuerlichen Gewinnermittlung in der Europäischen Union, in: Steuer und Wirtschaft 2006, S. 156-164.

Herzig, Norbert/Bohn, Alexander (DB 2007): Modifizierte Zinsschranke und Unternehmensfinanzierung – Diskussion von Plänen zur Unternehmensteuerreform 2008, in: Der Betrieb 2007, S. 1-10.

Herzig, Norbert/Dempfle, Urs (DB 2002): Konzernsteuerquote, betriebliche Steuerpolitik und Steuerwettbewerb in: Der Betrieb 2002, S. 1-8.

Herzig, Norbert/Gellrich, Kai (IStR 2006): Harmonisierung der steuerlichen Gewinnermittlung in der EU – Überlegungen zur Konzeption von Rückstellungen in einer gemeinsamen konsolidierten Körperschaftsteuer-Bemessungsgrundlage, in: Internationales Steuerrecht 2006, S. 757-764.

Herzig, Norbert/Wagner, Thomas (DB 2005): Die Zukunft der Organschaft im EG-Binnenmarkt, in: Der Betrieb 2005, S. 1-9.

Hey, Johanna (StuW 2004): Perspektiven der Unternehmensbesteuerung in Europa, in: Steuer und Wirtschaft 2004, S. 193-211.

Hey, Johanna (StuW 2005): Erosion nationaler Besteuerungsprinzipien im Binnenmarkt? – zugleich zu den Rechtfertigungsgründen der „Europatauglichkeit" und „Wettbewerbsfähigkeit" des Steuersystems, in: Steuer und Wirtschaft 2005, S. 317-326.

Hinder, Jens-Uwe (FAZ v. 21.12.2005): Deutschland wird die Konzernbesteuerung ändern müssen – Aber keine direkten Folgen durch das Urteil "Marks & Spencer", Frankfurter Allgemeine Zeitung v. 21.12.2005, S. 23.

Hines Jr., James R. (NBER wp4191, 1992): Credit and Deferral as International Investment Incentives, NBER Working Paper No. 4191, 1992.

Hines Jr., James R./Rice Eric M. (QJE 1994): Fiscal Paradise: Foreign Tax Havens and American Business, in: The Quarterly Journal of Economics 1994, S. 149-182.

Hirschler, Klaus/Schindler, Clemens P. (IStR 2004): Die österreichische Gruppenbesteuerung als Vorbild für Europa?, in: Internationales Steuerrecht 2004, S. 505-511.

Höffken, Heinz (IStR-Länderbericht 4/1993): DBA Dänemark: Revisionsabkommen paraphiert, in: Internationales Steuerrecht, Länderbericht zu Heft 4/1993, S. 1-2.

Homburg, Stefan (FA N.F. 56): Competition and Co-ordination in International Capital Income Taxation, in: FinanzArchiv N.F. 56 (1999), S. 1-17.

Homburg, Stefan (Perspektiven, 2000): Perspektiven der internationalen Unternehmensbesteuerung, in: Probleme der Besteuerung, Band 3, Hrsg. Andel, Norbert, Berlin 2000, S. 9-61.

Homburg, Stefan (Kapitaleinkommensbesteuerung, 2005): Internationale Kapitaleinkommensbesteuerung nach dem Wohnsitzprinzip oder Quellenprinzip, in: Die internationale Unternehmensbesteuerung im Wandel: Symposium für Otto H. Jacobs zum 65. Geburtstag, Hrsg. Endres, Dieter/Oestreicher, Andreas/Scheffler, Wolfram/Schreiber, Ulrich/Spengel, Christoph, München 2005, S. 14-27.

Homburg, Stefan (Steuerlehre, 2005): Allgemeine Steuerlehre, 4. Auflage, München 2005.

Horst, Thomas (QJE 1980): A Note on the Optimal Taxation of International Investment Income, in: Quarterly Journal of Economics 1980, S. 793-798.

Huizinga, Harry/Laeven, Luc (Profit Shifting, 2005): International Profit Shifting within European Multinationals, http://www.vwl.uni-mannheim.de/vthadden/fsempaper/huizinga.pdf, Zugriffsdatum: 27.04.2005.

IBFD (Tax Handbook, 2006): European Tax Handbook, 17. Auflage, Amsterdam 2006.

Jacobs, Otto H. (Rechtsform, 2002): Unternehmensbesteuerung und Rechtsform – Handbuch zur Besteuerung deutscher Untenehmen, 3. Auflage, München 2002.

Jacobs, Otto H. (Unternehmensbesteuerung, 2002): Internationale Unternehmensbesteuerung - Deutsche Investitionen im Ausland, Ausländische Investitionen im Inland, 5. Auflage, München 2002.

Jacobs, Otto H./Spengel, Christoph (Aspekte, 1996): Aspekte einer Reform der Unternehmensbesteuerung in Europa, in: Steuerpolitik und Standortqualität: Expertisen zum Standort Deutschland, Hrsg. Siebert, Horst, Tübingen 1996, S. 13-49.

Jacobs, Otto H./Spengel, Christoph (European Tax Analyzer, 1996): European Tax Analyzer – EDV-gestützter Vergleich der Steuerbelastung von Kapitalgesellschaften in Deutschland, Frankreich und Großbritannien, Schriftenreihe des ZEW, Bd. 11, Baden-Baden 1996.

Jacobs, Otto H./Spengel, Christoph (Tax Burden, 2002): Effective Tax Burden in Europe – Current Situation, Past Developments and Simulation of Reforms, ZEW Economic Studies, Vol. 15, Heidelberg 2002.

Jacobs, Otto H./Spengel, Christoph/Schäfer, Anne (Intertax 2004): ICT and Profit Allocation within Multinational Groups, in: Intertax 2004, S. 268-283.

Jacobs, Otto H./Spengel, Christoph/Finkenzeller, Martin/Roche, Matthias (Company Taxation, 2003): Company Taxation in the New EU Member States, Study by Ernst & Young and Centre for European Economic Research (ZEW), Frankfurt am Main/Mannheim 2003.

Jacobs, Otto H./Spengel, Christoph/Stetter, Thorsten/Wendt, Carsten (ZEW DP 05-37, 2005): EU Company Taxation in Case of a Common Tax Base – A Computer-based Calculation and Comparison using the Enhanced Model of the European Tax Analyzer, ZEW Discussion Paper, Mannheim 2005.

Jaeger, Claudia (Körperschaftsteuersysteme, 2001): Körperschaftsteuersysteme in Europa – Eine europarechtliche und betriebswirtschaftliche Analyse, Köln 2001.

Jarass, Lorenz/Obermair, Gustav M. (Versteuerung, 2004): Ausweis und Versteuerung von Unternehmensgewinnen – Eine Analyse der DAX30-Geschäftsberichte 1996-2002 unter Berücksichtigung der Volkswirtschaftlichen Gesamtrechnung, in: Perspektiven der Unternehmensbesteuerung, Hrsg. Schratzenstaller, Margit/Truger, Achim, Marburg 2004, S. 77-108.

Jungnitz, Susanne (IStR 2006): „Fiscale eenheid“ in den Niederlanden – Vorbild für eine Reform der Gruppenbesteuerung in Deutschland?, in: Internationales Steuerrecht 2006, S. 266-272.

Kaufmann, Robert (SWI 2001): Controlled Foreign Companies (CFC)-Gesetzgebung – Übersicht über die Rechtslage in den EU-Mitgliedstaaten, in: Steuer und Wirtschaft International 2001, S. 16-20.

Keen, Michael (FS 1993): The Welfare Economics of Tax Co-ordination in the European Community: A Survey, in: IFS Fiscal Studies 1993, Band 14, Heft 2, S. 15-36.

Keen, Michael/Wildasin, David (AER 94): Pareto-Efficient International Taxation, in: American Economic Review 94 (2004), S. 259-275.

Keuchel, Jan (HB v. 07.12.2005): Konzerne drücken die Steuerquote – Effektive Steuerbelastung immer wichtiger für Unternehmenswert – Gestaltungstricks haben Hochkonjunktur, in: Handelsblatt v. 07.12.2005, S.18.

Kessler, Wolfgang (IStR 1993): Internationale Organschaft in Dänemark, in: Internationales Steuerrecht 1993, S. 303-310.

Kessler, Wolfgang/Daller, Rico (IStR 2006): Die österreichische Gruppenbesteuerung aus Sicht ausländischer Gruppenmitglieder – investitionsbeeinflussende Faktoren, in: Internationales Steuerrecht 2006, S. 289-296.

Kessler, Wolfgang/Daller, Rico (IStR-Länderbericht 15/2006): Dänemark: Verschärfung der Gruppenbesteuerung, in: Internationales Steuerrecht, Länderbericht zu Heft 15/2006, S. 2-3.

Kessler, Wolfgang/Eicke, Rolf (IStR 2006): Arbeitsplätze aus dem Steuerparadies: Neue US-Subpart F-Regel schafft Anreize zur Repatriierung von Gewinnen aus Tax Havens in die USA – ein Vorbild für Deutschland?, in: Internationales Steuerrecht 2006, S. 1-6.

Kessler, Wolfgang/Obser, Ralph (IStR 2004): Überblick zur Gesellschafter-Fremdfinanzierung in den Mitgliedstaaten der Europäischen Union, in: Internationales Steuerrecht 2004, S. 187-191.

Kiesewetter, Dirk (StuW 1997): Theoretische Leitbilder einer Reform der Unternehmensbesteuerung – Eine vergleichende Analyse der Reformmodelle Kroatiens, Österreichs und Skandinaviens, in: Steuer und Wirtschaft 1997, S. 24-34.

King, Mervyn A./Fullerton, Don (Taxation of Income, 1984): The Taxation of Income from Capital – A Comparative Study of the United States, the United Kingdom, Sweden and West Germany, Chicago 1984.

Kinzl, Ulrich-Peter (AG 2005): Grenzüberschreitende Verschmelzung: Soviel Steuerneutralität wie nötig oder nur soviel wie fiskalisch möglich?, in: Die Aktiengesellschaft 2005, S. 842-845.

Klingberg, Dietgard/Nitzschke, Dirk (PIStB 2007): Besteuerung grenzüberschreitender Aktivitäten nach dem SEStEG (Teil 1), in: Praxis Internationale Steuerberatung 2007, S. 11-16.

Knoll, Leonhard (DBW 2001): Unternehmensgewinnbesteuerung in Kroatien, Italien und Österreich - Umsetzungsbeispiele für betriebswirtschaftliche Neutralitätspostulate, in: Die Betriebswirtschaft 2001, S. 335-348.

Köhler, Stefan (BB 1993): Die neue Form der Hinzurechnungsbesteuerung für Zwischeneinkünfte mit Kapitalanlagecharakter durch das Steueränderungsgesetz 1992, in: BetriebsBerater 1993, S. 337-343.

Kollruss, Thomas (IStR 2004): Die neuen Organschaftsregeln in den Niederlanden und Double-Dip-Strukturen für deutsche Outbound-Investitionen, in: Internationales Steuerrecht 2004, S. 5-10.

Körner, Andreas (BB 2003): Das "Bosal"-Urteil des EuGH – Vorgaben für die Abzugsfähigkeit der Finanzierungsaufwendungen des Beteiligungserwerbs, in: BetriebsBerater 2003, S. 2436-2442.

Körner, Andreas (Intertax 2003): The ECJ's Lankhorst-Hohorst Judgment - Incompatibility of Thin Capitalization Rules with European Law and Further Consequences, in: Intertax 2003, S. 162-168.

Körner, Andreas (IStR 2006): Anmerkungen zum SEStEG-Entwurf vom 21.4.2006, in: Internationales Steuerrecht 2006, S. 469-472.

Körner, Andreas (IStR 2006): Einbeziehung der Gewinne beherrschter ausländischer Gesellschaften in die Steuerbemessungsgrundlage der Muttergesellschaft (Anmerkung), in: Internationales Steuerrecht 2006, S. 675.

Kowallik, Andreas (Investitionsstrukturen, 2003): Typische Investitionsstrukturen für Direktinvestitionen von US-Unternehmen in Europa, in: Handbuch der internationalen Steuerplanung, Hrsg. Grotherr, Siegfried, Herne/Berlin 2003, S. 835-848.

KPMG (Tax Rates, 2004): KPMG's Corporate Tax Rate Survey 2004, http://www.kpmg.com/rut2000_prod/documents/9/2004ctrs.pdf, Zugriffsdatum: 26.04. 2004.

Krebühl, Hans-Herbert (Organschaft, 2003): Konzernbesteuerung de lege ferenda, in: Organschaft – laufende und aperiodische Besteuerung, nationale und internationale Aspekte, Hinweise zum EU-Recht, Hrsg. Herzig, Norbert, Stuttgart 2003, S. 595-611.

Kruschwitz, Lutz/Schneider, Dirk/Husmann, Sven (WiSt 2003): Investitionsneutrale Steuersysteme unter Sicherheit, in: Wirtschaftswissenschaftliches Studium 2003, S. 328-333.

Lang, Joachim (StuW 1989): Reform der Unternehmensbesteuerung, in: Steuer und Wirtschaft 1989, S. 3-17.

Lang, Michael (IStR 2002): CFC-Gesetzgebung und Gemeinschaftsrecht, in: Internationales Steuerrecht 2002, S. 217-222.

Lang, Michael (Kapitaleinkommensbesteuerung, 2005): Internationale Kapitaleinkommensbesteuerung nach dem Wohnsitzprinzip oder Quellenprinzip, in: Die internationale Unternehmensbesteuerung im Wandel: Symposium für Otto H. Jacobs zum 65. Geburtstag, Hrsg. Endres, Dieter/Oestreicher, Andreas/Scheffler, Wolfram/Schreiber, Ulrich/Spengel, Christoph, München 2005, S. 28-43.

Lang, Michael (IStR 2005): Wohin geht das internationale Steuerrecht?, in: Internationales Steuerrecht 2005, S. 289-297.

Lehner, Moris (StuW 1998): Wettbewerb der Steuersysteme im Spiegel europäischer und US-amerikanischer Steuerpolitik, in: Steuer und Wirtschaft 1998, S. 159-173.

Lehner, Moris (Doppelbesteuerungsabkommen, 1995): Auswirkungen der Steuerharmonisierung auf das Recht der Doppelbesteuerungsabkommen, in: Rechtsfragen des europäischen Steuer-, Außenwirtschafts- und Zollrechts, Hrsg. Birk, Dieter/Ehlers, Dirk, Köln 1995, S. 18-32.

Lehner, Moris (Territorialitätsprinzip, 2005): Das Territorialitätsprinzip im Licht des Europarechts, in: Körperschaftsteuer – Internationales Steuerrecht – Doppelbesteuerung, Festschrift für Franz Wassermeyer zum 65. Geburtstag, Hrsg. Gocke, Rudolf/Gosch, Dietmar/Lang, Michael, München 2005, S. 241-261.

Lornsen, Birgitt (Doppelbesteuerung, 1987): Unilaterale Maßnahmen der Bundesrepublik Deutschland zur Ausschaltung der internationalen Doppelbesteuerung bei der Einkommen- und Körperschaftsteuer, Frankfurt am Main 1987.

Loukota, Helmut (SWI 2006): Gebietet EU-Recht einen DBA-Anrechnungsvortrag?, in: Steuern und Wirtschaft International 2006, S. 250-253.

Louven, Christoph/Dettmeier, Michael/Pöschke, Moritz/Weng, Andreas (BB-Special 3/2006): Optionen grenzüberschreitender Verschmelzungen innerhalb der EU – gesellschafts- und steuerrechtliche Grundlagen, in: BetriebsBerater 2006, BB-Special 3 in Heft 11, S. 1-16.

Lüdicke, Jürgen (IStR 2003): Internationale Aspekte des Steuervergünstigungsabbaugesetzes, in: Internationales Steuerrecht 2003, S. 433-444.

Lüdicke, Jürgen/Hummel, Lars (IStR 2006): Zum Primat des primären Gemeinschaftsrechts, in: Internationales Steuerrecht 2006, S. 694-698.

Lüdicke, Jürgen/Rödel, Sabine (IStR 2004): Generalthema II: Gruppenbesteuerung, in: Internationales Steuerrecht 2004, S. 549-554.

Maiterth, Ralf (Wettbewerbsneutralität, 2001): Wettbewerbsneutralität der Besteuerung, Bielefeld 2001.

Maiterth, Ralf (DBW 2002): Zur sachgerechten Behandlung von Beteiligungsaufwendungen im Steuerrecht, in: Die Betriebswirtschaft 2002, S. 169-183.

Maiterth, Ralf (StuW 2005): Der Einfluss der Besteuerung auf die internationale Wettbewerbsfähigkeit von Unternehmen, in: Steuer und Wirtschaft 2005, S. 47-60.

Maiterth, Ralf/Wirth, Henriette (DStR 2004): Anmerkungen zur unendlichen Diskussion über Beteiligungsaufwendungen bei Kapitalgesellschaften aus steuersystematischer Sicht, in: Deutsches Steuerrecht 2004, S. 433-438.

Martens-Weiner, Joann E. (CESifo Forum 1/2002): Formulary Apportionment and the Future of Company Taxation in the European Union, in: CESifo Forum 1/2002, S. 10-20.

Martens-Weiner, Joann E. (Formulary Apportionment, 2005): Formulary Apportionment and Group Taxation In the European Union: Insights From the United States and Canada – European Commission Taxation Working Paper No. 8, Luxemburg 2005.

Martens-Weiner, Joann E. (Company Tax Reform, 2006): Company tax reform in the European Union – guidance from the United States and Canada on implementing formulary apportionment in the EU, New York 2006.

Masui, Yoshihiro, (IFA 89b, 2004): Group Taxation – General Report, in: Cahiers de droit fiscal international by the International Fiscal Association, Volume 89b, Subject II, Group Taxation, Amersfoort 2004, S. 21-67.

Maul, Silja/Teichmann, Christoph/Wenz, Martin (BB 2003): Der Richtlinienvorschlag zur grenzüberschreitenden Verschmelzung von Kapitalgesellschaften, in: BetriebsBerater 2003, S. 2633-2641.

McLure Jr., Charles E. (ET 1989): Some Lessons from the U.S. Experience, in: IBFD European Taxation 1989, S. 243-250.

McLure Jr., Charles E. (NTJ LVIII): A Few Things the Tax Reform Panel Needs to Remember, in: National Tax Journal LVIII (2005), S. 367-369.

Messere, Ken/Kam, Flip de/Heady, Christopher (Tax Policy, 2003): Tax Policy: Theory and Practice in OECD Countries, Oxford 2003.

Meussen, Gerard (ECTR, 2003): The Marks & Spencer Case: Reaching the boundaries of the EC Treaty, in: EC Tax Review 2003, S.144-148.

Mintz, Jack (ITPF 2004): Corporate Tax Harmonization in Europe: It's all about Compliance, in: International Tax Public Finance 2004, S. 221-234.

Mössner, Jörg M. (Treaty Overriding, 1993): Rechtsschutz bei Treaty Overriding, in: Besteuerung internationaler Konzerne: Qualifikationskonflikte, Verluststrategien, grenzüberschreitende Spaltung, Einbringung von Betriebsstätten, Rechtsschutz bei Treaty Overriding, Hrsg. Fischer, Lutz, Köln 1993, S. 113-136.

Müller, Rolf (DStR 2002): Die Konzernsteuerquote - Modephänomen oder ernst zu nehmende neue Kennziffer?, in: Deutsches Steuerrecht 2002, S. 1684-1688.

Müller-Gatermann (Gruppenbesteuerung, 2005): Überlegungen zu einer rechtsform- und organisationsformneutralen Gruppenbesteuerung, in: Konzernbesteuerung, Hrsg. Oestreicher, Andreas, Herne/Berlin 2005, S. 197-237.

Musgrave, Peggy B. (Analysis, 1963): Taxation of Foreign Investment Income – An Economic Analysis, Baltimore 1963.

Musgrave, Peggy B. (Issues, 1969): United States Taxation of Foreign Investment Income – Issues and Arguments, Cambridge 1969.

Musgrave, Peggy B. (Tax Base, 1984): Principles for Dividing the State Corporate Tax Base, in: The State Corporation Income Tax – Issues in Worldwide Unitary Combination, Hrsg. McLure Jr., Charles E., Stanford 1984, S. 228-246.

Musgrave, Richard A. (Finanztheorie, 1969): Finanztheorie, Tübingen 1969, Originalausgabe: The theory of public finance, New York 1959.

Musgrave, Richard A. (Fiscal Systems, 1973): Fiscal Studies, New Haven 1973.

Mussler, Werner (FAZ v. 06.04.2006): Unternehmensteuer entzweit die EU – Streit um Bemessungsgrundlage / Kommission ringt um Lösung, in: Frankfurter Allgemeine Zeitung v. 06.04.2006, S. 11.

Mussler, Werner (FAZ v. 31.01.2007): Vorstoß zur Harmonisierung, in: Frankfurter Allgemeine Zeitung v. 31.01.2007, S. 13.

Nagler, Jürgen/Kleinert, Jens (DB 2005): Das EuGH-Verfahren Marks & Spencer – Konsequenzen des Schlussantrags des Generalanwalts, in: Der Betrieb 2005, S. 855-857.

NFTC (Territorial Tax, 2002): Territorial Tax Study Report, http://www.nftc.org/default/tax/Territorial%20Report.pdf, Zugriffsdatum: 11.11.2005.

Nuernberger, Eckart/Pelzer, Dirk (IWB 2003): Gesellschafterfremdfinanzierung einer US-Tochtergesellschaft, in: Internationale Wirtschafts-Briefe, Nr. 12 v. 25.06.2003, Fach 8, USA, Gruppe 2, S. 1245-1254.

OECD (Profits, 1991): Taxing Profits in an Global Economy, Paris 1991.

OECD (Transfer Pricing, 2001): Transfer Pricing Guidelines for Multinational Enterprises and Tax Administrations, Paris 2001.

Oestreicher, Andreas (StuW 2002): Konzernbesteuerung in Europa – Zum Vorschlag einer konsolidierten körperschaftsteuerlichen Bemessungsgrundlage für die grenzüberschreitende Unternehmenstätigkeit in der EU, in: Steuer und Wirtschaft 2002, S. 342-356.

Oestreicher, Andreas (Steuerbilanzen, 2003): Handels- und Steuerbilanzen – HGB, IAS/IFRS, US-GAAP, EStG und BewG, 6. Auflage, Heidelberg 2003.

Oestreicher, Andreas (Besteuerung, 2005): Einfluss der Besteuerung auf betriebswirtschaftliche Entscheidungen international tätiger Unternehmen, in: Internationale Steuerplanung, Hrsg. Oestreicher, Andreas, Herne/Berlin 2005, S. 59-88.

Oestreicher, Andreas (Gewinnabgrenzung, 2005): Gewinnabgrenzung bei EU-Konzernen auf der Basis von Verrechnungspreisen oder durch formelhafte Gewinnaufteilung, in: Die internationale Unternehmensbesteuerung im Wandel: Symposium für Otto H. Jacobs zum 65. Geburtstag, Hrsg. Endres, Dieter/Oestreicher, Andreas/Scheffler, Wolfram/Schreiber, Ulrich/Spengel, Christoph, München 2005, S. 73-91.

Oestreicher, Andreas (Konzernbesteuerung, 2005): Konzernbesteuerung im Spannungsfeld zwischen wirtschaftlicher Einheit und rechtlicher Vielheit, in: Konzernbesteuerung, Hrsg. Oestreicher, Andreas, Herne/Berlin 2005, S. 1-31.

Ortgies, Katrin (Konzernsteuerquote, 2006): Die Konzernsteuerquote – Implikationen für Konzernsteuerpolitik und staatliche Steuerpolitik, Lohmar 2006.

O.V. (FAZ v. 14.12.2005): Europa-Richter weiten Verlustausgleich aus – Das Finanzministerium atmet auf, in: Frankfurter Allgemeine Zeitung v. 14.15.2005, S.11.

O.V. (FAZ v. 20.07.2006): Amerikanische Unternehmensteuer trotz steigender Einnahmen in der Kritik – Geltendes System bestraft Aktionäre durch Doppelbesteuerung / Verzerrungen zu Lasten von Eigenkapital, in: Frankfurter Allgemeine Zeitung v. 20.07.2006, S.10.

O.V. (FAZ v. 13.09.2006): Das deutsche Außensteuerrecht erhält einen weiteren Schlag – Der EuGH beschränkt die Hinzurechnung von Gewinnen / Das Urteil im britischen Fall ist auch hierzulande von Bedeutung: Frankfurter Allgemeine Zeitung v. 13.09.2006, S.14.

O.V. (FAZ v. 21.12.2006): EU rät zur Abstimmung der Steuergesetzgebung, in: Frankfurter Allgemeine Zeitung v. 21.12.2006, S.13.

O.V. (HB v. 05.12.1996): Harmonisierung / Mehrwertsteuer. Monti warnt vor einem EU-Steuerwettbewerb, in: Handelsblatt v. 05.12.1996, S.4.

O.V. (HB v. 28.05.2004): Berlin und Paris setzen Brüssel in der Steuerpolitik unter Druck, in: Handelsblatt v. 28.05.2004, S.6.

O.V. (HB v. 13.09.2004): Industrie lobt Beschluss zur EU-Steuerpolitik, in: Handelsblatt v. 13.09.2004, S.3.

O.V. (HB v. 08.04.2005): Enge Grenzen für die Verrechnung von Konzernverlusten – Vorentscheidung im Fall Marks & Spencer – Steuerausfälle bleiben hinter Erwartungen zurück, in: Handelsblatt v. 08.04.2005, S.1.

O.V. (HB v. 19.06.2006): EU unterstützt Slowenien und düpiert Litauen, in: Handelsblatt v. 19.06.2006, S.6.

Perlitz, Manfred (Management, 2004): Internationales Management, 5. Auflage, Stuttgart 2004.

Perridon, Louis/Steiner, Manfred (Finanzwirtschaft, 2007): Finanzwirtschaft der Unternehmung, 14. Auflage, München 2007.

Prinz, Ulrich (Kaufpreisfinanzierung, 2004): Steueroptimierte Kaufpreisfinanzierung, in: Unternehmenskauf im Steuerrecht, Hrsg. Schaumburg, Harald, Stuttgart 2004, S. 151-198.

Prüschenk, Fabian (Ertragsbesteuerung, 2004): Ertragsbesteuerung von Konzernen – Eine ökonomische Analyse alternativer Formen der Konzernbesteuerung, Aachen 2004.

Pullen, Michael (Körperschaftsbesteuerung, 1994): Körperschaftsbesteuerung nationaler und internationaler deutscher Konzerne: Eine kritische Analyse aus ökonomischer Sicht, Hamburg 1994.

Rättig, Horst/Protzen, Peer D. (IStR 2003): Zur Europarechtswidrigkeit der §§ 7-14 AStG und zu den Folgen für die internationale Steuerplanung, in: Internationales Steuerrecht 2003, S. 195-202.

Richter, Wolfram F./Seitz, Helmut/Wiegard, Wolfgang (Standortfaktoren, 1996): Steuern und unternehmensbezogene Staatsausgaben als Standortfaktoren, in: Steuerpolitik und Standortqualität: Expertisen zum Standort Deutschland, Hrsg. Siebert, Horst, Tübingen 1996, S. 13-49.

Riecker, Andreas (Körperschaftsbesteuerung, 1997): Körperschaftsbesteuerung in der Europäischen Union und das US-amerikanische Modell der Unitary Taxation, Baden Baden 1997.

Riedel, Donata (HB v. 25.04.2006): Firmen sollen bei Wegzug weiter Steuern zahlen – Gesetzentwurf: Stille Reserven müssen sofort versteuert werden, Firmenanteile erst beim Verkauf – Steuerrecht wird an EU-Regeln angepasst, in: Handelsblatt v. 25.04.2006, S.4.

Ritter, Wolfgang (BB 1992): Das Steueränderungsgesetz 1992 und die Besteuerung grenzüberschreitender Unternehmenstätigkeit, in: BetriebsBerater 1992, S. 361-368.

Rödder, Thomas (Unternehmensbesteuerung, 2005): Deutsche Unternehmensbesteuerung im Visier des EuGH, in: Körperschaftsteuer – Internationales Steuerrecht – Doppelbesteuerung, Festschrift für Franz Wassermeyer zum 65. Geburtstag, Hrsg. Gocke, Rudolf/Gosch, Dietmar/Lang, Michael, München 2005, S. 163-177.

Rödder, Thomas/Schumacher, Andreas (DStR 2005): Gründung und Sitzverlegung der Europäischen Aktiengesellschaft (SE) – Ertragsteuerlicher Status quo und erforderliche Gesetzesänderungen, in: Deutsches Steuerrecht 2005, S. 893-898.

Rödder, Thomas/Schumacher, Andreas (DStR 2006): Das kommende SEStEG – Teil I: Die geplanten Änderungen des EStG, KStG und AStG – Der Regierungsentwurf eines Gesetzes über steuerliche Begleitmaßnahmen zur Einführung der Europäischen Gesellschaft und zur Änderung weiterer steuerrechtlicher Vorschriften, in: Deutsches Steuerrecht 2006, S. 1481-1494.

Romani, Brigitte/Strnad Oliver/Grabbe, Christian (IStR 2004): Italien – Große Steuerreform, in: Internationales Steuerrecht 2004, S. 155-161.

Rose, Gerd/Glorius-Rose, Cornelia (Verbindungen, 2001): Unternehmen – Rechtsformen und Verbindungen – Ein Überblick aus betriebswirtschaftlicher, rechtlicher und steuerlicher Sicht, 3. Auflage, Köln 2001.

Rubbens, Bart/Baaijens, Gaby (IStR-Länderbericht 23/2003): Niederlande: Gesetzesentwurf zur Einführung der Unterkapitalisierungs-Regelung, in: Internationales Steuerrecht, Länderbericht zu Heft 23/2003, S. 2-3.

Rubbens, Bart/Baaijens, Gaby (IStR-Länderbericht 13/2004): Niederlande: Die Folgen des EuGH-Urteils Hughes de Lasteyrie du Saillant, in: Internationales Steuerrecht, Länderbericht zu Heft 13/2004, S. 2-3.

Ruf, Martin (Steuerwettbewerb, 2007): Steuerwettbewerb, Empirie und die Definition von Effektivsteuersätzen, Wiesbaden 2007.

Russo, Raffaele (ET 2003): Italy – International Aspects of the Proposed Corporate Tax Reform – A Comment, in: IBFD European Taxation 2003, S. 304-319.

Rust, Alexander/Reimer, Ekkehart (IStR 2005): Treaty Override im deutschen Internationalen Steuerrecht, in: Internationales Steuerrecht 2005, S. 843-849.

Salzberger, Wolfgang (Konzernunternehmung, 1994): Die steuerliche Gewinnermittlung einer Konzernunternehmung in der Europäischen Union – Eine betriebswirtschaftliche Analyse, Köln 1994.

Salzberger, Wolfgang (WiSt 1996): Die Besteuerung transnationaler Konzernunternehmungen in der Europäischen Union, in: Wirtschaftswissenschaftliches Studium 1996, S. 59-64.

Salzberger, Wolfgang (DBW 1997): Konzernbesteuerung, in: Die Betriebswirtschaft 1997, S. 269-271.

Salzberger, Wolfgang (IStR 1999): Unitary Taxation – Vorbild für eine Konzernbesteuerung in der Europäischen Union, in: Internationales Steuerrecht 1999, S. 97-103.

Samuelson, Paul A./Nordhaus, William D. (Volkswirtschaftslehre, 2005): Volkswirtschaftslehre, Landsberg am Lech 2005, Originalausgabe: Economics, 18. Auflage, New York 2005.

Schaumburg, Harald (Steuerrecht, 1998): Internationales Steuerrecht: Außensteuerrecht, Doppelbesteuerungsrecht, 2. Auflage, Köln 1998.

Scheffler, Wolfram (DBW 1996): Verluste aus grenzüberschreitender Geschäftstätigkeit – Konzeption der EU zur Verrechnung von Auslandsverlusten, in: Die Betriebswirtschaft 1996, S. 589-605.

Scheffler, Wolfram (Auslandsinvestitionen, 1996): Steuerfreistellung für Auslandsinvestitionen, in: Aspekte der Unternehmensbesteuerung in Europa, Hrsg. Jacobs, Otto H./Spengel, Christoph, ZEW Wirtschaftsanalysen Bd. 4, Baden-Baden 1996, S. 155-182.

Scheffler, Wolfram (Besteuerung, 2002): Besteuerung der grenzüberschreitenden Unternehmenstätigkeit, 2. Auflage, München 2002.

Scheffler, Wolfram (BFuP 2005): Grenzüberschreitende Verlustverrechnung Nachversteuerungsmethode im Vergleich zum geltenden Recht und zur konsolidierten Körperschaftsteuer-Bemessungsgrundlage, in: Betriebswirtschaftliche Forschung und Praxis 2005, S. 156-175.

Scheffler, Wolfram (CCTB, 2005): Gemeinsame konsolidierte Steuerbemessungsgrundlage (CCTB) in der EU – Das Ende der Steuerplanung mit Verrechnungspreisen?, in: Konzernbesteuerung, Hrsg. Oestreicher, Andreas, Herne/Berlin 2005, S. 305-331.

Scheffler, Wolfram (Ertragsteuern, 2006): Besteuerung von Unternehmen – Band 1: Ertrag-, Substanz- und Verkehrsteuern, 9. Auflage, Heidelberg 2006.

Scheuchzer, Marco (Konzernbesteuerung, 1994): Konzernbesteuerung in der Europäischen Union, Bielefeld 1994.

Scheunemann, Marc (Konzernbesteuerung, 2005): Grenzüberschreitende konsolidierte Konzernbesteuerung, Köln 2005.

Scheunemann, Marc (IStR 2006): Praktische Anforderungen einer grenzüberschreitenden Verlustberücksichtigung im Konzern in Inbound- und Outboundfällen nach der Entscheidung Marks & Spencer, in: Internationales Steuerrecht 2006, S. 145-154.

Schindler, Clemens P. (IStR 2004): Hughes de Lasteyrie du Saillant als Ende der (deutschen) Wegzugsbesteuerung?, in: Internationales Steuerrecht 2004, S. 300-310.

Schneider, Dieter (Investition, 1992): Investition, Finanzierung und Besteuerung, 7. Auflage, Wiesbaden 1992.

Schneider, Dieter (Steuerwirkung, 2002): Steuerlast und Steuerwirkung, München 2002.

Schneider, Dieter (DB 2003): Wider Marktpreise als Verrechnungspreise in der Besteuerung internationaler Konzerne, in: Der Betrieb 2003, S. 53-58.

Schnitger, Arne (BB 2004): Verstoß der Wegzugsbesteuerung (§ 6 AStG) und weiterer Entstrickungsnormen des deutschen Ertragsteuerrechts gegen die Grundfreiheiten des EG-Vertrags, in: BetriebsBerater 2004, S. 804-813.

Schnitger, Arne (IStR 2005): Die Kapitalverkehrsfreiheit im Verhältnis zu Drittstaaten – Vorabentscheidungsersuchen in den Rs. van Hilten, Fidium Finanz AG und Lasertec, in: Internationales Steuerrecht 2005, S. 493-504.

Scholes, Myron S./Wolfson, Mark A./Erickson, Merle/Maydew, Edward L./Shevlin, Terry (Business Strategy, 2002): Taxes and Business Strategy: A Planning Approach, Upper Saddle River 2002.

Schön, Wolfgang (DB 2001): Hinzurechnungsbesteuerung und Europäisches Gemeinschaftsrecht, in: Der Betrieb 2001, S. 940-947.

Schön, Wolfgang (Organschaft, 2003): Die Zukunft der Organschaft in der Europäischen Union, in: Organschaft – laufende und aperiodische Besteuerung, nationale und internationale Aspekte, Hinweise zum EU-Recht, Hrsg. Herzig, Norbert, Stuttgart 2003, S. 612-613.

Schön, Wolfgang (IStR 2004): Besteuerung im Binnenmarkt – Die Rechtsprechung des EuGH zu den direkten Steuern, in: Internationales Steuerrecht 2004, S. 289-300.

Schön, Wolfgang (Kapitalverkehr, 2005): Der Kapitalverkehr mit Drittstaaten und das internationale Steuerrecht, in: Körperschaftsteuer – Internationales Steuerrecht – Doppelbesteuerung, Festschrift für Franz Wassermeyer zum 65. Geburtstag, Hrsg. Gocke, Rudolf/Gosch, Dietmar/Lang, Michael, München 2005, S. 241-261.

Schönfeld, Jens (Hinzurechnungsbesteuerung, 2005): Hinzurechnungsbesteuerung und Europäisches Gemeinschaftsrecht, Köln 2005.

Schönfeld, Jens (StuW 2005): Hinzurechnungsbesteuerung zwischen Steuerwettbewerb und Europäischen Grundfreiheiten, in: Steuer und Wirtschaft 2005, S. 158-170.

Schönfeld, Jens (StuW 2006): Doppelbesteuerung und EG-Recht – Ergänzende Überlegungen zu Cordewener / Schnitger, StuW 2006, 50, in: Steuer und Wirtschaft 2006, S. 79-84.

Schönfeld, Jens (DB 2007): EuGH konkretisiert Anwendung der Kapitalverkehrsfreiheit im Verhältnis zu Drittstaaten: Mögliche Konsequenzen und offene Fragen aus steuerlicher Sicht, in: Der Betrieb 2007, S. 80-82.

Schreiber, Ulrich (DBW 1992): Die Besteuerung internationaler Kapitaleinkommen, in: Die Betriebswirtschaft 1992, S. 829-850.

Schreiber, Ulrich (StuW 1994): Unternehmensbesteuerung im Europäischen Binnenmarkt, in: Steuer und Wirtschaft 1994, S. 238-254.

Schreiber, Ulrich (Steuerwettbewerb, 1998): Steuerwettbewerb, Steuerharmonisierung und neutrale Unternehmensbesteuerung, in: Rechnungslegung und Steuern international, Hrsg. Ballwieser, Wolfgang/Schildbach, Thomas, ZfbF-Sonderheft 40, Düsseldorf 1998, S. 105-144.

Schreiber, Ulrich (Standortflexibilität, 1999): Erweiterung der Standortflexibilität und der Möglichkeit zur Steuerarbitrage für die Unternehmen – Einschränkung des Spielraums für die nationale Steuerpolitik, in: Internationale Unternehmensstrategien und nationale Standortpolitik, Hrsg. Mayer, Otto G./Scharrer, Hans-Eckart, Baden-Baden, 1999, S. 53-94.

Schreiber, Ulrich (FA 57): German Tax Reform – An International Perspective, in: FinanzArchiv 57 (2000), S. 525-541.

Schreiber, Ulrich (StuW 2002): Gewinnermittlung und Besteuerung der Einkommen, in: Steuer und Wirtschaft 2002, S. 105-115.

Schreiber, Ulrich (StuW 2004): Unternehmensbesteuerung im Binnenmarkt. Angleichung der Gewinnermittlung und des Satzes der Körperschaftsteuer?, in: Steuer und Wirtschaft 2004, S. 212-226.

Schreiber, Ulrich (Besteuerung, 2005): Besteuerung der Unternehmen – Eine Einführung in Steuerrecht und Steuerwirkung, Heidelberg 2005.

Schreiber, Ulrich (Kapitaleinkommensbesteuerung, 2005): Internationale Kapitaleinkommensbesteuerung nach dem Wohnsitzprinzip oder Quellenprinzip, in: Die internationale Unternehmensbesteuerung im Wandel: Symposium für Otto H. Jacobs zum 65. Geburtstag, Hrsg. Endres, Dieter/Oestreicher, Andreas/Scheffler, Wolfram/Schreiber, Ulrich/Spengel, Christoph, München 2005, S. 7-13 und 44-49.

Schreiber, Ulrich/Spengel, Christoph/Lammersen, Lothar (SBR 2002): Measuring the Impact of Taxation on Investment and Financing Decisions, in: Schmalenbachs Business Review 2002, S. 2-23.

Schreiber, Ulrich/Stellpflug, Thomas (WiSt 1999): Einkommen oder Konsum als Steuerbasis?, in: Wirtschaftswissenschaftliches Studium 1999, S. 186-192.

Schröer, André (Besteuerung, 2004): Besteuerung verbundener Unternehmen in föderalen Strukturen – Eine Analyse alternativer Erfolgsabgrenzungsparadigmen, Wiesbaden 2004.

Schwarzkopf, Oliver (Körperschaftsteuersysteme, 1993): Die Problematik unterschiedlicher Körperschaftsteuersysteme innerhalb der EG, Frankfurt am Main 1993.

Schwinger, Reiner (StuW 1994): Konsum oder Einkommen als Bemessungsgrundlagen direkter Steuern?, in: Steuer und Wirtschaft 1994, S. 39-50.

Sedemund, Jan (BB 2006): Cadbury/Schweppes: Britische Regelungen zur Hinzurechnungsbesteuerung nur im Falle rein künstlicher Gestaltungen europarechtskonform, in: BetriebsBerater 2006, S. 2118-2119.

Sedemund, Jan/Sterner, Ingo (DStZ 2006): Welche Folgen hat das Urteil "Marks & Spencer" für das deutsche internationale Steuerrecht?, in: Deutsche Steuerzeitung 2006, S. 29-35.

Senger, Thomas (Konzernertragsbesteuerung, 1997): Reform der deutschen Konzernertragsbesteuerung unter Berücksichtigung grenzüberschreitender Konzernstrukturen im Europäischen Binnenmark, Lohmar 1997.

Sinn, Hans-Werner (Kapitaleinkommensbesteuerung, 1985): Kapitaleinkommensbesteuerung: – eine Analyse der intertemporalen, internationalen und intersektoralen Allokationswirkungen, Tübingen 1985.

Sørensen, Peter B. (ITPF 2004): Company Tax Reform in the European Union, in: International Tax and Public Finance 2004, S. 91-115.

Spengel, Christoph (DBW 1998): Wettbewerbswirkungen der Körperschaftsteuer in Europa – Analyse und Reformvorschläge, in: Die Betriebswirtschaft 1998, S. 348-368.

Spengel, Christoph (Unternehmensbesteuerung, 2003): Internationale Unternehmensbesteuerung in der Europäischen Union - Steuerwirkungsanalyse, empirische Befunde, Reformüberlegungen, Düsseldorf 2003.

Spengel, Christoph (IStR 2004): Unternehmensbesteuerung in den Beitrittsstaaten der EU – Steuerliche Aspekte für Investoren, in: Internationales Steuerrecht 2004, S. 615-624.

Spengel, Christoph (Gewinnabgrenzung, 2005): Gewinnabgrenzung bei EU-Konzernen auf der Basis von Verrechnungspreisen oder durch formelhafte Gewinnaufteilung, in: Die internationale Unternehmensbesteuerung im Wandel: Symposium für Otto H. Jacobs zum 65. Geburtstag, Hrsg. Endres, Dieter/Oestreicher, Andreas/Scheffler, Wolfram/Schreiber, Ulrich/Spengel, Christoph, München 2005, S. 57-62 und 92-101.

Spengel, Christoph (Konzernsteuerquoten, 2005): Konzernsteuerquoten im internationalen Vergleich - Bestimmungsfaktoren und Implikationen für die Steuerpolitik, in: Internationale Steuerplanung, Hrsg. Oestreicher, Andreas, Herne/Berlin 2005, S. 89-126.

Spengel, Christoph (Besteuerung, 2006): Besteuerung von Einkommen – Aufgaben, Wirkungen und europäische Herausforderungen, Gutachten (Teil G) für den 66. Deutschen Juristentag, München 2006.

Spengel, Christoph/Braunagel, Ralf U. (StuW 2006): EU-Recht und Harmonisierung der Konzernbesteuerung in Europa, in: Steuer und Wirtschaft 2006, S. 34-49.

Spengel, Christoph/Reister, Timo (DB 2006): Die Pläne zur Unternehmenssteuerreform 2008 drohen ihre Ziele zu verfehlen, in: Der Betrieb 2006, S. 1741-1747.

Spengel, Christoph/Wiegard, Wolfgang (WD 2004): Duale Einkommensteuer: Die pragmatische Variante einer grundlegenden Steuerreform, in: Wirtschaftsdienst 2004, S. 71-76.

Spengel, Christoph/Wiegard, Wolfgang (DB 2005): Deutschland ist ein Hochsteuerland für Unternehmen, in: Der Betrieb 2005, S. 516-520.

Spengel, Christoph/Wiegard, Wolfgang (HB v. 29.05.2006): Die Logik wird auf den Kopf gestellt – Deutschland benötigt eine grundlegende Unternehmenssteuerreform, wenn der Standort an Attraktivität gewinnen soll, in: Handelsblatt v. 29.05.2006, S. 8.

Spengel, Christoph/Jaeger, Claudia/Müller, Katja (IStR 2000): Europarechtliche Beurteilung des Gesetzesentwurfs zur Senkung der Steuersätze und zur Reform der Unternehmensbesteuerung, in: Internationales Steuerrecht 2000, S. 257-262.

Ståhl, Krisitina (ECTR 2004): Free movement of capital between Member States and third countries, in: EC Tax Review 2004, S. 47-56.

Stefaner, Markus C./Weninger, Patrick (SWI 2004): Gruppenbesteuerung und Gemeinschaftsrecht, in: Steuer- und Wirtschaft International 2004, S. 441-449.

Strunk, Günther (PIStB 2005): Verlagern von immateriellen Wirtschaftsgütern mindert die Steuerbelastung, in: Praxis Internationale Steuerberatung 2005, S. 176-182.

SVR (Jahresgutachten, 2003): Jahresgutachten 2003/04: Staatsfinanzen konsolidieren – Steuersystem reformieren, Wiesbaden 2003.

SVR (Jahresgutachten, 2004): Jahresgutachten 2004/05: Erfolge im Ausland – Herausforderungen im Inland, Wiesbaden 2004.

SVR (Jahresgutachten, 2005): Jahresgutachten 2005/06: Die Chancen nutzen – Reformen mutig voranbringen, Wiesbaden 2005.

SVR (Jahresgutachten, 2006): Jahresgutachten 2006/07: Widerstreitende Interessen – ungenutzte Chancen, Wiesbaden 2006.

SVR/MPI/ZEW (Unternehmensbesteuerung, 2006): Reform der Einkommens- und Unternehmensbesteuerung durch die Duale Einkommensteuer, Wiesbaden 2006.

Tanzi, Vito (Taxation, 1995): Taxation in an integrating world, Washington D.C. 1995.

TAXUD/Eurostat (Structures, 2006): Structures of the Taxation Systems in the European Union: 1995-2004, http://ec.europa.eu/taxation_customs/resources/documents/taxation/gen_info/economic_analysis/tax_structures/Structures2006.pdf, Zugriffsdatum: 30.05.2006.

Taylor, Willard (International Provisions, 2005): Presentation to President's Advisory Panel on Federal Tax Reform – International Provisions of the Internal Revenue Code, http://www.taxreformpanel.gov/meetings/docs/taylor_310305.ppt, Zugriffsdatum: 08.11.2005.

TF (Tax Policy, 2002): Tax Foundation Fiscal Policy Memo 03.02.2002 – Competitiveness and U.S. Tax Policy, http://www.taxfoundation.org/news/show/200.htm, Zugriffsdatum: 15.09.2005.

Theisen, Manuel R. (Konzern, 2000): Der Konzern, 2. Auflage, Stuttgart 2000.

Thiel, Jochen (DB 2005): Europäisierung des Umwandlungssteuerrechts: Grundprobleme der Verschmelzung, in: Der Betrieb 2005, S. 2316-2321.

UNCTAD (Investment, 2000): World Investment Report – Cross-border Mergers and Acquisitions and Development, New York/Genf 2000.

U.S. Department of the Treasury (Deferral, 2000): The Deferral of Income Earned Through U.S. Controlled Foreign Corporations, www.treas.gov/offices/tax-policy/library/subpartf.pdf, Zugriffsdatum: 19.11.2004.

Vogel, Klaus (Intertax 1988): Worldwide vs. source taxation of income – A review and re-evaluation of arguments, in: Intertax 1988, S. 216-229 (Teil I), S. 310-320 (Teil II) und S. 393-402 (Teil III).

Vogel, Klaus (StuW 2005): Der EuGH und die direkten Steuern, in: Steuer und Wirtschaft 2005, S. 373-377.

Vogel, Klaus/Lehner, Moris (Doppelbesteuerungsabkommen, 2003): Doppelbesteuerungsabkommen der Bundesrepublik Deutschland auf dem Gebiet der Steuern vom Einkommen und Vermögen – Kommentar auf der Grundlage von Musterabkommen, 4. Auflage, München 2003.

Vries, Rudolf J. de (IFA 89b, 2004): Group Taxation – Netherlands, in: Cahiers de droit fiscal international by the International Fiscal Association, Volume 89b, Subject II, Group Taxation, Amersfoort 2004, S. 461-484.

Wagner, Franz W. (Leitlinien, 1995): Leitlinien steuerlicher Rechtskritik als Spiegel betriebswirtschaftlicher Theoriegeschichte, in: Unternehmenstheorie und Besteuerung, Festschrift zum 60. Geburtstag von Dieter Schneider, Hrsg. Elschen, Rainer/Siegel, Theodor/Wagner, Franz W., Wiesbaden 1995, S. 724-746.

Wagner, Franz W. (StuW 2005): Steuervereinfachung und Entscheidungsneutralität – konkurrierende oder komplementäre Leitbilder für Steuerreformen?, in: Steuer und Wirtschaft 2005, S. 93-108.

Wagner, Franz W./Dirrigl, Hans (Steuerplanung, 1980): Die Steuerplanung der Unternehmung, Stuttgart/New York 1980.

Wagner, Jürgen (IWB 2001): Steueroase Liechtenstein? – Steuersystem in Liechtenstein, in: Internationale Wirtschafts-Briefe, Nr. 20 v. 24.10.2001, Fach 5, Liechtenstein, Gruppe 2, S. 27-29.

Wassermeyer, Franz (IStR 2001): Die Fortentwicklung der Besteuerung von Auslandsbeziehungen – Anmerkungen zu den derzeitigen Überlegungen zur Reform des Außensteuerrechts, in: Internationales Steuerrecht 2001, S. 113-117.

Wassermeyer, Franz (IStR 2001): Einkünftekorrekturnormen im Steuersystem, in: Internationales Steuerrecht 2001, S. 633-638.

Wassermeyer, Franz (Gewinnabgrenzung, 2005): Gewinnabgrenzung bei EU-Konzernen auf der Basis von Verrechnungspreisen oder durch formelhafte Gewinnaufteilung, in: Die internationale Unternehmensbesteuerung im Wandel: Symposium für Otto H. Jacobs zum 65. Geburtstag, Hrsg. Endres, Dieter/Oestreicher, Andreas/Scheffler, Wolfram/Schreiber, Ulrich/Spengel, Christoph, München 2005, S. 63-72.

Watrin, Christoph/Sievert, Elke/Strohm, Christiane (FR 2004): Reform der Konzernbesteuerung in Deutschland und Europa, in: Finanz-Rundschau 2004, S. 1-11.

Weber, Dennis (ECTR 2003): The Bosal Holding Case: Analysis and Critique, in: EC Tax Review 2003, S. 220-230.

Weichenrieder, Alfons J. (ITPF 1996): Anti-Tax-Avoidance Provisions and the Size of Foreign Direct Investment, in: International Tax and Public Finance 1996, S. 67-81.

Weichenrieder, Alfons J. (Direktinvestitionen, 1999): Direktinvestitionen und Besteuerung – Eine deutsche Perspektive, in: Theorie und Empirie der Direktinvestitionen, Hrsg. Döhrn, Roland/Heiduk, Günter, Berlin 1999, S. 75-102.

Wellisch, Dietmar (FA 60): Taxation under Formula Apportionment – Tax Competition, Tax Incidence, and the Choice of Apportionment Factors, in: FinanzArchiv 60 (2004), S. 24-41.

Wellisch, Dietmar (StuW 2004): Maßstäbe zur indirekten Gewinnaufteilung im Rahmen einer neuen Konzernbesteuerung in der EU – Möglichkeiten und Grenzen, in: Steuer und Wirtschaft 2004, S. 267-276.

Wiegard, Wolfgang (HB v. 09.03.2004): Nachgefragt: Wolfgang Wiegard – „Kein ruinöser Steuerwettbewerb“, in: Handelsblatt v. 09.03.2004, S. 8.

Wiss. Beirat beim BMF (Kapitaleinkommensbesteuerung, 1999): Reform der internationalen Kapitaleinkommensbesteuerung, Schriftenreihe des Bundesministeriums der Finanzen, Heft 65, Bonn 1999.

Zöchling, Hans/Hasenauer, Clemens/Wiesner, Werner/Unger, Christine (BIFD 2004): Taxation of Companies in Austria, in: Bulletin for International Fiscal Documentation 2004, S. 399-407.

Zschiegner, Hans (IWB 2005): Das Einkommensteuerrecht der USA im Lichte des American Jobs Creation Act of 2004, in: Internationale Wirtschafts-Briefe, Nr. 1 v. 12.01.2005, Fach 8, USA, Gruppe 2, S. 1329-1340.

Zuber, Barbara (Besteuerung, 1991): Anknüpfungsmerkmale und Reichweite der internationalen Besteuerung, Hamburg 1991.

2. Verzeichnis der Gesetze, Gesetzesentwürfe und Verwaltungsanweisungen

EG-Ebene

Richtlinie 76/308/EWG des Rates v. 15.03.1976 über die gegenseitige Unterstützung bei der Beitreibung von Forderungen im Zusammenhang mit Maßnahmen, die Bestandteil des Finanzierungssystems des Europäischen Ausrichtungs- und Garantiefonds für die Landwirtschaft sind, sowie von Abschöpfungen und Zöllen und bezüglich der Mehrwertsteuer und bestimmter Verbrauchsteuern (zit.: **Beitreibungsrichtlinie**), Abl. EG Nr. L 73/18, zuletzt geändert durch die Richtlinie des Rates v. 15.06.2001 (2001/44/EG), Abl. EG Nr. L 175/17.

Richtlinie 77/779/EWG des Rates v. 19.12.1977 über die gegenseitige Amtshilfe zwischen den zuständigen Behörden der Mitgliedstaaten im Bereich der direkten Steuern und der Mehrwertsteuer (zit.: **Amtshilferichtlinie**), Abl. EG Nr. L 336/15, zuletzt geändert durch die Richtlinie des Rates v. 16.11.2004 (2004/106/EG), Abl. EG Nr. L 359/30.

Richtlinie 90/434/EWG des Rates v. 23.07.1990 über das gemeinsame Steuersystem für Fusionen, Spaltungen, die Einbringung von Unternehmensteilen und den Austausch von Anteilen, die Gesellschaften verschiedener Mitgliedstaaten betreffen (zit.: **Fusionsrichtlinie – FRL**), Abl. EG Nr. L 225/1, zuletzt geändert durch Richtlinie des Rates v. 17.02.2005 (2005/19/EG), Abl. EG Nr. L 58/19.

Richtlinie 90/435/EWG des Rates v. 23.07.1990 über das gemeinsame Steuersystem der Mutter- und Tochtergesellschaften verschiedener Mitgliedstaaten (zit.: **Mutter-Tochter-Richtlinie – MTRL**), Abl. EG Nr. L 225/6, zuletzt geändert durch Richtlinie des Rates v. 22.12.2003 (2003/123/EG), Abl. EG Nr. L 7/41.

Übereinkommen 90/436/EWG v. 23.07.1990 über die Beseitigung der Doppelbesteuerung im Falle von Gewinnberichtigungen zwischen verbundenen Unternehmen (zit.: **EU-Schiedsabkommen**), Abl. EG Nr. L 225/10.

Entschließung des Rates und der im Rat vereinigten Vertreter der Regierungen der Mitgliedstaaten v. 1.12.1997 über einen Verhaltenskodex für die Unternehmensbesteuerung (zit.: **Verhaltenskodex**), Abl. EG Nr. C 2/2.

Richtlinie 2003/49/EG des Rates v. 03.06.2003 über eine gemeinsame Steuerregelung für Zahlungen von Zinsen und Lizenzgebühren zwischen verbundenen Unternehmen verschiedener Mitgliedstaaten (zit.: **Zins- und Lizenzrichtlinie – ZLRL**), Abl. EG Nr. L 157/49.

Sonstige

BMF-Schreiben v. 11.01.2006, IVB5 – S1310 – 1/06, BStBl I 2006, S. 85.

BMF-Schreiben v. 24.12.1999 (zit.: **Betriebsstättenerlass**), IVB4 – S1300 – 11/99, BStBl I 1999, S. 1076 (ber. BStBl I 2000, S. 1509).

BMF (SEStEG- Entwurf v. 17.07.2006): Entwurf eines Gesetzes über steuerliche Begleitmaßnahmen zur Einführung der Europäischen Gesellschaft und zur Änderung weiterer steuerlicher Vorschriften (SEStEG) v. 17.07.2006.

OECD-Musterabkommen 2003 zur Vermeidung der Doppelbesteuerung auf dem Gebiet der Steuern vom Einkommen und vom Vermögen (zit.: **OECD-MA**), Stand: Januar 2003.

3. Rechtsprechungsverzeichnis

Entscheidungen des Europäischen Gerichtshofs

Datum	Aktenzeichen	Amtliche Quelle oder sonstige Fundstelle
13.04.2000	C-251/98 (Baars)	EuGHE 2000, S. I-2787
12.12.2002	C-324/00 (Lankhorst-Hohorst)	IStR 2003, S. 55-57
18.09.2003	C-168/01 (Bosal)	IStR 2004, S. 666-669
11.03.2004	C-9/02 (Lasteyrie du Saillant)	IStR 2004, S. 236-240
07.09.2005	C-319/02 (Manninen)	IStR 2005, S. 680-686
13.12.2005	C-446/03 (Marks & Spencer)	IStR 2006, S. 19-23
23.02.2006	C-513/03 (van Hilten)	IStR 2006, S. 309-311
12.09.2006	C-196/04 (Cadbury Schweppes)	IStR 2006, S. 670-675
03.10.2006	C-452/04 (Fidium)	DB 2006, S. 2456-2459
anhängig	C-492/04 (Lasertec)	Abl. EU Nr. C 31/11 (Ersuchen)

4. Verzeichnis der Dokumente der EU-Kommission

EU-Kommission (KOM(69)6): Vorschlag für eine Richtlinie des Rates über das gemeinsame Steuersystem für Mutter- und Tochtergesellschaften verschiedener Mitgliedstaaten v. 15.01.1969, KOM(69)6.

EU-Kommission (KOM(75)392): Vorschlag für eine Richtlinie des Rates zur Harmonisierung der Körperschaftsteuersysteme und der Regelungen der Quellensteuer auf Dividenden v. 01.08.1975, KOM(75)392 endg.

EU-Kommission (SEC(90)601): Commission Communication to Parliament and the Council: "Guidelines on company taxation" v. 20.05.1990, SEC(90)601 endg.

EU-Kommission (KOM(90)595): Vorschlag für eine Richtlinie des Rates über eine Regelung für Unternehmen zur Berücksichtigung der Verluste ihrer in anderen Mitgliedstaaten belegenen Betriebsstätten und Tochtergesellschaften v. 28.11.1990, KOM(90)595 endg.

EU-Kommission (Company Taxation, 1992): Report of the Committee of Independent Experts on Company Taxation, Brüssel/Luxemburg 1992.

EU-Kommission (SEK(96)487): Steuern in der Europäischen Union v. 20.03.1996, SEK(96)487 endg.

EU-Kommission (KOM(96)546): Die Steuern in der Europäischen Union: Bericht über die Entwicklung der Steuersysteme v. 22.10.1996, KOM(96)546 endg.

EU-Kommission (KOM(2001)260): Mitteilung der Europäischen Kommission an den Rat, das Europäische Parlament und den Wirtschafts- und Sozialausschuss: „Steuerpolitik in der Europäischen Union – Prioritäten für die nächsten Jahre" v. 23.05.2001, KOM(2001)260 endg.

EU-Kommission (KOM(2001)582): Mitteilung der Kommission an den Rat, das Europäische Parlament und den Wirtschafts- und Sozialausschuss: „Ein Binnenmarkt ohne steuerliche Hindernisse – Strategie zur Schaffung einer konsolidierten Körperschaftsteuer-Bemessungsgrundlage in der EU" v. 23.10.2001, KOM(2001)582 endg.

EU-Kommission (SEC(2001)1681): Company Taxation in the Internal Market – Commission Staff Working Paper v. 23.10.2001, SEC(2001)1681.

EU-Kommission (KOM(2001)763): Mitteilung der Europäischen Kommission: „Vorschläge die von der Kommission zurückgezogen werden – Überholte Vorschläge" v. 21.12.2001, KOM(2001)763 endg./2.

EU-Kommission (KOM(2003)726): Mitteilung der Kommission an den Rat, das Europäische Parlament und den Wirtschafts- und Sozialausschuss: „Ein Binnenmarkt ohne steuerliche Hindernisse - Ergebnisse, Initiativen, Herausforderungen“ v. 24.11.2003, KOM(2003)726 endg.

EU-Kommission (KOM(2005)532): Mitteilung der Kommission an den Rat und das Europäische Parlament: „Umsetzung des Lissabon-Programms der Gemeinschaft – Der Beitrag der Steuer- und Zollunion zur Lissabon-Strategie“ v. 25.10.2005, KOM(2005)532 endg.

EU-Kommission (KOM(2005)702): Mitteilung der Kommission an den Rat, das Europäische Parlament und den Wirtschafts- und Sozialausschuss: „Sitzlandbesteuerung – Skizzierung eines möglichen Pilotprojekts zur Beseitigung unternehmensteuerlicher Hindernisse für kleine und mittlere Unternehmen im Binnenmarkt“ v. 23.12.2005, KOM(2005)702 endg.

EU-Kommission (CCCTB wp019, 2005): Internationale Aspekte der GKKB (SG4), CCCTB Working Paper No. 019 v. 18.11.2005.

EU-Kommission (KOM(2006)157): Mitteilung der Kommission an den Rat, das Europäische Parlament und den Wirtschafts- und Sozialausschuss: „Umsetzung des Lissabon-Programms der Gemeinschaft: Bisherige Fortschritte und weitere Schritte zu einer gemeinsamen konsolidierten Körperschaftsteuer-Bemessungsgrundlage (GKKB)“ v. 05.04.2006, KOM(2006)157 endg.

EU-Kommission (CCCTB wp044, 2006): Überblick über die wichtigsten in der ersten Sitzung der Untergruppe „Konzernbesteuerung“ aufgetretenen Fragen (SG5), CCCTB Working Paper No. 044 v. 24.08.2006.

EU-Kommission (CCCTB wp048, 2006): Überblick über die wichtigsten in der zweiten Sitzung der Untergruppe „Konzernbesteuerung“ aufgetretenen Fragen (SG5), CCCTB Working Paper No. 048 v. 23.11.2006.

Kolibri 360 GmbH
Ferdinand-Jühlke-Straße 7
99095 Erfurt, Deutschland
produktsicherheit@kolibri360.de